동북아
'집단' 이해의 다양성

: 근대 민족주의를 넘어서

아연동북아
총서 _05

동북아 '집단' 이해의 다양성

: 근대 민족주의를 넘어서

| 이정환 · 신미나 엮음 |

아연출판부
고려대학교 아세아문제연구소

| 차례 |

아연동북아총서 발간에 부쳐

탈냉전 이후 동아시아의 역동적 발전은 역내의 정치-외교, 경제 질서뿐만 아니라 문화, 사상, 종교 등의 제 영역에서 새로운 변화를 추동하고 있다. 이런 변화는 일국적 차원의 고찰로는 해명될 수 없는 복잡하고도 민감한 초국가적(transnational) 현상을 낳고 있다. 특히 동북아시아는 지리적 인접성, 공통의 역사-문화적 경험, 협력과 공존의 필요성 등으로부터 연유하는 초국가적 사고와 움직임이 활성화되고 있다. 이런 동북아에 대한 이해를 심화 확대하고 새로운 해석과 전망을 제공하기 위해서는 국가별 연구나 학문 분과의 분절적 연구를 넘어 동북아시아를 분석의 단위로 삼는 다학문적·학제적 연구가 요청된다.

동북아시아 연구가 갖는 실천적 의미는 매우 중요하다. 주지하듯이 동북아시아는 세계의 어느 지역보다도 급속한 변화와 발전상을 보여 주고 있음에도 불구하고, 여전히 근대성의 문제와 냉전의 구도에 얽매여 있는 곳이다. 20세기 전반기의 제국주의 침략과 식민 경험은 오늘에도 국가적·민중적 기억을 지배하고 있다. 냉전의 산물인 남북 분단과 북한의 핵 위협은 동북아시아의 커다란 불안 요소가 되고 있다. 국가 간 역사 및 영토 분쟁 또한 동북아의 평화로운 발전에 장애로 남아 있다. 그러나 우리는 불편한 역사적 경험과 현재의 불안정이 다른 한편으로 동북아시아의 여러 구성 요소들을 상호 긴밀히 연결시키고, 그로부터 문제 해결을 위한 공통의 기반이 마련될 수 있음에 주목한다. 동북아시아는 대립과 갈등의 무대이기도 하지만, 평화와 공존의 모색을 위한 토대이기도 하다. 이제 동북아 연구는 동북아가 처한 현실을 객관적으로 진단하고, 평화로운 미래를 건설하는 시대의 요청에 부응하지 않으면 안 된다.

고려대학교 아세아문제연구소(이하 아연)는 대표적인 동북아시아 지역 종합연구소로서 학제 간 연구를 통한 동북아 지역 연구를 이끌어 왔다. 1957년 설립된 이래 아연은 구한국외교문서와 공산권연구총서 및 동아시아연구총서, 중국연구총서, 한일공동연구총서, 민주주의총서 등 연구 성과의 체계적 집성을 통해 학문적 차원에서 현실을 진단하고 바람직한 미래의 방향을 전망하는 대학연구소의 역할을 충실히 수행해 왔다. 2008년부터는 한국연구재단의 인문한국(HK)사업 해외지역학 분야의 지원 기관으로 선정되어, '동북아시아의 초국가적 공간: 사상·사회문화·제도의 교류와 재구성'이라는 연구 어젠다를 중심으로 10년 기간의 대규모 프로젝트를 진행하고 있다. 이제 아연은 지난 50여 년 동안 축적된 연구 경험과 현재 진행 중인 인문한국사업의 성과, 각종 동북아 지역 연구 지원, 국내외 소장 학자 교류 지원 프로그램 등을 기반으로 하여 〈아연동북아총서〉를 발간한다. 이 총서의 성과가 동북아 공동의 문제를 해결하고 조율하며 바람직한 미래를 모색하는 장이 될 수 있기를 기대하면서, 관심 있는 분들의 격려와 질정을 바란다.

2010년 10월

아세아문제연구소장 이내영

서장

공동체를 바라보는 동아시아의 전근대적 시각들

이정환

2010년 밴쿠버 동계 올림픽에서 김연아가 빙판에 올라서는 순간을 숨죽이며 바라보고, 그녀가 우승의 눈물을 흘릴 때 함께 가슴 뭉클함을 느꼈는가? 박지성이 유럽에서 '선전'하고 있다는 뉴스를 접할 때 가슴 뿌듯함을 느낀 적이 있는가? 그리고 아직도 붉은 티셔츠를 보면 2002년 월드컵 4강 신화를 떠올리는가?

만약 이 질문들에 모두 긍정적으로 답한 사람 대부분은 아마도 김연아, 박지성, 그리고 축구 국가 대표 선수들을 인생에서 한 번도 만나보지 못했을 것이고, 더욱이 혈연, 지연, 학연으로 연결되어 있지도 않을 것이다. 그렇다면 우리는 왜 그들의 승리에 감동하게 되는가? 영화 등을 통해서 우리는 경험적으로 우리와는 무관한 순수한 타인의 승리, 업적, 고난에 대해 냉담하지만은 않다는 사실을 잘 알고 있다. 그러나 김연아와 박지성에 대한 기대와 공감은 많은 사람들로 하여금 인간 일반에 대한 그것 이상의 무엇인가를 경험하게 한다. 그들과 우리, 그리고 그들의 성공과 좌절에 대해 유사한 감정을 느끼는 우리들 간의 관계 또한 서로 남이면서도 하나의 고리로 강하게 연결되어 있다는 것을 부인하기 어렵다. 그렇다면 그들과 우리를 하나로 묶고 있는 이 고리는 과연 무엇인가?

일제강점기에 유행한 "떴다 보아라 안창남 비행기, 내려다보니 엄복동의 자전거"라는 노래는 이런 '우리' 의식이 비단 최근의 현상만이 아님을 증언한다. 일본에서 비행사 자격증을 취득한 안창남과 영국제 자전거를 타고 자전거 대회에 출전한 엄복동. 이들을 통해서 우리는 한반도에 '근대'적 문물과 함께 소개된 또 다른 서구 '근대'의 산물인 '민족주의'의 확산을 확인할 수 있다. 그리고 이는 지금도 텔레비전 프로그램의 시작과 끝을 알리는 애국가 배경 화면의 많은 부분이 '화려한 금수강산', 즉 국토의 아름다움과 함께 스포츠 영웅들로 채워져 있다는 사실에서도 확인된다. 민족주의의 유입은 그 초기 단계부터 지금까지 지속적으로 국가와 그 하부 공동체, 그리고 구성원 간의 관계를 바라보는 시각을 지배해 왔다.

이 책의 저자들은 식민주의·제국주의와 함께 동아시아 근대를 규정짓는 핵심 개념인 민족주의의 유입 이전 전근대 시기와, 그 유입의 초기 단계로 시선을 돌리고 있다. 과연 민족주의가 유입되기 이전에 동아시아인들은 어떻게 국가를 비롯한 집단과 그 구성원들의 관계를 상상하고, 구성하고, 사고하고, 그리고 느꼈는가? 그리고 이런 환경은 민족주의 도입 초기에 어떤 영향을 미쳤을까?

I. 경계로서의 민족주의와 탈경계의 초국가성

찰스 틸리(Charles Tilly)는 1975년에 출간된 『서유럽에서의 국가의 형성』(*The Formation of National States in Western Europe*)의 서장에서, 유럽의 역사에서 '국가-형성'(state-making)과 '민족(국가)-형성'(nation-building)이 동시적으로 진행되지 않았음을 지적했다.

> 민족의식, 참여, 헌신 — '민족-형성' — 은 …… 일반적으로 강한 국가의 형성 이후에 발생되었으며, 결코 '국가-형성'만의 직접적이거나 자동적인 결과가 아니다. …… '민족-국가'는 '국가-형성'의 여러 가능한 소산들 중 하나다(Tilly 1975, 70-71).

그러나 더불어 틸리는 유럽의 국가-형성 과정은 국가 내의 동질성(homogeneity)에 대한 강조를 동반했으며, 이런 "유럽의 국가-형성의 과정은 국가 '내부로'는 문화적 차이를 최소화하고 국가 '간의' 차이를 극대화" 하는 방향으로 전개되었음을 지적했다. 그리고 그는 알몬드와 포웰을 인용하여 '국가-형성'을 국가권력의 구성원에 대한 '침투'(penetration)와 '통합'(integration)으로, '민족(국가)-형성'을 민족국가에 대한 구성원의 '충성'(loyalty)과 '헌신'(commitment)의 강조로 특징, 구별 지었다(Tilly 1975, 79).

베네딕트 앤더슨(Benedict Anderson)은 민족성(nationality), 민족적임(nation-ness) 그리고 민족주의를 일종의 특수한 '문화적 인공물'(cultural artefacts)로 규정했다(Anderson 2006, 4). 그에 따르면 출판-자본주의(print-capitalism)에 의해 촉매된 이 현상은 한 집단 안의 구성원들이 직접적인 상호 관련을 갖지 않으면서도 그들을 하나의 공동체 구성원으로 '상상'할 수 있게끔 했다(Anderson 2006, 6-7, 36). 유사한 관점에서 어니스트 겔너(Ernest Gellner)는 "민족을 갖는다는 것은 인간성 본유의 속성이 아니며, 보편적 필요가 아닌" "'우연적'인 것"으로 단지 "현대에 와서 마치 그것이 보편적이고 규범적인 이념"으로 자리 잡았음을 지적했다(어네스트 겔너 1983, 6). 이어 그는 민족(국가)을 규격화된 식자율과 교육에 기초한 소통의 시스템으로서의 '고급문화들'(high cultures) 및 그 구성원 상호 간에 '신념들, 충성, 그리고 연대감이라는 인공물'에 기초하여 '서로 동일한 민족에 속했다는 것에 대한 인식'을 공유하는 것으로 정의했다(어네스트 겔너 1983, 7). 유사한 논지에서 에릭 홉스봄(Eric. J. Hobsbawm)은 유럽 역사에서 민족주의가 근대 유럽의 특정한 조건 속에서 탄생된 산물임과 동시에 그것이 유태인 학살과 같은 결말을 초래했다는 사실을 보임으로써 민족주의의 한시적, 인위적, 비극적 성격을 역사 전개 속에서 들춰내었다(Hobsbawm 1992). 그리고 홉스봄은 다음과 같은 전망으로 책을 마무리했다.

> 정치적으로, 혹은 경제적, 문화적으로, 그리고 언어적으로 정의되었던 '민족'과 '민족-국가'의 한계 속에 더 이상 포함될 수 없는 세계의 역사가 쓰여야 한다. 그것은 대체적으로 국가-초월적(supranational)이거나 국가-하부적(infranational)이 될 것인데, 그것이 일종의 소규모-민족주의(mini-nationalism)의 옷을 입고 있든 아니든 간에 국가-하부적임은 작동하는 실체로서의 낡은 민족국가의 쇠퇴를 반영할 것이다. '민족-국가'와 '민족' 혹은 종족적/언어적 집단들은 기본적으로 지구의 새로운 국가-초월적인 재구성에 앞서 퇴각하거나 이에 저항하거나 적응하고, 혹은 이에 의해 흡수되거나 대체될 것이다(Hobsbawm 1992, 191).

논조와 정도의 차이는 있지만, 틸리부터 홉스봄까지 모두 민족국가의 형성을 역사 속의 특수한 '현상'으로 환원시킴으로써 아울러 그 구성원이

가지는 자신의 민족국가에 대한 충성과 헌신, 그리고 이에서 파생된 타민족과의 경계 구분과 같은 의식들도 모두 비본질적인 '인공물'임을 밝혔다. 그러나 이런 민족주의에 대한 반성은 과거 지향적이기만 한 것은 아니다.

1972년 출판된 『초국가적 관계들과 세계 정치』(*Transnational Relations and World Politics*)의 서문에서 로버트 코헤인(Robert O. Keohane)과 조셉 나이(Joseph S. Nye)는 국가의 경계를 넘어선 비정부 행위자의 사회 간 상호관계의 비약적 증가를 관찰하고, 세계 문제에 대한 국가 중심적 시각(state-centric view)에 대한 반성을 수행했다. 그들은 이런 관찰에 기반을 두어 다양한 비정부 행위자들은 더 이상 국가에 의해 조정되지 않으며, 세계 정치에서 더는 국가가 유일한 행위자가 아님을 지적했다(Keohane & Nye 1972, x). 이어 맥밀란(J. MacMillan)과 앤드류 린크레터(Andrew Linklater)는 국제관계에서 '경계'(boundaries)에 발생한 '엄청난 다공화'(extraordinarily porous)를 지적하고 이런 정치적 경계 그 자체에 대한 재반성을 요구했다(MacMillan & Linklater 1995, 3-4).

그러나 초국가적 반성은 반드시 집단의 경계 지워짐(bounded or bordered)의 중요성이나 그 규범적 성격에 대한 부정으로 결론 맺지는 않는다(Khagram & Levitt 2008, 8). 정도의 차이는 있을지언정, 집단적인 자타 사이에 경계를 짓고 '우리'와 '외부자들'을 구분하려는 경향은 인류의 보편적 인식의 발현일지 모른다. 또한 개념적으로 초국가성(transnational)은 국가-민족성(national)의 경계에 대한 상정 없이는 가능하지 않다. 브렌다 여(Brenda Yeoh) 등이 지적한 것처럼, "초국가적 현상이 포함하는 것은 민족-국가 그 자체의 종말이 아니라, 일종의 재배치(recongifuration)"로서 "비록 국가의 권력은 여러 가지 정황에서 국가-하부적(subnational), 국가-초월적(supra-national), 그리고 초국가적(transnational) 단체들로부터 도전받지만, 민족-

국가의 조직 자체는 여전히 결정적인 역할을 수행할 것"이기 때문이다(Yeoh & Fakhri 2004, 3).

프래신짓트 두아라(Prasenjit Duara)도 같은 견지에서 자본주의와 민족주의의 '결탁'된 측면과 함께 그 관계에 내재한 '갈등'을 다음과 같이 지적했다.

> 전 지구적 자본주의는 노동의 유동을 촉진했다. 반면 민족주의적 국가들은 이에 영향을 받는 자국의 노동자계급이나 인종적이고 민족주의적인 이데올로기에 기초한 유권자들의 [전 지구적 자본주의와는] 상이한 이해관계들에 호응하여 이런 유동을 통제하거나 제약하려고 노력해 왔다(Duara 2010, 979).

예를 들자면, 초국가적 이동의 주체는 국가 하부적인 개인과 집단일수도, 국제기구처럼 국가 단위를 초월한 단체일 수도 있지만[전자를 '아래로부터의 초국가성'(transnationalism from below)으로, 후자를 '위로부터의 초국가성'(transnationalism from above)으로 지칭하기도 한다], 경계를 넘어서는 상호작용을 정확하게 판정하기 위해서 그 경계를 넘기 위해 거쳐야 할 창구에서 이를 조정하는 '문지기'(gate-keeper)로서의 국가의 역할을 함께 이해해야 한다(Yeoh & Fakhri 2004, 5-6).

이런 이중적 상황에 대한 좀 더 적확한 표현은 코헤인과 나이가 이미 1972년에 제공하고 있다. 즉 초국가적 현상의 증가는 정부의 '통제력의 상실'(loss of control)을 의미하는 것이 아니다. 오히려 상대적으로 중요성의 비중이 낮았던 국제적 화폐 흐름이나 이주의 문제가 국가의 관심과 규제의 영역 속에 편입됨으로써, 이에 대한 통제의 필요를 자각하고 이를 강화하려는 국가의 노력을 촉진한다. 그러나 초국가적 현상이 진행되는 외적 환경 그 자체는 이미 일국의 통제로부터 벗어나 있으므로, 그것을 "통제하고

자 하는 열망과 실제로 통제할 수 있는 능력 간에 일종의 통제의 간극(control-gap)"을 필연적으로 수반한다(Keohane & Nye 1972, xxii-xxiii).

엄밀히 말하면, 역설적이지만, 민족국가를 단위로 하는 경계 지움조차도 일종의 초국가적 현상으로 보는 것이 타당하다. 민족주의는 서로 분열되고 경계 지워진 단위들로 세계 정치의 판도를 바꾸었지만, 민족주의 자체의 '확산'은 기존의 경계를 뛰어넘은 전 지구적 현상이라는 점에서 '초국경적'(transterritorial) 현상이기도 하다. 앤더슨이 지적한 것처럼, 민족주의라는 인공물의 최초 생산은 다양한 역사적 힘들의 복잡한 교차로부터 "자연발생적으로 증류"(spontaneous distillation)된 것이었으나, 이미 창조된 민족주의는 발생지로부터 벗어나 상이한 사회적 지형들에 '이식'(be transplanted)될 수 있는 "규격화된 [독립적으로 작동 가능한] 단위"가 되었다(Anderson 2006, 4).

두아라가 정확하게 지적한 것처럼, 근대 아시아의 민족주의 성립은 제국주의의 확장이라는 지구화(globalization)의 문맥 안에서 이해돼야 한다. 왜냐하면 비록 각 민족들은 외부자에 대해 그들의 차별성과 민족 내의 동질성을 강조했다고 할지라도, 이런 "그들 자신에 대한 인지와 구성의 방식, 그리고 타민족에 의해 그렇게 인지되는 방식은, 제국주의에 대한 반응 속에서 이를[민족주의를] 모방하고 모사"하는 데서 이뤄졌기 때문이다. 그리고 이런 유형의 지구화는 민족을 "고유하고 유일한 권위"로 옹립하려고 하는 민족주의자의 인지 방식을 가로막지도 않았다(Duara 2009, 5-7).[1] 민족주의에 대한 반성은 과거에 대한 관심을 불러일으켰지만, 무엇보다 중요한 점은 교과서 문제 등에서 증명되는 것처럼, 민족주의를 부정하고서는 동아시

1_두아라는 19세기부터 진행된 아시아의 제국주의에 대한 반응으로서의 민족국가의 형성을 '인식적 지구화'(cognitive globalization)로 명명한다.

아의 현재를 이해하거나 미래를 설계하는 것이 불가능해 보인다는 점이다.

그렇다면 우리는 민족주의, 국가 중심주의에 대한 성찰을 어디부터 시작할 것인가? 본서의 필자들은 동아시아의 고대부터 근대 이행기까지 동아시아 삼국에 나타난 집단과 그 구성원(혹은 개인) 간의 관계를 바라보는 시각의 다양성을 조명하고자 했다.

시기와 관련해 전근대와 근대 초기를 고찰해야 하는 이유는 민족주의의 근대적 성격에서 비롯된다. 위에서 언급한 겔너, 홉스봄, 앤더슨 등 소위 근대론자들은 민족주의가 근대로 이행하는 과정에서 등장한 역사적 결과물임을 강조했다. 따라서 그들은 근대 이전의 민족국가나 민족주의의 존재를 인정하지 않는다. 이에 더하여 홉스봄과 앤더슨은 구성주의적 입장에서 민족주의를 허구에 기초한 구성물로 낙인한다. 그러나 홉스봄은 원초적 민족주의(proto-nationalism), 즉 민족주의적 성격을 띠는 일련의 현상이 전근대 시기에 등장했음을 부정하지 못했다. 이런 근대론자의 주장에 대해 앤서니 스미스(Anthony Smith)는 민족-국가(nation)를 "고국을 점유하고 공동의 신화와 공유된 역사, 공동의 대중적 문화, 단일 경제, 그리고 그 구성원 모두에 대한 공동의 권리와 의무를 갖는 하나의 이름을 갖는 인간 공동체"로 정의했다(Smith 2001, 13). 그리고 그는 근대 민족주의를 구성하는 이런 '민족적 상징들'(ethnic symbolism)이 고대 혹은 중세의 '민족적 연대'(ethnic ties)와 '민족적 공동체'(ethnie)로부터 오랜 기간 지속적인 발전을 거쳐 탄생된 결과물임을 주장하고, 이를 통해 근대와 민족주의의 관계를 좀더 '우발적인'(contingent) 것으로 치환한다(Smith 2001, 60). 달리 말하면 스미스는 비록 정점에 이른 근대 민족주의와는 다를지라도 전근대 시기에도 이와 유사한 형식으로 공동체와 그 구성원의 관계를 규정지으려는 현상이 있었음을 증명하고자 했다. 그리고 앤더슨과 마찬가지로, 그는 근대 민족주의가 전근대 민족국가들에는 결여돼 있는 '기성의 청사진'(a ready-made blueprint)을 제공함으로써 기존의 공유된 문화와 민족 공동체에 대한 신념을 민족국가 건설의 정치적 프로그램으로 전환시켰으며, 또한 이 기성의 청사진은 유럽으로부터 아프리카와 아시아로 유사한 형태의 민족주의의 초국가적 이식을 가능하게 했다는 점을 근대성의 가장 중요한 특징으로 지적했다(Smith 2001, 115). 그러나 스미스는 이 규격화된 근대 민족주의는 근대만의 산물이 아니며, 그 기원은 전근대 시기 민족적 공동체의 문화적 연속성과 발전에서 찾아야 함을 역설했다(Smith 2001, 117).

II. 동아시아적 시각의 다양성과 역동성

스미스가 정확하게 지적하고 있듯이 민족주의는 그 구성원과의 관계에서 "민족국가에 대한 충성을 다른 모든 충성심에 우선시"하려는 성격을 갖고 있다(Smith 2001, 22). 달리 말하면 민족주의는 공동체의 존속과 목적을 개인들의 존속이나 목적에 우선시하는 일종의 집단주의이다. 이런 집단주의적 경향은 흔히 동양에서는 공(公)과 사(私)의 구분, 사적 영역에 대한 공적 영역의 우선성으로 표현·실천되어 왔다. 그리고 사회학자들은 이런 경향을 서구의 개인주의에 대비하여 동양 사회의 특징으로 규정해 왔다. 그리고 동양사상 연구자들은 이런 집단주의의 경향의 연원, 혹은 개인주의의 부재의 연원을 전근대로부터의 연속성의 한 측면으로 바라본다.

그러나 집단주의는 단순한 사회·문화적 현상이 아니라 그것을 가능하게 하기 위한 다양한 사상적·문화적 기제를 필요로 한다. 즉 집단주의가

한 사회 안에서 작동하기 위해서는 집단이 개인에 우선돼야 하는 이유를 설명하고, 그것을 구성원들에게 각인시키고 그에 따라 행위 하게끔 하는 사상적, 사회적, 문화적 장치가 마련돼야만 한다. 그리고 이런 사상적·문화적 기제는 각 지역과 시기마다 다른 양상으로 나타나기 마련이며, 따라서 집단주의는 역사적 성찰의 대상이 돼야 한다.

그렇다면 동아시아의 전근대에 집단주의는 어떻게 전개되었는가? 그리고 보다 본질적으로 집단 공동체를 어떻게 규정해 왔으며, 공동체와 그 구성원 간의 관계를 어떻게 이해해 왔는지에 대해서 세밀한 검토가 요구된다. 본서의 필자들은 '아시아의 가치'를 집단주의적 경향의 지속이나 개인주의의 부재로 단순하게 환원시켜 버리려는 입장에 반대하여, 전근대 동아시아에서 공동체를 바라보는 시각의 다양성을 부각시키고자 한다.

본서의 필자들은 그 구체적인 접근 방법으로 크게 다음의 세 가지 방향에서 연구를 진행했다. 제1부에서는 전근대 동아시아에서 국가를 중심으로 하는 공동체와 그 구성원의 '관계', 특히 유가와 신 유가의 전통 속에서 각각의 존립 근거와 목적의 우선성을 결정하는 철학적 근거의 변화에 대한 고찰을 수행함으로써 동아시아 전근대의 사상적 역동성과 가변성을 밝히고자 했다. 제2부에서는 공동체 간의 상호 인식, 특히 자기의 집단적 정체성 및 공동체의 유대를 확립하는 과정에서 타 공동체에 대한 인식 혹은 왜곡이 어떤 역할을 수행했는지를 탐구했다. 마지막 제3부에서는 이런 전근대 시기 동아시아 내의 공동체를 바라보는 다양한 시각과 그 변화가 근대 초기 민족주의 형성 과정에서 어떤 방식으로 지속·유지되었는지, 나아가 어떻게 과거의 유산이 근대 민족주의를 성립하는 기초로 작용했는지를 살펴보았다.

본서의 필자들은 이런 세 가지 접근 방법이 전근대 동아시아의 공동체를 바라보는 시각을 망라하고 있다고 주장하지 않는다. 이 세 가지 방법을 채택한 이유는 본 주제와 관련하여 지속, 변화, 그리고 다양성을 가장 포괄적으로 이해할 수 있는 틀을 제공한다는 믿음에서 비롯되었다. 예를 들어 본서의 고은강과 이정환 논문의 비교에서도 드러나는 것처럼, 선진(先秦) 시기 정치 공동체로서의 '국'(國)과 그 구성원의 관계에 대한 인식은 약 10세기 이상의 시간을 뛰어넘어 경전 등을 통해 신 유가로 유증되었지만, 그러나 그 관계에 대한 이해는 근본적으로 다른 철학적 기반 위에 정초되었다. 그리고 신미나와 조현우의 논문에서 보이는 자타 인식은 동아시아 삼국에 고루 나타나지만, 반고(班固, 기원후 32~93)의 『한서』(漢書)와의 비교에서도 보이는 것처럼, 그 드러나는 양상과 자기 정체성과 집단 내부의 유대를 형성하는 방식은 주어진 시대의 조건에 따라 다르게 드러난다. 그리고 이욱연, 신현승 그리고 임경택의 논문에서는 과거로부터 유증된 역사적 경험과 사상적 기반이 민족주의를 성립시키는 데 필수 불가결한 요소로 작용하고 있으면서도 또한 민족주의를 이해·확립하는 데 완전하게 융합되지 못하고 근본적으로 모순된 논리로 남아 있음을 확인했다.

1. 집단과 개인의 관계에 대한 사상적 기초의 변화와 연속성

제1부의 고은강, 이정환, 제3부의 이욱연의 논문은 지난 한 세기 동안 서구의 역사에 대비하여 동아시아의 과거와 현재를 특징지으려 했던 일련의 노력에 대한 반성으로부터 출발했다. 오랫동안 역사학자들은 하나의 질문에 답하고자 부심해 왔다. 17세기 중엽까지 세계 인구의 3분의 1 이상이 중국 영토 내에 살고 있었다. 그리고 프란시스 베이컨이 근대 최고의 발명

품이라고 칭했던 나침반, 인쇄술, 화약 모두가 이미 13세기 이전에 중국에서 발명되어 널리 사용되고 있었다. 16세기에 중국을 출발, 동남아와 중동을 거쳐 아프리카까지 진출한 정화(鄭和)의 원정대가 탔던 배의 선적량은 스페인 무적함대의 가장 큰 함선의 10배 이상에 달했다(Mote 1999, 612-617, 743-746). 그런데 왜 중국 혹은 동양은 서양에 뒤지게 되었는가?

이 질문에 대한 연구사를 상고하는 것은 본서의 요지에서 벗어난다. 본서의 필자들이 주목한 점은 이 질문이, 서구의 발전 사관과 비교하여 동아시아 역사 발전의 정체(停滯)를 설명하기 위해 아시아의 사상과 집단의식의 특징을 조명하려는 시도로 베버(Weber) 등에 의해서 이행되었다는 데 있다. 다양한 시도 가운데 개인주의-집단주의의 이분법은 가장 오랫동안, 그리고 현재까지도 주도적인 인식의 틀로 자리매김하고 있다. 개인주의의 결여가 동아시아의 근대로의 이행을 좌절시켰다고 보며, 현재까지도 집단주의는 동아시아의 사회적, 집단 심리적 특성을 명시하는 가장 일반적인 잣대로 사용된다. 이어서 동아시아에서 발원된 '아시아의 가치'에 대한 담론은 이 이분법을 고스란히 받아들인 채, 서구의 개인주의를 평가절하하고 집단주의적 경향을 동아시아 전통 속에서 정당화하려는 시도에 멈추어 있다는 인상을 준다. 그러나 개인과 집단의 관계를 설명하는 데 있어 이런 이분법의 타당성을 그 근원에서부터 고찰하려는 노력은 그다지 많지도 성공적이지도 않아 보인다. 따라서 동아시아의 사상적 전통 속에서 정치 공동체를 중심으로 하는 집단과 그 구성원으로서의 개인 간의 '관계'에 대한 이해는 여전히 구명되지 않은 채로 남아 있다. 고은강, 이정환, 이욱연의 논문은 각기 중국을 중심으로, 동아시아 문명의 초기, 중기, 근대기라는 시간적 간격을 두고 나타나는 집단과 개인의 관계에 대한 이해를 조명함으로써 이런 연구상의 공백을 메우고자 했다.

고은강의 연구는 진시황에 의해 중국에 통일 제국이 등장하기 이전인 상고 시대에 읊어지던 노래, 시를 채록한 『시경』(詩經)에서 출발한다. 『시경』은 다른 상고의 기록이 갖지 못한 사료로서의 특징을 갖는다. 『시경』에 수록된 다수의 노래, 시가 개인의 목소리, 더 정확히 말한다면 1인칭 시점에서 읊어진다는 점이다. 중국어 고어(古語)는 대부분 당위와 사실 기술이 명확히 구분되지 않는다. 즉, 기술된 내용이 기술자가 관찰한 대상을 사실적으로 전달하고자 한 것인지, 아니면 자신이 대상에 대해 요구 혹은 기대하는 바가 투영된 것인지가 쉽게 구분되지 않는다. 따라서 일반적 기술을 기반으로 상고 시대의 상황을 재구성하는 데에는 항상 오류의 가능성이 다분히 포함돼 있다. 물론 『시경』이 이런 문제점으로부터 완전히 자유롭지는 않지만, 그 속에 포함된 1인칭 시점의 노래, 시는 읊어지는 대상에 대해, 비록 '객관적'이지는 않을지라도, 그 읊조리는 자가 어떻게 그것을 이해하고 경험하고 있는지를 다른 어떤 기록보다도 생생하게 전달한다.

고은강은 이에 착안하여 상고의 시대에 정치 공동체에 대한 서로 다른 두 가지 관념이 공존하고 있었으며, 이를 서로 다른 용어로 지칭했다는 사실을 밝혀냈다. '방'(邦)과 '국'(國)은 흔히 구분 없이 한국어로 국가 혹은 나라라고 번역된다. 그러나 고은강에 따르면 '방'의 경우는 단순한 정치 공동체가 아니라, 그 구성원이 '내 고향'이나 그 방의 구성원에 대해서 친밀감과 애착을 느끼며 자신의 정체성의 일부로 흡수하고, 또한 자발적으로 자신이 소속된 '방'을 보전하고자 하는 의무감을 느끼는 대상을 지칭한다. 따라서 '나의 방'은 '너의 방'과 명확히 구분되는 일종의 인식의 경계를 긋는 단위이기도 하다. 이에 반해 '국'은 개인들이 배타적으로 소속되거나 한 군주에 의해 독점적으로 통치되는 단위가 아니라, 세계로서의 '천하'(天下)나 질서와 평화에 대한 희구가 투영된 이상적 정치 공동체 혹은 그 상태를 지시한다.

따라서 '국'이란 개인이 직접적으로 경험하는 대상이라기보다는 천자 혹은 군주를 통해 성취되어야 할 이상으로, 개인적인 의무감이나 정체성과는 괴리를 보인다.

고은강은 이어 전국시대 유가(儒家)와 묵가(墨家) 사상에 나타난 정치 공동체와 구성원 간의 관계에 대한 이해를 비교·분석함으로써 그 역동성과 다양성을 조명했다. 『시경』이 사실 기술적 특성을 갖고 있다면, 유가와 묵가는 춘추전국시대의 혼란을 종식시킬 대안을 제시했다는 점에서 공동체와 구성원의 관계 문제에 있어 당위적 접근에 해당한다. 이들은 이 양자의 '관계'를 어떻게 규정할 것인가에 대해 근본적인 차이를 보인다. 유가의 경우 구성원은 자신이 소속된 국가에 대해 일종의 연대감을 갖게 되지만, 당위적 차원에서의 관계에 있어서 구성원은 타국으로의 이주의 자유를 갖는, 따라서 '애국심'이나 혹은 이에 상응하는 강함 연대감을 갖지 않는 것으로 그려지는 반면, 통치자의 그 구성원에 대한 관계는 일관되게 강한 의무감으로 규정된다. 달리 말하면 현재의 유가 사상에 대한 일반적 이해와는 달리, 구성원의 통치자나 정치 공동체에 대한 충성이나 의무가 상대적으로 중시되지 않았던 반면, 오히려 그 의무의 방향은 '아래로부터 위로'가 아니라 '위로부터 아래'로 맞춰져 있었다. 이에 반해 묵가는 정치 공동체와 구성원의 관계를 상호적으로 이해했다. 즉 정치 공동체는 구성원에 대한 의무를 가질 뿐만 아니라 그 구성원도 공동체의 평화와 존속을 위해 그 스스로의 행위에 대한 도덕적 의무를 갖는다. 달리 말하면 묵가가 그리는 도덕 공동체 안에서 이 양자의 관계를 규정짓는 것은 일방적인 충성이나 의무가 아니라, 이 관계에 속한 모든 구성원들이 준수해야 할 객관적이고 보편적인 준칙이라는 것이다.

이런 다양성과 역동성 속에서 개인주의-집단주의의 이분법은 자의적

일 뿐이다. 유가 사상 일반을 집단주의적 사상으로 규정하려는 시도는 더 더욱 그러하다. 이런 이분법의 자의성은 공자 이래로 동아시아 유가 사상 형성에 가장 큰 영향을 미친 주희(朱熹, 1130~1200)에서 더욱 극명하게 드러난다. 주희의 공동체에 대한 시각은 철저하게 개별적 인간을 어떻게 이해할 것인가에서 출발한다. 그에 따르면 개인이란 서구적 개념의 개인성(individuality)에 포함되어 있는 개별자 간의 차별성과 특수성에 앞서, 천부적인 보편적 본성을 공유한다. 그리고 공동체의 존립 근거와 공동체가 구성원에 대해 갖는 일종의 권력 행사 — 좀 더 정확히 말한다면 도덕적 교화(敎化)라는 의무의 이행 — 의 정당성 모두가 공동체 자체의 목적에서 파생되는 것이 아니라, 구성원 개개인의 도덕적 완성[즉 '명명덕'(明明德)]이라는 공동의 목적에 근거한다. 따라서 개인주의-집단주의를 구분하는 핵심 기준인 목적의 우선성에 있어 개인은 결코 공동체의 목적에 순응할 이유가 없다. 그러나 이런 관계는 이상적 설정에서만 가능하며, 주희에게 있어서 개인은 또한 도덕적 한계를 타고나는 존재이므로 이 도덕적 한계를 극복하려는, 흔히 도덕 수양이라고 일컬어지는 개인적인 노력과 함께 외적 권위에 의한 계도를 필요로 한다. 그러나 엄밀하게 말한다면 여기서 외적 권위란 국가권력에 상응하는 것이 아니라, 오히려 국가권력마저도 종속되거나 혹은 추구해야만 하는 공공의 가치이다. 그리고 이 공공의 가치는 다른 무엇이 아니라 바로 개인에게 천부된 보편적 본성에 근거한다. 그러므로 개인이 국가나 공동체의 권위에 따를 것인가 아니면 이에 저항할 것인가라는 판단은 근본적으로 개인의 몫이 된다. 결론적으로 말하면 주희에게 보이는 집단과 개인의 관계에 대한 이해는 일종의 순환성을 보이며, 따라서 목적의 우선성이나 실행의 일방성을 전제하는 개인주의-집단주의의 이분법으로 판단하는 것은 타당하지 않다. 물론 여기에 집단의 특수성과 우월성을 전제하는 민족주의가 개입될 여지가 없다는 점은 거론할 필요도 없을 것이다.

이런 집단과 개인의 관계에 있어 순환적 이해는 대표적인 중국 근대 지식인 궈모뤄(郭沫若, 1892~1978)에서도 극명하게 보인다. 이욱연은 "궈모뤄에서의 근대 의식과 유가 사상의 융합"에서, 개인주의(혹은 개성주의) 신봉자로서의 궈모뤄로부터 집단주의 자아관의 궈모뤄까지 그의 '극적인 사상적 전환'을 추적·분석했다. 이를 통해 필자는 궁극적으로 개인주의-집단주의의 서구 중심적 이분법이 한 근대 지식인에게서 어떻게 이분법의 경계를 넘어 일종의 융합과 재해석이 진행되었는가를 밝히고 있다. 초기의 궈모뤄는 반전통주의의 입장에서 다층적 집단적 관계로부터 개인의 개성을 해방시키고자 했다. 이에 반해 마르크스주의와 반제국주의로 무장한 후기의 궈모뤄는 집단으로부터 분리시킨 개인을 다시금 집단과의 관계 속으로 밀어 넣는다. 그러나 집단 속의 개인은 단순히 집단적 목적을 위해 스스로를 희생시켜야 하는 도구화된 대상이나 전체를 구성하는 요소로서의 개체가 아니다. 그리고 서구의 이분법에서처럼 개인과 집단은 목적의 우선성, 이익의 상충이라는 충돌적인 관계로 설정되지 않는다. 궈모뤄가 경험한 사상적 전환은 자아의 정당한 발현과 집단의 안녕 간의 상호 불가분성과 아울러 집단과 대치 혹은 분리된 개인의 정체성 추구가 갖는 본질적 한계에 대한 깨달음의 과정이다.

이런 궈모뤄의 사상적 전환에서 원시 유가와 개인의 도덕적 실천을 한층 더 강조한 중국 명(明)대 왕양명(王陽明, 1472~1528)의 사상이 결정적인 역할을 했다는 것은 전혀 아이러니한 일이 아니다. 고은강과 이정환의 논문에서도 밝힌 것처럼 유가의 전통은 무엇보다도 도덕적 완성을 위한 개인의 의지를 강조해 왔다. 일면 궈모뤄의 사상 전환에 그의 서구 개인주의에 대한 반작용이 강하게 작용했다는 점도 일맥상통한다. 이욱연에 따르면 궈모뤄와 량치차오(梁啓超)는 서구 개인주의를 개인이 속한 집단으로부터의 독립성을 강조하는 것으로 이해했으며, 이를 폄하적 의미에서 '소아'(小我)로 규정했다. 아울러 이에 대응하여 '대아'(大我), 즉 개인성의 진정한 발현은 개인주의적인 공리성을 초극하고 전체 속의 모든 개별적 존재들과의 일체감을 통해서 구현돼야 한다는 이념을 제시한다. 여기서 개인과 집단의 관계는 개인이 국가와 같은 집단에 종속되어 집단이 제시한 목적에 봉사하는 것으로 이해되는 것이 아니라, 개인은 집단(더 구체적으로 말하면 그 구성원 모두) 및 공유된 가치에 대한 도덕적 책임감을 내화함으로써 개인이 자신 안에 집단을 품어 안아 주체 속으로 받아들이는 것으로 이해된다.

2. 타자 인식과 자기 정체성 확립의 상호성

제2부 "동아시아 전근대의 자타 인식"은 동아시아의 집단적 정체성을 이해하는 보다 구체화된 양태를 다루고 있다. 제2부의 필자들은 근대 민족주의 유입 이전의 전근대에 동아시아 각국이 주변국을 타자화하고 타자를 이해하는 혹은 타자를 왜곡시키는 과정을 통해 어떻게 집단적 자기 정체성을 형성해 가는가를 논구했다. 국경을 경계로 하는 자타 인식은 동아시아에서 상당히 오랜 연원을 갖고 있었다.

> 현도(玄菟)와 낙랑(樂浪)[군(郡)]은 [한(漢)] 무제(武帝) 시기에 설치된 것으로, [그 피통치 대상, 혹은 그 구성원은] 모두 조선(朝鮮), 예맥(濊貉), 그리고 구려(句驪)의 만이(蠻夷, 남동의 오랑캐)들이다. 은(殷)의 도(道)가 쇠하자 기자(箕子)는 조선에 가 그 백성들을 예의(禮義)로 교화시켰고, 밭에서는 누에를 쳐 [비단을]

직조하게 했다. 낙랑의 조선 백성들은 여덟 가지 금지 조항(犯禁八條)이 있었다. 살인을 하게 되면 즉시 죽음으로써 보상하게 했고, 상해를 입히면 곡식으로 보상하게 했으며, 도둑질을 하면 남자는 그 집의 남자 노예, 여자는 여자 노예가 되는데 속죄하고자 하면 한 사람당 50만을 내야 했다. 비록 [노예의 신분에서] 벗어나 [일반] 백성이 되더라도 그 풍속이 이를 수치스럽게 여겨, 시집가고 장가가고자 하더라도 짝을 찾을 수 없었으니, 백성들은 결코 도둑질을 범하지 않으며, 집의 문을 닫고 지내는 이도 없었다. 부녀자들은 정절을 지켜 음탕하지 않다. 농사짓는 백성들은 변두(籩豆, 제기)에 먹고 마시는 데 반해, 도읍에 사는 이들은 [한에서 파견된] 관리들과 군 내의 상인들을 모방하여 종종 잔과 음식 그릇에 식사한다. 군이 설치된 초기에는 요동에서 관리를 취했는데, 관리들은 백성들이 잠글 수 있는 창고가 없어 상인들이 그곳에 가서는 밤에 도둑질을 하는 이가 있었음을 보았는데, 이로 인해 풍속이 자못 박해져 금지 조항이 60여 조에 이르게 되었다. 그 얼마나 귀한 것인가, 인한 현자의 교화여!
동이(東夷)는 천성이 유순(天性柔順)하여 다른 세 곳의 [오랑캐들](三方之外, 즉 북, 서, 남)과 다르다. 그래서 공자는 도가 행해지지 않음을 한탄하고 만약 [뗏목을] 타고 바다를 건넌다면 구이(九夷)에 머물고자 했으니, 그 이유가 있었던 것이다!
낙랑의 바다 가운데는 왜인(倭人)이 있는데 백여 국으로 분열되어 있으며, 세시(歲時)에 [한(漢)에] 와서 알현(獻見)한다(반고, 『漢書·地理志』).

위의 인용문은 기자조선설의 근거가 되는 반고의 『한서·지리지』의 일부분이다. 그 역사적 사실 여부와는 별도로, 우리는 위의 언급 속에서 반고가 집단적 타자의 정체성을 구성하는 방식을 엿볼 수 있다. 그는 집단적 정체성으로부터 그 구성원의 심리와 행위의 패턴을 추론한다. 이는 정치체제(낙랑)와 그 구성원으로서의 피통치자 집단[조선민(朝鮮民)]의 분리라는 제국적 시각에 기반하고 있다. 반고의 타자로서의 '조선민' 혹은 '동이'에 대한 기술은 지역(東夷), 종족적 동질성(朝鮮), 기질적 특성(天性柔順), 문화·규범적 동질성(俗), 그리고 그 연속성(기자의 시기로부터 당시 후한 시기까지)과 연속성 내에서의 변화라는 다양한 집단적 정체성의 구성 요소들에 근거하고 있다. 그리고 그 구성 요소들의 다양성을 나열하는 것에 그치지 않고, 그 구성 요소들을 서술함에 있어서의 설명적 정합성—즉 유순한 천성과 규범 준수의 상관성—을 제시한다. 그리고 이런 다양하면서도 서로 정합적인 성격을 지니는 집단의 정체성은 그 구성원들의 행위를 예측 가능하게 하는 근거가 된다.

반고는 여기서 타자의 정체성에 대한 기술을 통해 자기의 정체성과 연속성을 간접적으로 규정하고 있다. 그는 기자(箕子) → 공자(孔子) → 한(漢)이라는 기원전 11세기부터 기원후 1세기까지의 과거를 '조선민'이라는 타자와의 지속적인 연관에 투영함으로써, 자신의 정체성을 한(漢) 제국의 일원으로서만이 아니라 기자로부터의 연속성 속에서 암시한다. 그리고 그 연속성의 핵심적인 내용을 예의(禮義)라는 도덕성으로 지목함으로써, 자신의 정체성은 보편적 가치로 귀속시킨다. 또한 이에 근거하여 교화라는 이름하에 타자의 정치적 종속을 정당화함으로써, 자신의 집단적 보편성과 우월성을 (타인에 의해 계발돼야 하는) 타자의 기질적 특성과 종속성에 암시적으로 대비한다. 궁극적으로 이를 통해서 집단적 자타에 대한 인식에 구분의 경계를 짓고 있다.

그러나 느슨한 의미에서의 민족을 단위로 하는 자타 구분의 시각은 명백히 민족·민족국가·민족주의의 생성 혹은 유입과는 직접적인 연관이 없다. 왜냐하면 무엇보다도 이런 의식은 철저하게 '외부자'의 시각에서 비롯되어 있기 때문이다. 달리 말하면 과연 여기서 반고가 말하고 있는 조선민뿐만 아니라 반고 자신의 후한에서 그 내부 구성원들이 그들을 하나의 단위로 믿거나 느끼게끔 하는 역사·언어·종교·관습 등의 문화적 공통성을 갖고 있거나 더 중요하게는 그것을 인식하고 있었느냐는 명확하게 가늠할 수 없다. 무엇보다도 그 이유는 그것을 우리가 판단할 만한 역사적 근거가 없기 때문이다(Smith 2001, 108). 달리 말하면 타자로서의 타민족에 대한 의식은 필연적으로 민족주의처럼 자신이 속한 집단의 정체성을 전제 조건으로 하는 것은 아니다.

그러나 제2부의 필자들은 타자화된 대상에 대한 이미지 만들기가 자국 내의 정체성 형성에 중요한 계기를 제공한다는 사실을 보여 주고 있다. 신미나는 논문에서 중세 일본이 어떻게 신국(神國)이라는 천황 중심의 집단 정체성을 성립해 갔는가를 논구하고 있다. 고대로부터 중세로 접어든 일본은 넓게는 인도와 중국에 스스로를 비교하면서 자신의 독자성을 확립함과 동시에, 좁게는 한반도의 신라와 고려를 '오니'(鬼)나 '축생'(畜生)으로 격하시킴으로써 자신의 우월성을 '가공'해 냈다. 이런 타자 인식은 궁극적으로 중세 일본이 근대 민족주의를 형성하는 일종의 촉매로 작용했다. 신미나의 분석에 따르면 일본 중세의 집단 정체성 형성은 타자에 대한 이해보다는 자국의 '자폐적' 외교 관계 속에서 가공되고 이용된 것이다. 그리고 상호 불가분의 관계를 맺는 타자와 자기 인식의 과정은 황실과 귀족 계층으로부터 여러 매체를 통해 민중에게까지 전파되면서 자국 내 공동체 의식을 형성하는 데 중요한 근거로 작용한다. 달리 말하면 국경 너머에 있는 타국과 타국민에 대한 이미지를 생산함으로써 이에 상대화된 '우리'의 정체성을 형성해 간 것이다.

이런 중세 일본의 단절 속에서의 자타 인식은 18세기 동아시아에서 새로운 양상으로 전환된다. 조현우는 18세기 조선 통신사행으로 일본을 방문한 서얼 출신 문사들이 일본을 타자화하고 이를 통해 양반과 평민의 '중간자'로서의 자기 정체성을 투영하는 양상을 연구했다. 이런 자타 인식은 고대 중국과 중세 일본의 그것과 비교할 때, 보다 직접적이고 개인적인 경험에 근거했다는 점이 두드러진다. 중세 이전의 자타 인식이 근거나 경험에 기초했다기보다는 상상과 왜곡을 통해 자신의 목적에 봉사하도록 했다면, 근대 시기로 접어든 18세기에는 보다 확대된 직접적이고 개인적인 경험이 자타 인식을 구성하는 근간을 이룬다. 직접적인 경험은 또한 타자를 일면적인 성격으로 규정하는 대신 보다 중층적인 성격으로 보게끔 했다. 조현우에 따르면, 비록 그것이 자신의 우월성을 확립하기 위한 도구로 이용되었다 할지라도, 중세 일본이 신라와 고려를 '오니' 혹은 '축생'으로 규정한 반면 일본을 방문한 서얼 문사들은 일본인에 '순수함'이라는 긍정적인 측면과 동시에 '음험함'이라는 부정적인 판단을 내리는 이중성을 보인다. 즉 개인들의 직접적인 경험은 더 이상 단순히 '밖'에서 타국을 상상하고 왜곡하는 것을 지양하게 하고, 타국 '내'의 다양한 면모들을 발견하도록 했다. 그리고 자신의 정체성을 형성함에 있어서도 타국에 대한 자국의 집단 정체성을 구성하는 대신 서얼 문사라고 하는 자신의 특정한 위치를 투영했다는 점도 이전의 조작된 이미지 구축의 사례들과는 차별된다. 그리고 이런 개인화된 경험이 '기록'으로 남겨져 우리에게 전해지고 있다는 점 또한 고대·중세의 자타 인식과는 전혀 다른 관계 맺음 속에서 이런 인식이 진행됐음을 시사한다.

전체적으로, 본서의 신미나의 연구는 전근대 동아시아의 역사 전개 속에서 타 공동체에 대한 인식이 자기 공동체에 대한 정체성 및 그 구성원에 대한 유대를 확립하려는 원초적 민족주의의 전주곡으로 작용했을 가능성을 제시했다. 앞 장에서 언급한 것처럼, 근대 민족주의에서 타국에 대한 차별화 전략을 통해 자민족의 고유성, 독립성, 그리고 우월성을 수립했다는 점은 잘 알려진 사실이다. 그러나 이와는 반대로 조현우의 논문은 집단적 정체성을 규정하는 방식이 '상상된 공동체'보다는 직접적인 경험에 기초했다는 점과 그 기술의 주체가 집단성을 넘어서 개인화되고 다양화되었음을 설명함으로써 민족주의로의 전개가 필연적인 역사적 과정이 아닐 수 있음을 암시하고 있다. 그리고 이런 상이한 결론은 전근대 동아시아에서 원초적 민족주의의 연원을 찾으려는 시도가 단순히 현대의 민족주의 논의에 대한 긍정과 반대라는 선택의 문제로 수렴될 수 없음을 보이고 있다. 이렇게 근대 민족주의 혹은 집단주의 논의로 포섭되지 않는 동아시아의 집단 이해에 대한 다양한 양상은 근대 민족주의 성립기에도 확인된다.

3. 근대 초기의 공동체 의식 형성과 전통, 민족의식의 관계

제3부 "동아시아의 근대성, 민족의식, 그리고 전통"의 필자들은 근대 초기로 시각을 돌려 민족주의가 유입·정착되는 시점에서 한국, 일본, 중국을 대표하는 근대 지식인들이 민족의식을 수립하는 방식과 태도에 대해 논구했다. 이 과정에서 필자들은 자국의 과거에 대한 '신비화'와 민족 정체성의 '창조'라는 민족주의의 근대론적 접근이나, 앤서니 스미스의 점진적 발전론 어느 하나로 근대 초기 동아시아의 민족주의 논의가 포섭되지 않음을 확인했다. 그리고 그들이 구성해 낸 민족의식 고취의 방법 또한 앤더슨이 제기한 것처럼 상이한 사회적 지형들에 '이식'될 수 있는 '규격화된 [독립적으로 작동 가능한] 단위'로 진행되지 않았음을 밝히고 있다. 필자들이 던진 근본적인 질문은 과연 동아시아의 근대 지식인들이 식민주의, 제국주의라는 현실의 문제 앞에서 각국의 민족의식을 형성하고 고취하는 방식에 있어서 근대성과 전통이라는 서로 상충되는 요소를 어떻게 선택하고 융합했는가

에 맞춰져 있다.

'일국(一國)민속학'으로 대변되는 야나기타 쿠니오(柳田國男, 1875~1962)의 민족주의는 근대론자의 주장과 가장 유사한 경향을 보인다. 임경택은 기층의 문화, 종교, 의식을 탐구하는 민속학이 야나기타에게서 어떻게 민족의 정체성 형성, 국민의 문화적 통합, 천황을 중심으로 하는 국가에 대한 충성, 자국의 독자성에 대한 강조 등을 통해 궁극적으로 메이지유신 이후 강화된 천황제와 근대국가의 형성에 봉사했는가를 분석하고 있다. 한편으로 야나기타의 민속학적 접근은 앞에서 보인 앤서니 스미스의 주장에서처럼, 유럽 등에 대비하여 일본을 하나의 '섬'으로 규정함으로써 '고국'(homeland)으로서의 일본 국토를 하나의 정체성을 갖는 단위로 상정하고, 이 속에서 보이는 인종적, 언어적, 문화적 다양성을 사상시킨 채 '공동의 신화와 공유된 역사, 공동의 대중적 문화'를 구성하려 했다. 그리고 자국 문화의 순수성을 창조하기 위해 야나기타는 기층에 뿌리 내린 불교라는 '명백한' 외래 사상 대신 '이에'(家)와 조상숭배를 가장 일본적인 것으로 내세우고, 이것을 가족공동체의 확대된 형태로 보고 천황 중심의 국가관을 지지하는 수단으로 삼았다.

흥미로운 점은 앤서니 스미스와 본서의 임경택도 지적한 것처럼, 상고로 거슬러 올라가 민족 구성원을 단일한 조상의 후예로 보려는 시각은 민족주의의 보편적 현상이면서도, 조상숭배와 혈통 개념이 강한 동아시아에서 이런 레토릭은 전혀 다른 문맥과 강도로 이해되었을 것이라는 점이다. 달리 말하면 국토 내의 구성원들이 단일한 조상으로부터 발생했고 그로부터 언어와 문화의 연속성을 유지하면서 발전했다고 하는 접근법이 일반화된 근대 민족주의의 산물이라면, 야나기타가 이것을 기층에 뿌리 내리고 있던 가족 혹은 혈통 관념을 중심으로 조상숭배와 결합했다는 점은 동아시아의 전통이 어떻게 근대 민족주의와 융합되었는가를 보여 주고 있다. 더 나아가서는 '이에'에서 향토, 그리고 국가로의 확장은 일면 유가 경전인 『대학』(大學)에 보이는 '한 개인(一身) → 가족 혹은 혈연 공동체(家) → 국가 혹은 지역공동체(國) → 국가 전체 혹은 세계(天下)'의 확장적 구조와 유사함도 발견할 수 있다.

전통과 민족의식의 조우는 정인보와 궈모뤄의 경우에 더욱 선명하게 드러난다. 신현승은 이런 문제의식 속에서 "단군 조 이래 5,000년간 면면히 이어져 흘러온 한민족의 '얼'(魂)을 기치로 삼고 한편으로는 전근대 시기의 '존화사상'(尊華思想)을 비판했던 정인보가, 중국에서 수입된 양명학의 조선 내 계보를 수립하고 이를 통해 민족정신을 앙양하려 했다는 아이러니한 상황을 탐구했다. 정인보는 또한 조선의 역사를 '허구와 거짓'의 역사로 규정하면서 자신의 과거를 강도 높은 어조로 부정했다는 점에서 근대 민족주의자와는 다른 면모를 취한다. 같은 연속선상에서 그는 조선의 학술을 개인적인 이익을 도모하려는 무리(사영파)와 '중국의 적전'(中華嫡傳)을 내세워 사대하려는 부류(존화파)로 구분하여 극도의 비판을 가한다.

그러나 정인보가 택한 민족정신 고취의 방향은 우리 역사나 중국의 영향에 대한 전면적인 부정으로 전개되지 않았다. 오히려 중국에서 발원한 양명학에 기초를 두고 조선의 역사 속에서 그 끊이지 않는 명맥을 찾아내고, 나아가 이것을 민족이 나아갈 길로 제시하고 있다. 그러나 하나 주의해야 할 점은 정인보가 양명학을 중국이라는 타자로부터 이식된 것으로 인식하기보다는 하나의 보편적 이념으로 받아들이고, 이 보편적 이념 구현의 가능성을 조선의 역사로부터 구축해 냈다는 점이다. 달리 말하면, 정인보의 의식 속에서 양명학은 주자학과 대비되는 일종의 학파적 성격으로만 규정되지는 않는다. 정인보가 조선 양명학의 계보를 서술함에 있어 양명학이란 이념은 더 나아가 중국, 조선, 일본, 서구라는 근대적 국가 단위의 경계를 초월했으며, 서구로부터 유입되고 있던 '새로운' 문명 앞에서 과거의 전통과 현재의 가치라는 구분 또한 무의미한 것으로 만들었다. 그리고 조선은 배타적 공간이라기보다 이런 보편적 이념의 초국가적인 구현의 장으로 이해되었다. 따라서 정인보는 민족주의적이기는 하지만 단순하게 민족주의자로 도식화되지 않는 측면을 함께 갖는다.

앞서 기술한 것처럼 이욱연은 본서의 논문 속에서 궈모뤄의 사상적 전환 과정에서 개인주의와 마르크스주의, 민족주의라는 서구의 이데올로기가 일방적으로 수용되거나 유입된 것이 아니라, 궈모뤄라고 하는 한 개인 안에서 공자부터 왕양명에 이르는 유가 사상, 장자의 도가 사상 등 중국적 전통과 적극적으로 조우하고 융합되고 있음을 선명하게 보여 주고 있다. 달리 말하면 민족이 처한 현실에 대해 개탄하면서도 근대 지식인으로서의 궈모뤄는 그 돌파구를 가장 뿌리 깊은 전통에 기대어 찾고 있었다.

결론적으로, 제3부의 필자들은 근대 초기 동아시아 삼국의 대표적 지식인들의 사상이 근대 계몽주의나 현대의 민족주의 논의로 쉽게 포섭되지 않는 양상을 띠었다는 점을 밝혀냈다. 전반적으로 이들은 근대 서구 사상의 유입과 민족주의 발흥의 초기에 활동하면서 민족의 안녕과 번영이라는 공통의 목적을 공유했다. 그러나 다른 한편으로 이들은 자국의 역사에 대한 평가, 현재에 대한 진단, 미래에 대한 대안 제시에 있어 부정과 긍정, 신화화와 은폐 같은 흑백 논리를 취하기보다는 이들에 대해 일종의 교착적인 태도를 취했다. 자국의 과거 역사와 당면한 현재를 미화하기보다는 비판적인 시각으로 바라보는 한편, 또한 이에 내재한 한계를 극복할 수 있는 대안 혹은 그 원동력 또한 그 내부의 전통에서 찾고 있다. 이를 통해 그들이 서구를 중심으로 하는 '외부'의 것에 대해서도 단순히 배척한 것이 아니라, 궈모뤄의 경우 마르크스주의를, 야나기타 쿠니오의 경우에는 근대적 서구 학문 체계를, 정인보의 경우 중국의 양명학을 적극적으로 수용했다는 점에서, 이들을 단순한 자국 지상주의의 민족주의자로 분류하는 것 또한 설득력을 상실한다고 주장한다. 달리 말하면 자국·자민족을 핵심적인 '단위'로 받아들이고 있다는 점에서 이들은 틀림없이 민족주의적이지만, 현재와 미래를 위한 설계에 있어서는 자국의 전통과 외래의 문명, 서구의 근대성 어느 한쪽에 매몰되지 않고 이들 모두에 일정 정도 개방적이었다는 점에서 엄밀한 의미의 민족주의자가 아니었다는 판단도 타당성을 갖는다.

III. 나가는 말

본서의 궁극적 목적은 근대 이전 시기 동아시아에서 널리 행해졌던 세 가지 유형의 공동체를 바라보는 시각을 제시하는 데 있다. 주의 깊은 독자는 아마도 목차와 본 서장의 내용을 통해 본서의 구성에서 일정한 흐름을 발견했으리라 믿는다. 그 하나는 연대기적 구성이다. 제1부는 동아시아 사상의 원류라고 할 수 있는 기원전 유가 사상으로부터 시작하여 유가의 새로운 부흥이 이뤄진 12세기로 이행되고, 제2부에서는 중세 일본에서 18세기 조선으로, 그리고 제3부에서는 근대기의 지식인으로 결말을 맺고 있다. 그리고 다른 하나의 흐름은 공동체를 이해하고 구성하는 방식이 추상에서 구체화로 진전된다는 점이다. 제1부에서 다루고 있는 공동체와 개인의 관계는 특정한 집단, 민족, 국가를 전제로 하지 않은 채 순수하게 추상화된, 그래서 다분히 철학적인 접근을 주로 다루고 있다면, 제2부에서는 일본 중세의 왜곡되고 가공된 자타 인식의 시기에서 18세기 조선에 이르러 타자에 대한 경험 또한 직접적이고 개인적이 되는 단계로 접어들며, 제3부에서는 민족을 중심으로 한 공동체를 구성하는 다양한 양식과 접근 방법이 소개되고 있다.

독자들에게 미리 밝히고자 하는 바는 이런 연대기적 구성을 통해 본서의 필자들이 일종의 '역사 발전의 필연적 법칙'과 같은 단선적 역사관을 의중에 둔 것이 아니라는 점이다. 그리고 일부 독자가 본서를 통해 전근대 시기의 공동체 인식이나 자타 인식이 근대 시기 민족주의로 점진적으로 발전했다는 결론을 도출하고자 한다면 이에 대해서도 쉽사리 긍정하지 않을 것이다. 달리 말하면 전근대의 공동체를 이해하는 시각들과 마찬가지로 근대 민족주의의 발흥 또한 하나의 양상으로 보고자 한다.

제3부의 이욱연과 신현승은 그들의 연구를 통해 근대 지식인들이 전통 사상 속에서 끊임없이 자신이 처한 현실 문제에 대한 대안을 찾으려 했다는 것을 보임으로써, 단선적이기보다는 중첩되고 재해석되는 동아시아 역사의 긴 호흡을 간접적으로 증명하고자 했다. 그리고 제2부에서는 상상과 선입관에 사로잡힌 자타 인식이 얼마만큼 자신의 목적을 위해 왜곡될 수 있는가를 보임으로써, 특히 다문화 사회로 진입한 우리에게서도 흔히 벌어지고 있는 타자에 대한 고정관념 생산의 위험성을 역사로부터 증명하고자 했다. 그리고 제1부에서는 원시 유가와 신 유가에 대한 엄밀한 검토를 통해서 우리의 과거와 현재를 보는 '집단주의'와 같은 일종의 고정관념이 얼마나 근거가 빈약한 것인가를 재확인하고자 했다. 또한 임경택의 논문은 근대 시기 민족주의가 소수에 대해 억압적인 집단 정체성을 형성했으며 아울러 '충군애국심'이라는 강력한 집단주의의 '근저'로 작용했다는 것을 보임으로써 동아시아의 집단주의적 성향이 근대의 산물일 가능성을 시사하

고 있다.

그렇다면 이렇게 다양하고 역동적으로 변화하며 현재의 분석틀로 포섭되기를 거부하는 동양의 전통 사상에서 어떤 현재적 가치를 찾아낼 수 있으며, 또한 그것을 통해 어떻게 미래를 준비할 수 있는가? 이 질문은 동아시아의 과거에서 공동체를 바라보는 시각의 다양성과 가변성을 재조명하려는 본서의 연구 범위를 뛰어넘으며, 따라서 동양의 사상, 역사, 문학을 전공하는 이들 모두가 공유하는 문제로 남겨 두기로 한다. 단 본서의 필자들이 피력하고자 하는 바는 바로 이런 다양성과 가변성에 대한 연구가 궁극적으로 민족주의나 집단주의가 오랫동안 '우리'를 질곡해 왔다는 역사적 사실에 대한 반성을 촉구하는 계기를 제공하리라는 점이다. 근간에 동아시아 학계는 민족이라는 '신화'를 해체하고 민족주의의 폭력성을 고발하는 연구를 활발하게 진전시켜 왔다(임지현 1987; 오누마 야스아끼 1993; 왕가 2005; 가쓰라지마 노부히로 2009). 민족주의에 대한 반성과 최근의 초국가적 현상의 증가는 앞에서도 언급한 것처럼 우리가 맞이해야 할 새로운 세계의 도래를 예고하고 있다. 그러나 우리가 설계해야 할 공동체의 기반은 아마도 우리의 과거를 완전히 부정한 채로 진행되지는 않을 것이다. 왜냐하면 역설적으로 민족주의를 통해서 배운 것이기도 하지만, 우리가 하나의 공동체 구성원으로서의 '우리 의식'과 '우리 정체성'을 구성하는 데 있어서 과거는 단순히 질곡의 속성만을 갖는 것이 아니고, 그 속에서 찾아낸 공동체를 바라보는 시각의 역동성과 다양성은 우리를 하나의 방향으로 결정지으려는 민족주의나 집단주의의 새로운 변종에도 대항할 새로운 기반을 제공할 수 있을 것이기 때문이다. 물론 그것이 서양에 대비된 '우리의 것'이라는 인식에 기초한다면, 그래서 다분히 민족주의나 지역주의적 정서와 결부된다면, 야나기타의 경우처럼 종국에는 일종의 모순된 결론으로 종착되리라는 점도 아울러 간과해서는 안 될 것이다. 또한 반대로 우리는 '우리'의 과거 속에서 다양성과 역동성을 확인함으로써 '우리'라는 명분하에 우리를 정체시키고 혹은 질곡하려는 다양한 기제들에 대해 그 가치와 타당성을 근본에서부터 재검토할 수 있는 정당성을 확보할 수 있을 것이다. 그리고 무엇보다도 조심스러운 이야기이지만 정인보와 궈모뤄의 경우에서처럼 어쩌면 우리의 과거와 전통은 우리의 정체성을 구성하는 데 있어 피할 수 없는 출발점 혹은 근저를 제공할지도 모른다는 가능성에 대해서도 굳이 닫힌 태도를 취할 일 만은 아닌 듯하다. 왜냐하면 이는 후기 식민주의적 태도와 같은 또 다른 왜곡을 가능케 할 수도 있기 때문이다.

제1부

유가 전통에서의 집단과 개인의 관계

1장

중국 고대 사상계에 있어서 정치 공동체와 개인

고은강

I. 서론

근대화를 경험하며 동아시아 사회가 서구 중심의 근대적 개념과 틀로 재편되고 이런 교육의 영향으로 동아시아인들의 사고방식 또한 전근대적인 그것으로부터 멀어진 지 한 세기가 지난 지금, 다시 동아시아를 공동체 논의 속에 끌어들이려는 움직임이 활발하다. 전 지구화가 진행되고 국가 간 인적, 물적 이동이 시간과 공간 그리고 정치적 한계를 넘어 빈번해진 현실은 오히려 유럽연합(EU)과 같이 초국가적 지역을 기반으로 한 공동체가

• 이 글은 2010년 12월 『태동고전연구』 제26집(한림대학교 부설 태동고전연구소)에 실린 「중국 철학에서 개인주의에 관한 일고찰: 선진(先秦) 철학에 나타난 정치공동체와 개인」을 수정, 보완해 실은 것이다.

동아시아에도 필요하다는 정치·경제적 요구와도 무관하지 않다. 싱가포르가 주도했던 '아시아적 가치' 논쟁(De Bary 2000) 이후에도 동아시아의 공동체성을 찾는 시도는 다양한 학문 분과에서 지속적으로 행해지고 있다.

고대 동아시아의 정치 공동체와 그에 속한 개인의 관계를 고찰하는 작업은 동아시아 문화 속에 자리한 정치 공동체의 개념을 통찰하는 출발점이 된다. 여기서 '고대 동아시아'란 역사상의 구체적인 한 시기를 가리키는 용어는 아니다. '서구'에서 '고대 그리스'가 그러하듯 동아시아 사상과 문화에 공통된 기반을 제공하는 '중국 고대'를 지칭한다고 할 수 있다. 다시 말해서, 동아시아의 역사적 발전 과정에서 반복적으로 재해석되는 '중국 고대'의 텍스트에 나타난 사상과 문화를 가리킨다. 공동체 구성원으로서의 '개인'은 동양철학의 맥락에서 개념 정의가 쉽지 않은 용어다. 서양철학의 전통에서 개념화된 '개인'은 동아시아 사회를 설명할 때 적합하지 않다는 지적이 일반적이다. 동아시아 사회의 맥락에서는 '관계 속의 개인'을 함축한 '사람'(person)이 '개인'(individual)보다 널리 사용되어 왔다. 그러나 서구인에 의한 '동양'의 타자화를 의미하는 '오리엔탈리즘', '서구'의 타자화를 의미하는 '옥시덴탈리즘', '동양인'이 서구인의 동양에 대한 시각을 내면화한 '리버스오리엔탈리즘' 등에 대한 비판을 생각할 때, 서양철학의 '개인'과 동아시아 사회의 '사람'을 대별하는 시각은 다시 생각할 여지가 있다.

중국 고대의 텍스트들은 동아시아 사상, 문화, 역사를 언급할 때 반드시 동원되는 고전이다. 동아시아 정치사상을 논할 때도 예외는 아니다. 동아시아 정치사상과 관련하여 중국 고대의 텍스트를 분석한 연구는 적지 않다. 그런데 중국 고대의 정치사상과 관련된 기존의 연구는 대부분 통치 제도 및 통치자의 시각에 초점을 맞추고 있다. 텍스트 속에 나타난 제도 및 통치자의 리더십을 분석하여 중국 고대의 정치사상을 이해하고자 하는 연구는 중국 고대의 텍스트가 현재 동아시아 정치와 맺고 있는 관련성을 생각할 때 중요하다.

본 연구는 이런 기존의 연구 성과를 바탕으로 하면서 동시에 이와는 다른 시각에서, '정치 공동체'와 '개인'에 초점을 맞추었다. 통치 제도와 리더십이 구성한 정치 공동체 속의 개인은 어떤 존재들이며 이들은 이들이 속한 정치 공동체와 어떤 관계를 맺고 있는지, 정치 공동체를 어떻게 경험하고 있는지를 고찰해 봄으로써 '중국 고대'의 정치 공동체와 개인, 동아시아 고대의 맥락에서 전체와 개체의 문제에 접근했다.

본 연구는 크게 두 부분으로 나뉜다. 우선, 정치 공동체에 대한 개인의 경험으로부터 논의를 시작했다. 정치사상 텍스트보다는 문학론, 예술론 텍스트로서 많이 연구되는 『시경』에 나타난 '개인이 경험하고 느끼는 정치 공동체'[1]를 분석하여, 본 연구의 초점이 개인에 있음을 강조했다. 이어서, '동아시아 고대'의 주요 정치사상 텍스트로서 널리 연구되는 『맹자』, 『순자』, 『묵자』에 초점을 맞추어 정치 공동체와 개인의 관계를 살펴보았다. 기존의 연구가 '동아시아 고대'의 정치 질서에 초점을 맞추고 있다면, 본 연구는 기존 연구를 바탕으로 그 위에 개인을 부각시키는 방향으로 전개되었다.

정치사상 연구와 관련하여 널리 연구된 『맹자』, 『순자』, 『묵자』는 고대 유가 사상에서 리더십을 중심으로 한 통치의 성격을 잘 나타내고 있다. 이에 덧붙여 본 연구에서는 『시경』에 나타난 개인의 경험과 감정에 주목했다. 『시경』은 노래 혹은 시의 특성상, 정치 공동체 속에 살아가는 개인으로서의 목소리가 간접적으로 드러난다. 정치 공동체의 통치 질서와 리더십에

1_정치적 단위와 감정의 연관성에 관하여 겔너(1988) 참조.

주목한 『맹자』, 『순자』, 『묵자』와 함께 『시경』에 나타난 공동체의 개인적 경험을 살펴본다면 동아시아 고대의 정치 공동체와 개인의 문제를 좀 더 포괄적으로 이해할 수 있다.

II. 개인이 경험하는 정치 공동체로서 방(邦)과 국(國) : 『시경』을 중심으로

『시경』은 '중국 고대'의 사상과 문화를 이야기 할 때 반드시 거론되는 텍스트이다. 특히 문화 연구에 있어서는 가장 기본이 되는 고전이라 할 수 있다. 〈풍〉(風), 〈아〉(雅), 〈송〉(頌)의 세 부분으로 구성된 『시경』은 알려진 바와 같이 선진(先秦) 시대로 추정되는 시기의 작자 미상의 노래를 모은 책이다. 〈풍〉은 〈주남〉(周南)부터 〈빈풍〉(豳風)에 이르는 15장으로 구성되어 있는데 각 장마다 그에 해당하는 국(國)의 노래를 모았다. 〈아〉는 〈소아〉(小雅)와 〈대아〉(大雅)로 나뉘어 있는데, 〈송〉과 더불어 주(周) 왕실의 노래로 알려져 있다.

『시경』은 '중국 고대'의 텍스트 중에서 문학, 예술 및 문화 텍스트로서 활발히 연구된 반면, 정치 텍스트로서 연구된 바는 드물다고 할 수 있다. 『시경』은 '중국 고대'의 통치 체제를 이야기할 때 언급되는 『예기』(禮記) 〈왕제〉(王制)편이나 『순자』의 〈왕제〉(王制)편과는 달리 정치 공동체를 구성하는 제도에 관한 언급을 찾기는 어렵다. 반면, 개인의 감정이 드러날 수 밖에 없는 노래라는 형식의 특성상, 개인이 전면에 드러나는 드문 텍스트라는 특징이 있다. '중국 고대'의 텍스트에서 '개인'을 발견하기는 쉽지 않다. 따라서 동아시아 사회와 문화에 관한 연구, 동아시아의 사상적 토대에 관한 연구가 개인보다는 사회관계 및 전체에 초점을 맞추고 있다는 점도 이와 무관하지 않다.

1. 방

『시경』에서 방(邦)은 개인이 소속감을 표현하는 중요한 정치 공동체로 묘사된다. '나라'로 번역하는 것이 가장 자연스러우며, 일반적인 용례는 "나라의 미인이네"(邦之媛也)[2] "큰 나라에 호소하다"(控于大邦)[3] "나라의 호걸이여"(邦之桀兮)[4] "모든 나라의 모범"(萬邦爲憲)[5] "바닷가 나라들에 이르네"(至于海邦)[6] 등으로 쓰인다. 방이 의미하는 '나라'가 무엇인지는 명확하지 않다. 〈소아〉 "우무정"(雨無正)에서 "주의 종실이 이미 멸망하여, 머물 곳이 없고, 정대부도 거처를 떠나 내 노고를 알지 못하고, 삼공과 대부도 조석 문안을 드리지 않고, 방군제후(邦君諸侯)도 조석 문안을 드리지 않고 순한 날 착해질까 했으나 더욱 악해지네"[7]의 구절에서는 천자의 나라가 아닌 제후국의 의미로 쓰였다. 그러나 "천자의 나라를 안정시키네"(殿天子之邦)[8]

2_鄘風·君子偕老.

3_鄘風·載馳.

4_衛風·伯兮.

5_小雅·六月.

6_魯頌·閟宮.

7_小雅·雨無正, "周宗旣滅, 靡所止戾. 正大夫離居, 莫知我勩. 三事大夫, 莫肯夙夜. 邦君諸侯, 莫肯朝夕. 庶曰式臧, 覆出爲惡."

8_小雅·采菽.

"주가 비록 오래된 나라지만 그 명은 오히려 새롭다"(周雖舊邦, 其命維新)[9] "천자의 나라 천리"(邦畿千里)[10]에서 보듯이 천자의 나라를 가리킬 때도 쓰인다. 특히, '큰 나라'(大邦)[11]라는 표현은 문맥상 '천자의 나라'를 의미한다고 볼 수 있으며, 자주 등장하는 표현인 '만방'(萬邦)은 '온 세상'이라는 의미로 쓰였다. "주나라가 모두 기뻐하네"(周邦咸喜)[12] "노나라가 우러러보네"(魯邦所詹)[13] 등의 구절에서는 특정한 제후국의 영토 혹은 천자의 영역인 주의 영토를 가리키기도 한다.

방(邦)에 대한 개인의 감정을 드러내는 구절들로부터 개인이 경험하는 방의 성격을 알 수 있다.

첫째, 앞서 밝혔듯, 방은 개인이 배타적으로 소속되는 공동체이다. 현재 거주하는 공간과 반드시 일치하지는 않는다. 방은 배타성을 지닌 공동체로서 '나의 방'(我邦)[14]과 '너의 방'(爾邦)[15]이 구별되어, '너'의 방에 거주하는 '나'는 서러움을 느낀다. 〈소아〉에 실린 "황조"(黃鳥) 각 구의 종장에는 '나의 방'을 떠나 다른 방에 거주하며, 그 방에 속한 사람들로부터 받아들여지지 못한 채, 여전히 '나의 방'에 속한 개인으로서 살아가야 하는 '나'의 현실적 어려움이 잘 드러나 있다.

9_大雅·文王.
10_商頌·玄鳥.
11_大雅·皇矣, "王此大邦, 克順克比"; 大雅·板, "大邦維屛."
12_大雅·崧高.
13_魯頌·閟宮.
14_大雅·召旻.
15_周頌·烈文.

이 방(邦)의 사람들이 나에게 잘 해주지 않으니, 돌아가고 돌아가 내 방(邦), 내 족(族)에게 돌아가리.
이 방(邦)의 사람들이 나를 믿어주지 않으니, 돌아가고 돌아가 내 형(兄)들에게 돌아가리.
이 방(邦)의 사람들이 나와 더불어 살 수 없다 하니, 돌아가고 돌아가 내 방(邦), 내 족(族)에게 돌아가리.[16]

둘째, 위의 예문 및 "내 나라, 내 집으로 돌아가리"(復我邦家)[17] 등의 구절에서 알 수 있듯이, 방은 개인이 돌아가야 할 공동체로 묘사된다. 이런 맥락에서 보면, '나의 방'이란 '내 고향'으로 이해할 수 있을 것이다. 그러나 '고향'이란 개인의 탄생과 더불어 지리적, 종족적 요인에 의해 개인에게 부여되는 성격이 강한 반면, 방 또한 '고향'과 같은 요인으로 개인에게 부여되는 성격인지는 확실하지 않다.

셋째, 방의 귀속 요건이 분명하지는 않으나, 방은 가(家)와 족(族)에 연결된 개념이며, 가, 족과 더불어 개인의 정체성에 중요한 부분을 형성한다. 위의 예문 및 "아, 나의 형제와 나라 사람들과 벗들이여"(嗟我兄弟 邦人諸友)[18] 등의 구절을 볼 때, 개인은 형제, 친구, 공동체로서의 가와 족, 그리고 '내 나라 사람'(邦人)에게 애착을 느낀다. 이들을 벗어나 삶을 영위하는 개인은 다른 집단의 배타성을 경험하고, 이로 인하여 고통을 느끼며, 방을 비

16_小雅·黃鳥.
"黃鳥黃鳥, 無集于穀, 無啄我粟. 此邦之人, 不我肯穀. 言旋言歸, 復我邦族.
黃鳥黃鳥, 無集于桑, 無啄我粱. 此邦之人, 不可與明. 言旋言歸, 復我諸兄.
黃鳥黃鳥, 無集于栩, 無啄我黍. 此邦之人, 不可與處. 言旋言歸, 復我諸父."

17_小雅·我行其野.

18_小雅·沔水.

롯하여 자신이 속한 공동체로 돌아갈 것을 희망하게 된다.

넷째, 이상의 맥락에서 미뤄 본다면, 방은 개인이 귀속되어 돌아갈 곳일 뿐만 아니라, 개인이 보전해야 할 대상이기도 하다.[19] 또한 개인은 '나라와 집의 영광'(邦家之光)[20]이 되어 공동체를 발전시킬 수 있는 존재이기도 하다. 그러나 방에 대한 개인의 의무감의 성격을 구체적으로 파악하기는 어렵다. 오히려 개인의 의무감은 다른 개인을 향하고 있다. 다시 말해서 개인이 권력자를 향한 의무감을 가지고 의무를 수행하는 점은 명확하지만, 그 권력자가 개인이 귀속된 방의 권력자인지, 아니면 개인이 현재 거주하는 방의 권력자인지, 혹은 방이 아닌 다른 정치 공동체의 권력자인지는 명확하지 않다.

공동체와 관련된 의무를 수행하느라 수고하는 개인에 대한 묘사는 『시경』 곳곳에 등장한다. 병역과 관련하여 개인에게 지워진 방위의 의무에 대한 묘사는 〈소아〉 "체두"(杕杜),[21] "출거"(出車) 등에 보인다. 이는 주희의 해석에 따르면, 정벌에 불려가 "병역을 마치고 돌아오는 사람을 위로한"(勞還役也) 노래다. "체두"에서 왕의 일(王事)이란 문맥상 정벌 혹은 방위와 관련된 일이었으리라 짐작된다. 〈소아〉 "출거"의 "나는 저 교외로 내 수레를 몰고 나왔네. 천자가 계신 곳으로부터 나에게 오라 하셨기 때문일세"[22]의

19_小雅·瞻彼洛矣, "군자여 오래 사시어 그 집과 나라를 지키소서"(君子萬年, 保其家邦).

20_周頌·載芟.

21_"有杕之杜, 有睆其實. 王事靡盬, 繼嗣我日. 日月陽止, 女心傷止, 征夫遑止.
有杕之杜, 其葉萋萋. 王事靡盬, 我心傷悲. 卉木萋止, 女心悲止, 征夫歸止.
陟彼北山, 言采其杞. 王事靡盬, 憂我父母. 檀車幝幝, 四牡痯痯, 征夫不遠.
匪載匪來, 憂心孔疚. 期逝不至, 而多爲恤. 卜筮偕止, 會言近止, 征夫邇止."

22_"我出我車, 于彼牧矣. 自天子所, 謂我來矣."

구절도 같은 맥락으로 볼 수 있다. 각 제후국의 노래를 모은 〈풍〉의 하나인 〈진풍〉(秦風) 중 "무의"(無衣)는 왕에 대한 화자(話者)의 의무를 보여 준다.[23] "어찌 옷이 없다 말하는가, 그렇다면 그대와 함께 내 겉옷을 입고, 왕이 군대를 일으키시면 내 창들을 세워 그대와 더불어 짝하리라"(豈曰無衣, 與子同袍. 王于興師, 脩我戈矛, 與子同仇)는 말에서 '나와 네'가 함께 지켜야 할 공동체의 의무가 존재함을 알 수 있다. 〈왕풍〉(王風)의 "군자우역"(君子于役)[24] 역시 병역인지 혹은 다른 의무인지는 확실하지 않으나 공동체에 대한 의무로서의 역(役)을 살고 있는 사람에 대한 기다림을 노래하고 있다.

2. 국

국(國) 역시 방(邦)과 더불어 '나라'의 의미로 쓰인다. 〈패풍〉(邶風), "격고"(擊鼓)에 "나라에 토목공사가 벌어지고 조(漕) 땅에 성을 쌓는다"(土國城漕), '남쪽 나라'(南國),[25] '아래 나라'(下國)[26] 등의 구절에서 보이듯 '나라'의 의미다. '사국'(四國)[27]이라는 표현이 자주 등장하는데, '만방'(萬邦)과 같이

23_주희는 『시경』을 교화와 연결시켜 해석했기 때문에, 이 노래를 "군사를 쓰는 것을 풍자했다. 진의 사람들이, 그 통치자가 전쟁을 좋아하여 지나치게 군사를 쓰고 백성의 바램을 공유하지 못하는 것을 풍자했다"(刺用兵也. 秦人, 刺其君好攻戰, 亟用兵, 而不與民同欲焉)라고 해석했다. 즉, 주희는 통치자를 따라 전쟁에 동참하려는 개인의 감정을 노래한 것으로 이 노래를 해석하면 교화의 텍스트로 이 노래를 쓸 수 없다고 생각해, 그런 해석을 붙였다.

24_"君子于役, 不知其期, 曷至哉. 雞棲于塒, 日之夕矣, 羊牛下來. 君子于役, 如之何勿思.
君子于役, 不日不月, 曷其有佸. 雞棲于桀, 日之夕矣, 羊牛下括. 君子于役, 苟無飢渴."

25_小雅·四月.

26_魯頌·閟宮.

'온 세상'을 의미한다. '왕의 나라'(王國)[28]로 쓰인 예는 〈소아〉 "유월"(六月),[29] 〈대아〉 "문왕"(文王)[30] 등에서 보인다. '중국'(中國)이라는 구절도 등장하는데, 〈대아〉 "민로"(民勞)에 보면 '중국'은 왕(王), 곧 천자(天子)의 국(國)이며, 사국(四國), 사방(四方)과 병렬적으로 쓰여서 '온 천하'를 의미한다.

방(邦)의 용례와 마찬가지로 국(國) 역시 어떤 정치 공동체를 의미하는지 명확하지는 않다. 방과 국이 결합하여 방국(邦國)이라 쓰이기도 하는데, "나라가 잘되고 못되고"(邦國若否)[31] "나라가 병들었다"(邦國殄瘁)[32] "나라를 가지고 있다"(邦國是有)[33] 등의 문맥을 살펴보면, 그 문맥 안에서 국과 방 사이의 명확한 의미 분화를 단정하기는 어렵다. 그러나 『시경』 전체의 맥락에서 방과 국이 쓰인 용례를 살펴보면, 차이점은 발견된다.

첫째, 국은 배타적으로 소속되는 정치 공동체라기보다는 오히려 '천하'[34]의 개념과 관련이 있다. 방의 용례와는 달리, 국의 용례에서는 '나의 국', '너의 국' 등 소속과 관련된 직접적인 표현은 나타나지 않는다. '사람'과

27_曹風·鳲鳩; 曹風·下泉; 豳風·破斧; 小雅·十月之交; 小雅·雨無正; 小雅·青蠅; 大雅·抑; 大雅·崧高 등.

28_주의 수도(京)를 그리워하는 내용인 〈曹風〉 "下泉"의 "온 천하에는 왕이 계시다"(四國有王)의 구절을 근거로 본다면, 왕(王)은 천자(天子)를 의미한다. 전국시대 이전에 '왕'이란 주의 왕만을 의미했고 그 외의 제후들은 공후백자남(公侯伯子男) 중 하나에 봉해졌으나, 전국시대에 이르러 스스로 '왕'이라 칭하는 제후들이 나타나기 시작했다는 것이 일반적으로 알려진 바이다.

29_"王于出征, 以匡王國."

30_"生此王國. 王國克生."

31_大雅·烝民.

32_大雅·瞻卬.

33_魯頌·閟宮.

34_大雅·皇矣.

관련되어 '국인'(國人)이라는 표현이 한 번[35] 나오는데, 특정 국가, 즉 '진(陳) 나라 사람들'을 의미하는지는 명확하지 않다. 오히려 문맥상 '온 세상 사람들'로 번역하는 것이 자연스럽다.

둘째, 국에 대한 개인의 감정은 평화와 질서에 대한 희구로 귀결된다. 국이 등장하는 노래는 국의 몰락을 슬퍼하는 내용이 대표적이다. 〈소아〉 "절남산"(節南山)에는 "나라(國)가 망했는데 왜 돌아보지 않는가"(國既卒斬, 何用不監) "나라(國)를 장악하여 고르게 하여야 하는데"(秉國之均) "누가 나라(國)를 장악하여 이를 이룰까?"(誰秉國成)라고 했고, 하늘이 기근을 내려 천하(四國)를 쓸어버림을 개탄한 〈소아〉 "우무정"에서도 화자(話者)는 제후 및 신하들이 의무를 방기하고 상하 질서가 무너져 혼란이 가중되는 상황을 안타까워하고 있다. 국이 평안하기를 바라는 노래는 〈대아〉에 주로 등장한다. 총 5장으로 이뤄진 〈대아〉 "민로"에서는 3장을 제외한 1, 2, 4, 5장에 "온 천하에 은혜를 베푸시어"(惠此中國)라는 구절이 나오는데, 각각 "이렇게 함으로써 온 세상을 편안히 하소서"(以綏四方) "이렇게 함으로써 백성을 모으소서"(以爲民逑) "이렇게 함으로써 백성의 근심을 없애주소서"(俾民憂泄) "이렇게 함으로써 나라(國)에 해롭게 하는 자가 없게 하소서"(國無有殘)와 호응하고 있고, 3장에서는 주의 수도를 의미하는 경사(京師)가 중국을 대치하여, "수도(京師)에 은혜를 베푸시어 이렇게 함으로써 온 세상을 편안히 하소서"(惠此京師, 以綏四國)라고 하여 의미는 같되 표현에 변화를 주었다. 이런 맥락 안에서 국은 제후국이 아닌, 모두가 소속된 정치 공동체, 즉 천자의 영역, '천하'와 연결되어 있음을 알 수 있다.

35_陳風·墓門.

셋째, 국은 개인의 노력으로 지킬 수 있는 범위를 넘어선다. 국의 평안은 하늘과 국의 통치자, 즉 왕(王)에게 달린 것이다. 〈대아〉 "상유"(桑柔)에 "하늘이 환란을 내리시어 우리 왕을 멸하고, 해충을 내리시어 곡식을 병들게 하셨네. 슬프다, 온 나라여(中國). 모두 위급하고 황폐하네. 힘이 있다면 하늘에 빌기라도 할 텐데"[36]라고 한 것은 그런 이유이다.

요컨대, 『시경』에서 '나라'의 의미를 가진 대표적인 단어인 국과 방은 그 의미가 명확히 정의되거나 서로 분명하게 구별되지는 않는다. 그러나 국은 주(周) 왕(王)의 영역과 관련되어 쓰이는 경우가 많은 반면, 방은 제후국 수준의 태어나고 자란 나라의 의미로도 쓰이는 등 차이는 확인된다. 개인이 국에 느끼는 감정과 방에 느끼는 감정은 위에서 언급한 대로 차이를 보이며, 따라서 국과 방은 그 의미 분화가 명확하지는 않더라도 개인에게 있어서 다른 정치 공동체를 의미했다고 생각된다. 특히 『시경』의 맥락에서, 개인이 소속감을 느끼고 개인의 정체성 형성에 직접적인 영향을 주는 정치 공동체로서 중요한 개념은 국이라기보다는 방이라고 할 수 있다.

III. 선진 유가 사상에서 정치 공동체와 개인

선진 유가 사상가들이 자신들의 정치사상을 펼칠 장으로서 초점을 맞추었던 정치 공동체의 단위는 제후국이다. 제후국이란 예컨대 『시경』의

36_大雅·桑柔, "天降喪亂, 滅我立王. 降此蟊賊, 稼穡卒痒. 哀恫中國, 具贅卒荒. 靡有旅力, 以念穹蒼."

〈국풍〉(國風)에 속한 〈위풍〉, 〈정풍〉(鄭風) 등 각각의 장들이 가리키는 바의 국(國)이다.[37] 고대 유가의 사상가들이 제후국을 현실적인 정치의 장으로 간주하여 그들의 정치사상을 형성했음을 보여 주는 증거는 『논어』, 『맹자』, 『순자』의 곳곳에 등장한다.[38] 이들은 통치자의 자문가로서 자신들의 사상을 현실 정치에 적용시키고자 노력했다. 공자는 "만일 나를 써주는 자가 있다면 1년뿐일지라도 할 수 있지만, 3년이라면 이루는 것이 있을 것이다"(『논어』 자로 편)[39]라고 하여, 제후국 수준의 정책에 자신의 사상을 적용하기를 희망했다. 고대 유가 정치사상에서 제후국을 중심으로 하는 정치 공동체의 특징은 다음과 같다.

첫째, 유가에서 제후국을 중심으로 하는 정치 공동체는, '수신제가치국평천하'(修身齊家治國平天下)라는 구절에서 단적으로 드러나듯이 가족의 확대된 형태로 해석된다는 점은 주지의 사실이다.[40] 정치 공동체의 수장은 곧 가장과 동일시되어, 의무와 책임을 지고 구성원들로부터 권위를 인정받는다. 정치 공동체의 수장이 정치 공동체를 통치하는 원리는 가장이 가족을 통솔하는 원리와 동일하다. 제후가 그의 국(國)을 다스리는 원리와 천자가

37_『시경』의 시들에 나타난 국(國)의 의미는 각 시의 맥락에서 항상 제후국만을 의미하지는 않는다. 천자의 직할지를 의미하기도 하고, 경우에 따라서 천자의 영역 즉 '천하'를 의미할 때도 있다. 그러나 〈국풍〉이라 할 때, 정치 공동체로서 국(國)이라는 단위는 주 왕실의 직할지를 비롯하여 각 제후국 정도라 할 수 있다.

38_유가의 정치사상이 '국가'라는 지역에 한정되지 않고 '천하'라는 인류를 대상으로 하는 정치사상이라는 견해도 있다(김철운 2003). 이런 견해는 유가 사상을 현실에 기반을 둔 정치사상 혹은 통치 철학으로 파악하기보다 세상을 교화하는 이상주의적 측면에 초점을 맞추었다고 볼 수 있다.

39_『論語』〈子路〉, "子曰 苟有用我者 朞月而已可也 三年有成."

40_유가의 가족관에 관하여 엄연석(2002) 참조. 일반적으로 유가 사상에서 가족의 확장이 사회라고 보는 방식에 대해서는 Nosco(2008) 참조.

천하를 다스리는 원리는 동일하다. 가장은 어버이이므로, 정치 공동체의 지도자 역시 어버이가 자식을 사랑하는 태도로써 백성을 대해야 한다. 그러나 정치 공동체의 통치자와 국민의 관계는 부모와 자식의 관계와 근본적인 차이가 있다. 전자의 관계는 변할 수 있으나 후자는 불변이며, 두 관계가 충돌할 경우 후자가 우선한다. 『논어』에 나오는 양을 훔친 아버지를 고발한 아들의 일화는 국민으로서의 자격과 자식으로서의 자격이 충돌할 때 자식으로서의 자격이 우선하여야 한다고 주장하는 『논어』의 입장을 확인할 수 있다.

둘째, 정치 공동체와 국민의 관계는 다분히 자의적이다. 국민은 살기 좋은 나라를 찾아 이주할 수 있다. 『맹자』에 나오는 양(梁)의 혜왕(惠王)이 맹자에게 하소연한 고민이 이를 시사하고 있다. "과인은 나라에 대하여 마음을 다 하고 있습니다. 하내(河內) 지방에 흉년이 들거든 그 백성을 하동(河東) 지방으로 이주시키고 그 곡식을 하내 지방으로 옮겨 가며, 하동 지방에 흉년이 들거든 또한 그렇게 하고 있습니다. 이웃 나라의 정사를 살펴보건대, 과인처럼 마음을 쓰는 자가 없는데도 이웃 나라의 백성들이 더 적어지지 않으며, 과인의 백성들이 더 많아지지 않음은 어째서입니까?"(맹자 1A3 – 성백효 2003, 20).[41] 그러나 모국의 개념은 존재했다. 모국인 노(魯)를 떠날 때는 머뭇거리는 듯했고, 모국이 아닌 제(齊)를 떠날 때는 주저함이 없는

41_『맹자』 인용 방식에는 여러 가지가 있으나, 본고에서는 맨 앞의 숫자 1부터 7까지가 편명을, 그 뒤의 A, B는 각각 상하 편을, 그리고 마지막 숫자가 절을 의미하는 방식으로 표기하였다. 예컨대 '맹자 5B1'은 만장(萬章) 하(下)의 제1절을 의미한다. 본고에서는 번역 작업을 존중하고 그 성과를 연구에 반영한다는 취지에서 가급적 번역본을 참조하고자 하였다. 이 경우 번역본의 쪽 수를 함께 표기하여 찾아보기 쉽도록 하였다. 번역본의 번역을 채용하지 않고 원문으로부터 직접 번역한 경우도 있다.

듯이 행동함으로써 모국과 타국에 따라 구별되게 예를 행한 공자를 보여주는 『맹자』의 구절[42]은 정치 공동체의 개념과 관련하여 두 가지를 시사하고 있다. 하나는 중국 고대 사회에서 현재의 정치 공동체와 유사한 정치 공동체는 중국사에 왕조로 기록되는 주가 아니라 각각의 제후국이라는 점이다. 『맹자』에서도 맹자가 자신의 통치 철학을 실현할 단위로 본 것은 제후국이다.[43] 시사점 중 다른 하나는 개인과 정치 공동체의 관계가 지금의 국민 정치 공동체와 국민의 관계보다는 느슨했다 할지라도 제후국 단위의 모국에 대하여 갖는 귀속 의식은 존재했다는 점이다.

셋째, 정치 공동체와 국민의 관계에서 정치 공동체의 의무가 우선시된다. 정치 공동체는 국민을 잘 살게 해줄 의무가 있다.[44] 특히 권력자가 국민을 대하는 자세에 관한 가르침이 많다. 공자는 백성이 복종하게 하는 방법을 묻는 노의 권력자에게 권력자로서 바르게 처신하며 바른 태도로 백성을 대하면 저절로 복종할 것이라고 대답한다.[45] 맹자는 한 걸음 더 나아가 정

42_"공자께서 제나라를 떠날 적에 (밥을 지으려고) 쌀을 담갔다가 건져 가지고 떠나셨고, 노나라를 떠날 적에는 말씀하시기를 '더디고 더디다. 내 걸음이여!' 하셨으니, 이는 부모국을 떠나는 도리이다"(孔子之去齊 接淅而行 去魯 曰 遲遲 吾行也 去父母國之道也, 맹자 5B1 – 성백효 2003, 288).

43_"제나라를 가지고 왕 노릇함은 손을 뒤집는 것과 같이 쉬운 것이다"(以齊王 由反手也, 맹자 2A1 – 성백효 2003, 79). "이제 등(滕)나라를 긴 곳을 잘라 짧은 곳을 보충하면 거의 50리가 되는 작은 나라이나 오히려 선(善)한 나라가 될 수 있습니다"(今滕絶長補短 將五十里也 猶可以爲善國, 맹자 3A1 – 성백효 2003, 140). 이런 구절들을 보면 맹자는 일단은 국을 단위로 자신의 통치 철학을 전개했다고 볼 수 있다.

44_"공자께서 위나라에 가실 때에 염유가 수레를 몰았다. 공자께서 '백성들이 많기도 하구나' 하셨다. 염유가 '이미 백성들이 많으면 또 무엇을 더하여야 합니까?' 하고 묻자 '부유하게 해 주어야 한다' 하셨다. '이미 부유해지면 또 무엇을 더하여야 합니까?' 하고 묻자 '가르쳐야 한다' 하셨다"(논어 13:9 – 성백효 2005, 259). 『논어』 인용 역시 여러 방식이 있을 수 있다. 본고에서는 콜론 앞의 숫자가 편, 뒤의 숫자가 절을 나타낸다.

치 공동체의 의무를 자세하게 서술하고, 정치 공동체가 이런 의무를 다 하지 않기 때문에 국민이 모이지 않아서 정치 공동체의 인구가 늘어나지 않는다고 주장했다. 정치 공동체가 국민이 잘 살 수 있도록 정책을 편 결과 이웃 나라로부터 국민이 이주해 오고, 국민이 늘어나는 것이 제자백가 시대의 정책 목표였다. 순자가 이상적인 통치자 상으로 제시한 왕은 이상적 통치의 결과 사람을 얻는다.[46] 『순자』의 〈왕제〉편은 이상적인 통치에 대한 제도적 측면에서의 설명이다.

넷째, 개인에게 있어서, 국민으로서의 자격과 가족으로서의 자격이 충돌할 때는 가족으로서의 자격이 우선한다.

> 제 선왕이 경(卿)의 벼슬을 사는 일에 관해 물었다. 맹자는 '왕은 어떤 경을 물으십니까?' 했고, 왕은 "경이 다 같은 것이 아닌가요?"라고 반문했다. 맹자가 말했다. "왕의 일가친척으로서 경 벼슬을 사는 것이 있고, 성이 다른 사람이 경 벼슬을 사는 것이 있습니다." 왕이 말했다. "왕의 일가친척으로서의 경을 묻습니다." 맹자가 답했다. "군주가 큰 잘못이 있으면 간하고, 반복하여 간해도 듣지 않으면 군주를 바꿉니다." 왕이 발끈하여 얼굴색이 바뀌자 맹자가 말했다. "왕은 이상하다 생각하지 마십시오. 왕께서 제게 물으시기에 저는 제대로 답하지 않을 수 없었습니다." 왕은 얼굴색이 안정된 후 물었다. "성이 다른 사람이 경 벼슬을 사는 것에 대해 묻

45_"계강자가 '백성으로 하여금 윗사람을 공경하고 충성하게 하며, 이것을 권면하게 하려는데, 어찌하면 되겠습니까?' 하고 묻자 공자께서 말씀하셨다. '대하기를 장엄하게 하면 백성들이 공경하고, 효도하고 사랑하면 백성들이 충성하고, 이것을 잘 하는 자를 들어 쓰고 이것을 잘 못하는 자를 가르치면 권면될 것이다'"(논어 2:20 – 성백효 2005, 45).

46_『순자』〈왕제〉편, "왕은 사람을 얻고, 패(霸)는 동맹국을 얻고, 강(彊)은 땅을 얻는다"(王奪之人 霸奪之與, 彊奪之地)에서 왕, 패, 강은 모두 통치자의 통치 방식에 따라 순자가 이름 붙인 것이다. 『순자』는 절을 붙이는 방식이 일정하지 않아서 편명만 명시했다. 번역본을 참조하지 않고 다르게 번역한 경우는 번역본의 서지 사항 및 쪽수를 표기하지 않았다.

고 싶습니다." 맹자가 말했다. "군주가 잘못이 있으면 간하고, 반복하여 간해도 듣지 않으면 그 나라를 떠납니다"(맹자 5B9).

이 구절은, 제자백가 시기의 정치 공동체에 해당하는 제후국이 단지 이념상 가족의 확장이 아니라, 실제로 가족의 확장된 형태로서 기능했을 수 있다는 점을 시사한다. 이 당시의 정치 공동체는 지금의 국민 정치 공동체처럼 '상상의 공동체'[47]는 아니다. 상상의 공동체로서의 정치 공동체에는 애국심이 필수적이다. 중국 고대 사상가들의 저작에 등장하는 국민은 자신이 태어나고 자란 모국의 개념은 가지고 있었지만 다른 나라로 이주하는 것을 막을 만큼의 애국심을 가지고 있지는 않았던 것으로 보인다. 그러나 가족에 대한 소속감과 책임 의식은 다르다. 따라서 정치 공동체에 대한 소속감과 책임 의식도 왕실의 혈족은 다르다. 왕실의 혈족은 혈족의 존속과 번영에 대한 구성원의 책임과 의무가 무한하다. 왕실의 혈족 구성원은 왕실과 함께 흥하고 망한다. 따라서 왕실이 망할 운명이면 차라리 왕을 바꾸어서라도 왕실과 정치 공동체의 존치를 꾀해야 한다고 맹자는 말한다. 반면, 정치 공동체의 존속과 번영에 대해 일반 국민이 갖는 책임과 의무는 크지 않았음을 알 수 있다. 통치자의 실정으로 정치 공동체가 살기 어려운 곳이 되면 국민은 살기 좋은 정치 공동체를 찾아 떠나면 그뿐이다. 정치 공동체와 국민의 관계는 가족과 그 구성원의 관계와는 다르다. 따라서 이 구절

47_베네딕트 앤더슨은 민족성, 민족됨, 민족주의를 모두 문화적 조형물(cultural construction)이라 불렀다(앤더슨 2002, 23). 그 근거는 '민족'(nation)이 '상상된'(imagined) 것이기 때문이다. "민족은 가장 작은 민족의 성원들도 대부분의 자기 동료들을 알지 못하고 만나지 못하며 심지어 그들에 관한 이야기를 듣지도 못하지만, 구성원 각자의 마음에 서로 친교(communion)의 이미지가 살아 있기 때문에 상상된 것이다"(앤더슨 2002, 25).

을 가지고 "맹자가 국민이 왕을 바꿀 수 있다고 주장하므로 『맹자』에는 공화주의의 맹아가 있다"고 해석한다면 무리가 따른다고 할 수 있다. 다만, 이 구절은 정치 공동체의 통치자와 국민의 관계를 부모와 자식의 관계와 같은 것으로 보아, 정치 공동체의 통치자에 대해 국민은 절대 복종하여야 한다든가 정치 공동체와 국민의 관계는 고대로부터 변화 불가능한 절대적인 관계라고 주장하는 것은 적어도 고대 유가 사상의 맥락에서는 근거 없음을 보여 주는 증거가 된다.

사상가들 간의 차이는 여러 곳에서 발견되지만, 가장 중요한 차이점은 '사람에 주안점을 두는가, 제도에 주안점을 두는가'에서 드러난다. 공자와 맹자는 정치 공동체의 통치를 좌우하는 것은 지도자의 국민에 대한 태도에 달려 있다고 생각했다. 특히 공자는 『논어』의 여러 대목에서 통치자의 사람됨, 통치자의 솔선수범을 강조했다.[48] 그는 통치자가 올바른 사람이면 통치가 올바르게 행해지고 지도자를 따라 국민도 교화됨으로써 통치가 완성된다고 주장했다.[49] 맹자는 통치자의 태도와 구체적 실천에 초점을 맞추었다. 국민의 생활이 나아지도록 적극적으로 정책을 펼치는 통치자가 있다면 살기 좋다는 소문을 듣고 이웃 나라로부터 백성이 몰려들고, 생산과 세금이 늘고 군대가 늘어 이내 부유한 나라가 된다. 반면 순자는 통치자의 사람됨은 물론 중요하지만, 통치를 제도화하고 규범화하는 것도 중요하다는 점

48_"계강자가 공자에게 정사를 묻자, 공자께서 대답하셨다. '정사란 바로잡는다는 뜻이니, 그대가 바름으로써 솔선수범한다면 누가 감히 바르지 않겠는가?'"(논어 12:17 – 성백효 2005, 243). "공자께서 말씀하셨다. '자기 자신이 바르면 명령하지 않아도 행해지고, 자신이 바르지 못하면 비록 명령한다 하더라도 따르지 않는다'"(논어 13:6 – 성백효 2005, 258).

49_논어에 나오는 "풀 위에 바람이 불면 풀이 눕는다"(草上之風必偃, 논어 12:19)는 말은 지도자가 교화의 핵심임을 강조하는 말로 자주 인용된다.

을 역설했다.

IV. 묵가 사상에서 위계적 정치 공동체

묵가는 당대 유가 사상가들에 의해 맹렬히 비난받을 정도로 영향력을 가지고 있었다.[50] 묵가 사상이 유가와 가장 크게 대립각을 이루는 지점은 바로 부모 자식 관계로 대표되는 혈족에 관한 관념이다. 유가 사상가들은 묵가가 부모도 몰라보는 짐승과 같다고 비난했다. 앞서 유가 사상에서는 정치 공동체의 통치자를 부모에 종종 비유하면서도 정치 공동체와 국민의 관계보다 부모와 자식의 관계를 우선시하여, 가족 관계에서의 의무를 근본에 두었다. 반면 묵가 사상에서는 정치 공동체와 국민의 관계가 더욱 강조된다.

묵가의 정치사상에서 가장 핵심을 이루는 개념은 능력 본위다. 국민을

50_"성왕이 나오지 아니하여 제후가 방자하며, 초야의 선비들이 멋대로 의논하여 양주, 묵적[주: 묵자를 말한다]의 말이 천하에 가득하여, 천하의 말이 양주에게 돌아가지 않으면 묵적에게 돌아간다. 양씨는 자신만을 위하니 이는 군주가 없는 것이요, 묵 씨는 똑같이 사랑하니 이는 아버지가 없는 것이니, 아버지가 없고 군주가 없으면 이는 금수이다"(맹자 3B9 - 성백효 2003, 187). "그러므로 사람이 예의와 하나가 되면 양쪽을 모두 얻을 것이고 성정과 하나가 되면 양쪽을 모두 잃을 것이다. 그래서 유자(儒者)는 장차 사람으로 하여금 양쪽을 다 얻도록 시키는 자이고 묵자(墨者)는 장차 사람으로 하여금 양쪽을 다 잃도록 시키는 자이다"(순자 예론 - 이운구 2006b, 118). 맹자와 순자의 묵가 비판에 대하여는 윤무학(2004) 참조. 양주에 대하여는 『열자』 제7편에 해당하는 〈양주〉에 전한다. 양주는 현실주의자이며 쾌락주의자로 일컬어진다. 김학주(2000) 참조.

잘 살게 해야 한다는 통치의 목표는 유가 사상과 같다. 묵가는 이런 통치 목표를 극대화하기 위해 그 어떤 조건과도 상관없이 '능력 있는 사람'[能者]을 등용할 것을 주장한다. 묵자는 "능력에 따라 등용함에 있어서 부형(父兄)들에게도 편들지 아니했고, 부귀한 사람들에게도 치우치지 않았으며, 얼굴빛에 따라 편애하는 일도 없었다"(묵자 상현 - 김학주 2003a, 115)[51]라고 하여, 혈연이나 계급 등에 좌우됨이 없이 '능력 있는 사람'을 발탁하여야 한다고 주장했다.[52]

묵가는 가장 큰 단위로부터 작은 단위에 이르기까지 모든 공동체들을 능력 있는 사람들이 지도자가 되어 통치한다면 살기 좋은 세상이 될 것이라 생각했다. 묵가의 정치사상을 한 마디로 요약한다면 '능력 있는 지도자'라 할 수 있다. 능력 있는 지도자가 각각의 단위에서 공동체를 이끌며, 공동체들이 위계화하여 위로는 천자, 아래로는 이장(里長)[53]에 이르기까지 하

51_『묵자』는 절 구분이 명확하지 않아서, 인용은 각 편명만을 밝히고 번역본의 쪽 수를 명기하였다.

52_"어느 나라든 들어가 보아 그 나라에서 선비(士)들을 아껴 주지 않는다면 곧 망할 나라인 것이다. 어진 이를 보고도 쓰는 데 다급하지 않다면 소홀한 임금인 것이다. 어진 이가 아니라면 쓰는 데 다급할 게 없고 선비가 아니라면 함께 나라를 걱정할 상대가 못 된다. 어진 이를 소홀히 하고 선비들을 잊고도 그 나라를 보전할 수 있었다는 임금은 일찍이 없었다"(묵자 친사 - 김학주 2003a, 53). "비록 현명한 임금이라 하더라도 공 없는 신하는 사랑하지 않을 것이며, 비록 자애로운 아버지라 하더라도 소용없는 자식을 사랑하지는 않을 것이다. 그러므로 그의 책임을 감당해 내지 못하면서도 그런 지위에 있는 것은 그 지위에 있을 만한 사람이 못되는 것이다. 그의 벼슬을 감당해 내지도 못하면서 그런 녹을 받고 있는 것은 그 녹을 받을 사람이 못되는 것이다"(묵자 친사 - 김학주 2003a, 57).

53_『묵자』에 나타난 공동체 및 지도자의 위계는 가장 위에 천하를 통치하는 천자와 천자의 신하인 삼공(三公)이 있고, 그 아래 제후국을 다스리는 임금(君)과 그들의 신하(正長)가 있으며 각각의 제후국에는 공동체에 해당하는 향과 향장(鄕長) 그 아래 리와 이장이 있다(묵자 상동 - 김학주 2003a, 149-153).

나의 질서 아래 통합되는 정치 공동체가 묵가의 이상이다.

묵가 사상에서는 정치 공동체로서 국, 즉 제후국에 별다른 비중을 두고 있지 않다. 이 점은 유가 사상과는 차이를 보이는 부분이다. 묵가 사상에서는 정치 공동체의 위계가 중요하다. 위계화된 정치 공동체 각각의 단위에서 작동하는 통치 원리는 같다. '하늘'이 '능력 있는 천자'를 발탁하면 '능력 있는 천자'는 '능력 있는 임금'으로 하여금 제후국을 다스리게 하고 이렇게 향장과 이장까지 능력 있는 지도자가 임명되면 정령이 공정하게 시행되고 천하의 질서가 확립된다. "이장은 천자의 정책을 따라서 그 마을의 뜻을 하나로 화동시키게 된다. 이장이 그의 마을의 뜻을 화동한 뒤에는, 그 마을의 백성들을 거느리고서 향장을 숭상하며 화동하게 된다"(묵자 상동 - 김학주 2003a, 159). 이런 묵가 사상을 천자 중심의 천하 통일을 지향하는 사상으로 해석하는 것은 다소 무리가 따른다고 하겠다. 묵가의 정치사상에서는 천하, 제후국 등의 특정 단위가 정치 공동체로서 의미를 갖는 것이 아니라, 정치 공동체가 그 범위에 상관없이 동일한 작동 원리로 움직인다는 점에 의미가 있다. 다시 말해서, 개인의 입장에서 보면 개인이 일상에서 현실적으로 관계 맺는 정치 공동체가 무엇이든 상관없이, 개인의 의무와 개인들을 통치하는 통치자의 의무, 통치자와 개인의 관계는 같다.

묵가 사상에서 정치 공동체는 유가 사상과 비교하여 몇 가지 특징을 나타낸다.

첫째, 묵가의 정치 공동체의 기본 단위는 가족이 아니다. 정치 공동체와 구성원의 관계를 부모와 자식의 관계에 비유하는 방식은 묵가 사상에서도 나타난다. 묵자 역시 정치 공동체의 지도자를 부모에 비유하여 공동체의 구성원을 자식처럼 여겨 살펴야 한다고 강조하고 있다.[54] 그러나 묵가의 정치 공동체는 유가의 '가족-가족보다 확장된 공동체-정치 공동체-세계'

라는 방식으로 설명되는 것이 아니라, '리(里)-향(鄕)-제후국(諸侯國)-천자국(天子國)'의 방식으로 설명된다.

둘째, 정치 공동체와 구성원의 관계는 자의적이라고 볼 수 있다. 그러나 정치 공동체의 경계가 뚜렷하게 논의되지 않는 묵가 사상에서 구성원과 공동체의 관계를 명확히 하기에는 무리가 따른다. 다만 제후국 수준의 정치 공동체만을 놓고 본다면, 유가 사상에서 정치 공동체와 국민 간 관계와 묵가의 그것은 크게 다르지 않다고 볼 수 있다. 특히 정치 공동체의 통치자가 갖는 고민은 동일하다.[55] 묵자는 국민을, 살기 좋은 환경을 찾아 다른 나라로 이동할 수 있으며 정치 공동체의 통치자를 배반할 수도 있는 존재로 보았다.[56] 이를 막기 위해 통치자는 통치 능력이 필요한데, 자신도 능력 있는 사람이 되어야 하지만 무엇보다도 능력 있는 사람을 발탁하여 중용하는 것이 필요하다고 강조했다.

셋째, 정치 공동체와 구성원의 관계는 상호적이다. 묵가 정치사상 역시 통치에 집중되어 있으므로 통치자의 의무를 설명하는 데 상당 부분을 할애

54_"지금 자기 아들을 업고서 물을 긷다가 그 아들을 물속에 떨어뜨렸다면, 그 어머니는 반드시 그를 좇아 건져낼 것이다. 지금 흉년이 들어 백성들이 굶주리고 길거리에서 굶주려 넘어지고 있다면 이 병폐는 자기 자식을 물에 떨어뜨린 것보다 더 무거울 것이니 어찌 살피지 않을 수가 있겠는가?"(묵자 칠환 - 김학주 2003a, 86).

55_"지금 임금이나 대신들 같이 정치 공동체의 정치를 맡고 있는 사람들은 모두 정치 공동체가 부(富)해지고 백성들이 많아지고 법과 행정이 잘 다스려지기를 바란다"(묵자 상현 - 김학주 2003a, 107).

56_묵자는 통치가 잘 되지 못할 때의 현상 중 하나를 다음과 같이 서술하였다. "성을 지키게 하면 배반하거나 하며, 임금에게 어려움이 있어도 죽음으로써 섬기지 않고, 임금이 국외로 도망을 하면 따라가지 않게 된다"(묵자 상현 - 김학주 2003a, 122). 일반 백성과 임금의 관계라기보다는 신하와 임금의 관계를 묘사한 구절이지만, 신하도 국민임을 생각한다면 일반적으로 정치 공동체와 국민의 관계로 해석할 수 있다.

하고 있는 것은 사실이다. 그러나 기본적으로 정치 공동체와 구성원의 관계는 상호적이다. 공동체의 구성원은 공동체에 대하여 구성원으로서 올바르게 행동해야 한다고 묵자는 강조하고 있다. 묵가는 다음과 같이 말하며 공동체의 구성원이 상호적인 관계에 있음을 강조한다. "일찍이 살펴보건대 혼란은 어디에서 일어나고 있는가? 서로 사랑하지 않음에서 일어난다. 신하와 자식이 그의 임금이나 아버지에게 도리에 어긋나는 짓을 하는 것이 이른바 혼란이다. 자식은 자신은 사랑하면서도 그의 아버지는 사랑하지 않는다. 그래서 아버지를 해치면서 자신을 이롭게 하는 것이다. …… 그리고 아버지가 자식에게 자애롭지 않고 형이 아우에게 자애롭지 않고 임금이 신하에게 자애롭지 않다 해도 이것도 역시 천하의 이른바 혼란인 것이다. …… 이것은 무엇 때문인가? 모두가 서로 사랑하지 않는 데서 일어나는 것이다"(묵자 겸애 – 김학주 2003a, 188-189). 요컨대, 공동체가 가족이든 혹은 정치 공동체든 그 구성원이 자기만을 이롭게 하면 어지러워지며, 서로 아껴주면 다스려진다. 정치 공동체 간의 관계도 같다. 묵자는 "지금 제후들은 다만 그의 나라를 사랑할 줄만 알지 남의 나라는 사랑하지 않는다"(묵자 겸애 – 김학주 2003a, 193)라고 하며 여기에 전쟁의 원인이 있다고 말한다. 자신의 이익만을 앞세우지 않고 남의 이익도 살필 줄 아는 것, 이것이 정치사상의 측면에서 본 묵자의 겸애설의 핵심이다.

넷째, 능력 있는 지도자는 자신의 이익만을 앞세우지 않는 이른바 겸애를 실천하여야만 공동체가 유지된다. 정치 공동체와 구성원의 관계는 상호적이다. 공동체의 지도자가 자신의 이익만을 챙긴다면 구성원들도 자신의 이익만을 챙기게 되고 이렇게 되면 공동체 전체가 존속할 수 없게 된다. 겸애는 호혜성을 바탕으로 한다. 겸애는 흔히 오해하듯 무조건적, 무차별적 사랑이 아니다. 묵자는 "남을 사랑하는 사람에게는 남도 반드시 그를 따라 그를 사랑하게 되며, 남을 이롭게 하는 사람에게는 남도 반드시 그를 따라 그를 이롭게 해줄 것이다"(묵자 겸애 – 김학주 2003a, 196)라고 하여, 호혜성 및 남을 이롭게 함(利)이 겸애의 주요한 특징임을 강조하고 있다.

유가 사상과 비교해 볼 때, 묵가 사상은 혈연을 중요한 사회 구성의 원리로 간주하지 않았다. 그러나 묵자 역시 부모, 자식 관계에서 사랑이 중요함을 인지하고 있다. 묵가 사상에서 '능력 있는 사람'을 선발할 때, 혈연에 구애받지 말아야 함을 강조한 점, 근검절약을 위해 상례를 간소하게 하는 것 등이 유가적 관점에서 보면 부모 자식 관계를 소홀히 한다고 생각할 여지가 있으나, 묵자 역시 부모 자식 관계를 가장 기본이 되는 인간관계로 파악하고 중시하고 있다. 단, 묵자는 공동체의 구성원으로서의 자격과 부모 혹은 자식으로서의 자격이 충돌하지 않는다고 보았다. 즉, 묵가 사상은 내 부모를 위하지 말라는 것이 아니라 내 부모만 위하는 이기주의를 경계한 것이며, 혈연에 휘둘려 능력 있는 사람을 등용하지 못함을 경계한 것이지 혈연 자체를 부정한 것은 아니라 할 수 있다.

묵자는 통치에 있어서 객관적이고 보편적인 법을 중시했다. 그는 천하에 부모, 스승, 임금 노릇을 하는 사람은 많지만 그 가운데 어진 이는 적기 때문에 "부모와 스승과 임금 세 종류의 사람들을 다스리는 법도로 삼아서는 안 된다"(묵자 법의 – 김학주 2003a, 77)고 했다. 그가 내세운 법도의 기준은 '하늘'인데 하늘은 다음과 같은 성질을 가졌다. "하늘의 운행은 광대하면서도 사사로움이 없고, 그 베푸는 은택은 두터우면서도 은덕으로 내세우지 않고, 그 밝음은 오래가면서도 쇠해지지 않는다. 그러므로 성왕께서는 이것을 법도로 삼았던 것이다. 이미 하늘을 법도로 삼았다면 그의 행동과 하는 일은 반드시 하늘을 기준 삼게 될 것이다. 하늘이 바라는 것이면 행하고 하늘이 바라지 않는 것이면 그만둔다. 그렇지만 하늘은 무엇을 바라고 무엇을 싫어할 것인가? 하늘은 사람들이 서로 사랑하며 서로 이롭게 할 것을 바라지 사람들이 서로 미워하며 서로 해칠 것을 결코 바라지 않는다. 무엇으로써 하늘은 사람들이 서로 사랑하며 서로 이롭게 하는 것을 바라고 사람들이 서로 미워하며 서로 해치는 것을 바라지 않는다는 것을 아는가? 하늘이 모든 것을 아울러 사랑하고 모든 것을 아울러 이롭게 하는 것으로써 알 수 있다(以其兼而愛之 兼而利之也). 무엇으로써 하늘이 모든 것을 아울러 사랑하고 모든 것을 아울러 이롭게 함을 알 수 있는가? 하늘이 모든 것을 아울러 보전하고 모든 것을 아울러 먹여 살리는 것으로써 알 수 있다"(以其兼而有之 兼而食之也, 묵자 법의 - 김학주 2003a, 78). 『묵자』에 절대 권위로 표현된 '하늘'은 '능력 있는 사람'으로 하여금 하늘의 뜻을 실현하도록 했다. 『묵자』에서 제시한 '능력 있는 사람'들의 예는 유가 사상에서 성인으로 받드는 사람들과 일치한다.[57] 묵자는 '능력 있는 사람'이 곧 현명한 사람이며 이들이 통치자로서 능력을 발휘할 때 "만민이 그 이익을 입는다"[58]라고 말한다.

V. 결론

개인이 정치 공동체와 그 지도자들에 대해 느끼는 다양한 감정과 반응들은 현대사회를 살아가는 동아시아인들뿐만 아니라 '중국 고대'의 개인들에게도 나타난다. 이런 감정과 반응을 살펴본다면 정치 공동체와 관련된

57_墨子 尙賢 - 요(堯), 순(舜), 우(禹), 탕(湯), 문왕 (文王), 무왕(武王) 등이다.
58_墨子 尙賢, "萬民被其利."

동아시아의 사상적 토대를 이해하는 데 도움이 된다. 사상이란 제도 및 법으로 형식화된 삶에만 투영되는 것이 아니라 일상의 다양한 감정 표현에도 투영되어 있다. 현대의 정치 공동체와 관련된 현대인의 사상들이 비단 정치철학의 형식으로만 표현되는 것이 아니듯, 동아시아 사회에서 재생산되는 '중국 고대'의 사상 또한 제도와 법에서 추출된 통치자, 통치 권력 중심의 사상만은 아닐 것이다.

동아시아 고대의 개인과 정치 공동체의 관계에 관한 본 연구가 정치사상 연구에서 상대적으로 덜 중시된 『시경』을 다루는 이유는 『시경』에 드러난 '개인'에 있다. 『시경』으로부터 '중국 고대'의 정치 공동체의 특징을 추출하기는 어렵지만, 그런 작업은 이미 다른 텍스트들을 통해 연구된 바 있다. 본 연구는 『시경』에 나타난 개인으로부터 출발하여 개인의 삶이 기반을 둔 정치 공동체의 성격을 유추해 보고자 했다. 이런 작업은 제도로부터 출발하여 그 안에 살고 있는 개인을 유추해 내는 기존의 작업들이 충분히 담아내지 못했던 공동체 속의 개인이라는 측면을 부각시킬 수 있다.

동양철학의 기초가 되는 중국 고대 사상에서, '공동체'와 '개인'의 문제는 "개인주의를 기반으로 하는 현대 시민사회에서 동양철학이 어떻게 논의에 참여할 수 있는가"의 문제다(Rosemont 2004; Tan 2004). 서구에서 비롯된 '개인주의에 기반을 둔 시민사회' 모델은 전 지구적으로 확산되어 일반적인 사회의 모델로 자리 잡은 지 오래다. 한국을 비롯한 동아시아 사회도 예외는 아니다. 동아시아 각국의 근대 사회로의 전환을 어느 시점으로 잡든 그로부터 상당한 시간이 지난 지금, 동아시아 사회는 근대 사회가 가진 일반적인 문제들에 노출되어 있다. 근대 사회가 봉착한 문제의 상당 부분은 개인주의에 뿌리를 둔 근본적인 문제, 예컨대 개인의 자유와 선택 등의 문제와 밀접한 관련을 맺고 있다.

2장

주희 철학에서의 개인과 집단

목적과 규범, 그리고 인간에 대한 이해

이정환

개인주의–집단주의라는 상호 대척점에 놓인 한 쌍의 시각을 투영하여 동아시아의 본질적 특성을 구명하려는 시도가 오랫동안 하나의 주도적인 분석의 틀로 자리 잡고 있다. 지금까지의 지배적인 시각은 서구 개인주의 전통에 대비하여, 집단이 그 목적과 규범에 있어 개인에 우선시되는 집단주의로 동아시아의 과거와 현재를 특징지으려는 입장이다. 이런 입장은 한편 동아시아의 역사가 '근대'로 이행하지 못한 원인을 개인주의의 결핍에서 찾으려는 시도와 연관되어 있다(島田虔次 2003; 미조구찌 1999; de Bary 1970). 그리고 집단주의라는 동아시아 공통성의 근원으로 흔히 동아시아의 유가(儒家) 전통이 지목된다. 동아시아의 '경제 기적' 이후에는, 서구의 개인주

• 이 글은 2010년 6월 『아세아연구』 140호(고려대학교 아세아문제연구소)에 실린 「주희 철학에서 개인과 집단: 목적과 규범, 그리고 인간에 대한 이해」을 수정, 보완해 실은 것이다.

의와 대별되는 동아시아의 집단주의적 문화를 그 원동력으로 상정하고 다시 이를 유가 전통과 결부시키기도 했다(조준현 외 2007; Kahn 1979; Vogel 1991, 92-103).[1] 최근에 문화비교심리학에서도 이런 이분법적 시각을 적용하여 동아시아 사회의 특성을 집단주의로 규정하고, 이를 유가 사상과 연결시켜 이해하기도 한다(조긍호 2007).[2] 본 연구는 동아시아 유가 체계 형성에 결정적 영향을 미친 주희(朱熹)의 철학 내에서 개인과 집단의 관계가 어떻게 설명되고 있는지를 분석함으로써, 유학(儒學)을 집단주의와 결부시키려는 시도의 타당성, 더 나아가서는 동아시아의 사상적 기반을 분석하는 틀로서 개인주의와 집단주의라는 이분법적 시각의 타당성을 검토하는 것을 목적으로 한다.

지금까지 유가를 중심으로 한 동아시아의 사상적 전통을 집단주의로만 한정지어 온 것은 아니다. 일련의 학자들은 동아시아에서 확립되지 못하고 '좌절'된 개인주의의 맹아를 왕양명 이후에 전개되는 중국 명대 사상계 안에서 찾고자 했다(島田虔次 2003; 미조구찌 1999; de Bary 1970; 1998). 윌리엄 T. 드 베리(William Theodore De Bary)는 이에 한걸음 더 나아가 '자신을 위한 배움'(爲己之學)이라는 개인 중심의 수양론을 부각시킴으로써 성리학 일반과 개인주의의 양립 가능성을 제시하기도 했다(de Bary 1991). 그러나 전자의 경우에는 주희가 정초한 성리학의 전통으로부터 이탈적 성격을 갖는 양명학의 전개에서 개인주의의 맹아를 찾고자 시도함으로써, 동아시아에서 보다 지속적이고 지배적인 사상적 토대로 작용했던 주희 사상을 암묵적

1_아시아 발전 모델과 유가 사상을 연결 지으려는 시도에 대한 비판은 Lee(2001) 참고.

2_사회심리학에서 개인주의와 집단주의의 이분법으로 한 사회의 문화를 분류하려는 것에 대한 비판에 관해서, Voronov & Singer(2002) 참고.

으로 집단주의로 규정하는 결과를 초래했고, 후자의 경우에는 역사적, 사상사적 맥락을 고려하지 않음으로 해서 일반화의 오류라는 방법론적 문제를 야기했다.

개인주의-집단주의의 문제와 주희 사상의 연관성은 지금까지 주희를 이해해 왔던 상호 독립적인 두 가지 인식과 관련되어 있다. 첫 번째는 이기심성론(理氣心性論)을 통해 미증유의 도덕 형이상학 체계를 정립한 철학자로서의 주희를 보려는 입장이고, 두 번째는 향약(鄕約), 사창(社倉), 예제(禮制) 등 집단 규범의 정비를 통해 당대의 사회적, 문화적 문제를 해결하려고 했던 사회 개혁가로서의 주희를 부각시키는 입장이다.[3] 그러나 현재까지 이 두 가지 접근 방식이 과연 어떻게 화해될 수 있는지에 대한 연구는 미진하다. 이 질문이 개인주의-집단주의의 문제와 연관되는 이유는, 전자는 개인의 도덕적 자율성을 철학적으로 정초하는 데 초점이 맞추어져 있는 반면, 후자는 집단 규범 속에 개인을 구속시키려는 시도이기 때문이다. 동아시아의 사상적, 문화적 토대를 형성하는 데 미친 주희의 파급력을 고려한다면, 우리에게는 서로 충돌하는 것처럼 보이는 이 양면성에 대한 고찰은 동아시아의 사상적 정체성의 토대를 조명하는 데 무엇보다도 결정적인 단서를 제공할 수 있을 것이다.

본 논문은 3개의 절로 구성되어 있다. 첫 번째 절에서는 주희가 모든 인간 개체들을 보편적 규범의 근원임과 동시에 자율적인 주체로 파악하는 형이상학적 인간 이해로부터 개개인의 궁극적 목적을 도출하고 있음을 보일 것이다. 두 번째 절에서 본유의 도덕성 회복이라는 개인의 목적과 안정

3_주희의 사회운동적(social-movement) 성격에 관해서는 Bol(2008, 218-246)을 참고. 그리고 사창제와 향약에 관해서는 Glahn(1993, 221-254); Übelhör(1989, 371-388) 참고.

과 질서의 확립이라는 집단의 목적이 주희 철학에서 서로 순환적으로 설명되고 있음을 보임과 동시에, 이 순환성이 다시 개인의 도덕성 회복이라는 공동의 궁극적 목적으로 수렴됨을 보일 것이다. 세 번째 절에서는 집단 질서유지의 필수 불가결한 요소인 집단 규범에 초점을 맞추어, 이를 설정하고 구성원들에게 제시해야 하는 위정자와 이를 타율적으로 받아들여야 하는 피지배자 양자가 각기 집단 규범을 바람직하게 공유하기 위해 취해야 하는 태도 혹은 방법이, 강제적 타율성이 아닌 개인의 자율성에 기초하여만 정당화될 수 있다는 주희의 입장을 살펴볼 것이다.

I. 보편자로서의 개인의 도덕적 자율성과 그 한계

이기론(理氣論) 및 수양론(修養論)과 함께 주희 사상의 중심축을 이루는 심성론(心性論)에 관해서는 지금까지 수많은 연구가 이뤄졌다. 따라서 본 절에서는 주희가 성선(性善)이라는 선천적인 도덕성과 더불어 인간 본성과 마음에 부여한 본질적 속성들 — 즉 자율성, 근원성, 보편성 — 을 간략하게 정리함으로써 주희의 인간 본질에 대한 이해를 살펴보고, 이것이 어떻게 개인과 집단의 문제와 연관성을 갖는지를 밝히고자 한다.

1. 자율성, 근원성, 보편성

주희의 마음(心)에 대한 정의에서는 무엇보다도 주체의 자율성에 대한 강조가 두드러진다.

> 마음이란 사람이 [자기] 몸의 주인이 되는 이유이다. [마음은] 하나이지 둘이 아니며, 주인(주체 혹은 주재자)이지 손님(객체)이 아니며, 대상에 명령하는 것이지 대상으로부터 명령을 받지 않는다.[4]

> 사람의 마음은 [사물을 비추지 않은 상태의] 거울의 비어 있음이나 [무게를 달기 전] 저울의 평형상태처럼 담담히 허명하며, 한 몸의 주인이다.[5]

> 마음이란 것은 진실로 한 몸의 주인이 된다. 그 본체(體)는 인의예지(仁·義·禮·智)의 본성(性)이 있고, 그 발용(用)은 측은·수오·공경·시비(惻隱·羞惡·恭敬·是非)의 감정(情)이 있다. 혼연히 그 가운데 있다가 감지한 것에 따라 반응한다.[6]

주희는 마음을 개별자로서의 자신(身)과 외부 대상(物) 및 인간사(事)와의 관계에서 인식과 실천의 주체로 규정한다(陳來 1990, 179-182). 이런 주체성에 대한 강조는 주희 사상에서 일관되게 보인다. 상기 첫 번째 인용문은 정론(定論) 확립 직후인 1174년의 "관심설"(觀心說)의 일부이고(束景南 2001, 519-520),[7] 두 번째는 1189년에 완성했다고 하는 『대학혹문』(大學或問)의 일부분이며,[8] 마지막은 1194년 새로 즉위한 영종의 시강(侍講)으로서 작성

4_朱熹, 1996, "觀心說", 『朱熹集』 67, pp.35-40: "夫心者. 人之所以主乎身者也. 一而不二者也. 爲主而不爲客者也. 命物而不命於物者也."

5_朱熹, 『大學或問』, p.30: "人之一心. 湛然虛明. 如鑑之空. 如衡之平. 以爲一身之主者."

6_朱熹, "經筵講義", 『朱熹集』 15, pp.572-596: "心之爲物實主於身. 其體則有仁義禮知之性. 其用則有惻隱羞惡恭敬是非之情. 渾然在中. 隨感而應."

7_천라이는 이를 1171년 저작으로 본다(陳來 1990, 136).

8_연도 확인은 束景南(2001, 585-588, 955-956) 참고.

한 강의록인 "경연강의"(經筵講義)에서 발췌한 것이다. 천라이(陳來)가 지적하고 있듯, 마음을 개별자의 주인 혹은 군주로 보는 것은 주희의 독창적인 생각은 아니다(陳來 1990, 180). 이미 『관자』(管子) "심술"(心術) 상(上)에는 "마음은 몸에 있어 군주의 위치에 있다"라는 구절이 보이며,[9] 『순자』, "해폐"(解蔽)에는 "마음은 형체의 군주이다"라는 언급이 있다.[10] 그러나 이 관념이 전국시대 이후 지속되지 못했다는 점과 더불어 중국 사상계의 주류로 편입된 것은 주희에 의해서 완성되었다는 점을 고려한다면 이는 자구 인용 이상의 사상사적 의미를 갖는다. 주체성에 대한 강조가 자율성을 의미하는 까닭은, 주희 철학에서 개별자는 또한 외적 권위에 우선하는 보편적 규범의 담지자이기 때문이다.

인간 본성에 대한 정의에서 주희는 개인을 모든 가치·행위규범·제도의 근원으로 규정한다. 『맹자』 "진심"(盡心) 상(上)의 "만물이 나에게 구비되어 있다"(萬物皆備於我矣)는 구절을 주희는 다음과 같이 해석한다.

> 이는 이치의 본연(本然)에 대해 말한 것이다. 중요한 것으로는 군주와 신하(君臣) 그리고 아버지와 아들(父子)[의 관계부터] 소소한 것과 사물의 세미한 것에 이르기까지 그[와 관련된] 당연한 이치(理)가 무엇 하나도 본성의 분수된 것 안에 구비되어 있지 않음이 없다.[11]

앞의 주체성에 대한 강조는 주체와 대상의 이분법에 기초한 반면, 여기

9_『管子』 "心術" 上: "心之在體, 君之位也."

10_『荀子』 "解蔽": "心者形之君也."

11_『孟子』 "盡心" 上, 4: "此言理之本然也. 大則君臣父子, 小則事物細微, 其當然之理, 無一不具於性分之內也."

서는 인간 본성과 모든 대상의 이치가 양분된 것이 아니라, 후자가 전자에 완전하게 본유(本有)함을 강조함으로써 양자의 파생적 관계, 즉 인간 본성을 외부 대상 및 관계에 관한 모든 이치의 근원으로 정의한다. 모든 이치의 근원으로서의 인간 본성이라는 정의는 주희의 경전 해석에 일관되게 나타난다. 간단하게는 『대학』의 '밝은 덕'(明德)에 대한 주석에 "뭇 이치를 갖추고 만사에 반응한다"는 기술이 보이며,[12] 『중용』(中庸)의 "본성을 따르는 것을 도라고 한다"(率性之謂道)는 구절에 대한 주석에서도 "사람과 사물이 각기 그 본성의 본래 그러함(自然)을 따른다면, 일상생활에서 모든 일에 각각이 마땅한 행위의 길이 있게 되는데, 그것을 바로 도(道)라고 한다"라 함으로써 인간 행위의 준칙이 외부 대상으로부터 주어지는 것이 아니라 본성 그 자체가 충분한 도덕과 규범의 근원임을 강조한다.[13] 개인의 실천 준거가 개인에 본유한다는 "성즉리"(性卽理)설이 당시의 보편적인 시각이 아니었다는 사실을 주희는 『중용』의 첫 구절인 "하늘이 명한 것이 본성이다"(天命之謂性)에 대한 주석에서 다음과 같이 증언한다.

> 일반적으로 사람들은 자기에게 본성이 있다는 것은 알면서도 그것이 하늘로부터 나왔다는 것은 모르며, [모든] 인간사에는 도(道)가 있다는 것은 알면서도 그것이 본성에서 비롯되었다는 사실은 모르고, 또 성인의 가르침이 있다는 것은 알면서도 그것이 나에게 본유한 것을 재단한 것이라는 점은 모른다.[14]

12_『大學章句』"經": "具衆理而應萬事."

13_『中庸章句』 1章: "人物各循其性之自然, 則其日用事物之間, 莫不各有當行之路, 是則所謂道也."

14_『中庸章句』 1章(사고전서 본): "蓋人知己之有性而不知其出於天. 知事之有道而不知其由於性. 知聖人之有教而不知其因吾之所固有者裁之也."

'인간사의 도'와 '성인의 가르침'이라는 객관적 진리와 가치는 외부로부터 개인에게 제시된 것이 아니라 그 근원에서는 개별자들의 본성을 객관화한 것으로서, 그 타당성의 근거가 바로 개별자의 본성에서 파생된다. 여기서 주희의 인간 이해에 보이는 세 번째 속성인 보편성이 상정된다. 즉 본성으로부터 파생된 도덕 가치와 행위규범은 개인에게만 그 타당성을 갖는 것이 아니라, 이 본성은 하늘이라는 보편자로부터 모든 개인에게 동일하게 부여된 것이므로, 이로부터 일종의 굴절이나 은폐 없이 발현되는 모든 가치와 규범은 보편적으로 모든 이에게 동일하게 타당성을 갖는다.[15]

2. 조건적 도덕 자율성

주희가 인간의 본질적 속성으로 상정한 도덕성, 자율성, 근원성, 보편성은 "인간이란 무엇인가"라는 질문에 대한 일종의 사실 기술임과 동시에, 인간성의 완전한 회복[즉 '복기초'(復其初) – 『大學章句』 "經"]을 위해 충족시켜야 할 네 가지 규범적 조건이기도 하다. 즉 현상으로서의 인간은 인간의 본질적 속성들과 일종의 괴리를 갖고 있다. 따라서 진정한 의미에서 자율적으로 도덕적이며 규범과 가치의 보편적 근원으로 행위하기 위해서, 모든 개인은 이런 본질적 인간성을 회복하기 위한 노력을 필요로 한다. 즉, 본유

15_여기서 『중용』의 "하늘이 명함", 즉 본성이 외적 절대자로부터 개인에게 무의지적으로 주어진 것임을 강조한다면 주희 철학에서 자율성의 의미는 퇴색될 것이다. 그러나 주희가 보편적 본성의 근원을 태극도설(太極圖說)을 통해 자연적 생성 과정으로 설명했다는 사실을 고려한다면, 자율성이라는 개념이 무리 없이 주희 철학에 적용될 수 있을 것이다.

하는 규범과 가치의 보편적 근원은 언제나 주체 내에 존재하지만, 이것이 항상 명확하게 인지되는 것은 아니기 때문에 개인은 이것을 이해하기 위한 의식적인 노력[즉, 『대학』에서의 "밝은 덕을 밝힌다"(明明德) 혹은 주희의 격물설(格物說)]이 요구된다.

그런데 이 네 가지 개념들은 상호 독립적인 성격을 갖고 있으며, 또한 상호 충돌할 가능성을 내포한다. 도덕적 행위규범은 타율적 강제에 의해 실천될 수 있으므로, 도덕적 행위가 반드시 자율적인 것은 아니다(물론 여기에는 타율적 행위가 도덕적인가라는 메타 윤리의 문제가 결부되어 있다). 또한 상대주의의 입장에서는, 자율적 도덕성은 반드시 보편성을 담보해야 하는 것은 아니다.[16]

이에 반해 주희는 이 네 가지 속성을 인간의 본질로 통합시킴으로써, 모든 개인은 자신의 자율적 행위를 도덕적으로 정당화할 수 있어야 함과 동시에, 그것이 개인적 실천에 그치는 것이 아니라 타인과 공유 가능한 규범과 제도가 될 수 있도록 보편성을 담보해야 한다는 전제를 설정한다. 예를 들면, 주희는 『중용』 29장의 "군자는 움직이면 대대로 천하의 도가 되고, 행하면 대대로 천하의 법(法)이 되며, 말하면 대대로 천하의 법칙(則)이 된다"는 구절을 『중용혹문』에서 다음과 설명한다.

> 도라는 것은 사람이 공동으로 따르는 것(共由)으로서, [이 구절에서는] 법(法)과 칙(則)을 겸하여 말했다. 법이라는 것은 법도(法度)를 의미하며, 사람들이 마땅히 준수해야 하는 것이고, 칙(則)은 준칙(準則)으로서 사람들이 옳다고 받아들이는

16_예를 들면, 왕양명은 주체의 가치판단을 사물에 투영하는 것에 대해서 호의적이다(『傳習錄』 조목 3과 5).

것을 의미한다.[17]

군자 개인의 언행 일체는 도를 주관적으로 구현하는 것에 머무는 것이 아니라, 모든 사람에게 보편적으로 타당한 법도와 준칙이 될 수 있어야 한다. 즉, '본성을 회복한 자'로서의 군자는 보편적 개인이어야 한다.

이를 달리 해석하면, 자신의 행위가 보편적으로 타당하다고 판단될 경우, 개인은 자신의 행위를 객관적 준칙으로 상정하고 타인에게 이 준칙을 준수할 것을 기대하거나 요구할 수 있는 규범적 구속력을 가진다고 추론할 수 있다. 그런데 여기서 규범적 구속력은 일종의 타율성을 내포하므로, 어떻게 개인의 도덕적 자율성이라는 전제와 모순 없이 이해될 수 있느냐는 문제가 발생한다. 즉 한 개인이 자신의 행위를 객관적 법도와 준칙으로 상정한다는 것은 이에 대한 상대방의 타율적 동의와 준수가 전제돼야만 의미가 있다. 그러므로 주희의 인간에 대한 정의는 자율과 타율의 이중성을 갖는다. 그리고 개인주의-집단주의의 문제와 관련해, 이 이중성은 타율성을 정당화하는 방식과 정도에 따라 주희의 사상을 집단주의의 논리로 이해할 여지를 제공한다. 그렇다면 주희에게서 자율과 타율 각각의 정당성은 어디에 근거하는가?

주희에게 있어서 본유의 도덕적 자율성은 인간에 대한 형이상학적 '사실'이다. 그러나 실존적 한계를 갖고 태어나는 대다수의 개인들에게 있어서 이 사실은 조건적이다. 개인이 진정한 의미에서 자율적이기 위해서는

17_『中庸或問』, 99: "道者人所共由. 兼法與則而言之也. 法謂法度人之所當守也. 則謂準則人之所取正也." '取正'을 『한어대사전』에서는 '用作典范', 즉 "표준으로 이용하거나 만듦"으로 정의한다(『漢語大詞典』 권2, 872).

위에서 명시한 다른 세 가지 조건, 즉 도덕성, 근원성, 보편성이 충족돼야만 가능하다. 주희가 일신(一身)의 주체로 규정할 때의 마음은 일체의 생각, 감정, 욕구가 인지되는 의식 일반이 아니라, 자기 본성에 내재한 이치를 명확하게 인식할 수 있는 '허령지각'(虛靈知覺, 허령하여 지각함 -『中庸章句』"序") 한 마음의 능력과 이에 따라 일신을 제어할 수 있는 실천 능력을 지시한다.

『대학』에서 말하는 하늘로부터 부여받은 마음과 본성의 '밝은 덕'(明德)이 언제나 우리에게 인식되고 실천 가능한 것이 아니라는 점에서 개인의 실존적 한계는 비롯된다. 마음의 '허령지각'한 능력은 '잠시도 멈춘 적'(未嘗息 -『大學章句』"經")이 없으나, 현상의 인간에게는 필연적으로 육체를 포함한 기질(氣質)과 그로부터 발생하는 욕구와 경향성이 동반된다. 기질은 마음과의 관계에서 외적인 대상이며, 따라서 이로부터 발생된 기질적 욕구와 경향성은 '객체'(客)적 성격을 갖는다. 주희는 이를 본유의 도덕성[즉, 성리(性理)]으로부터 발생된 감정·생각·의지로서의 '도심'(道心)과 대비시켜 객체로서의 '인심'(人心)으로 명명하고, 이 외부로부터 주어진 동기에 따라 마음이 움직이는 것은 객체에 의해 지배되는 타율성으로 간주한다(『中庸章句』"序"). 환언하자면, 개인은 자신의 본성으로부터 보편적으로 타당한 행위규범과 가치를 인식하고 실천할 수 있을 때에만 진정한 의미에서 자율적으로 도덕적일 수 있다. 따라서 주희에게서 개인의 도덕적 자율성은 개인이 향유할 수 있는 권리가 아닌, 도덕적 실천을 통해 실현시켜야 하는 의무로 이해된다. 즉 개개인은 "잠시의 간단도 없이 반드시 [도덕적 진리의] 도심이 항상 자신의 [진정한] 주체가 되도록 해야 한다"는 조건을 만족시킬 때만 진정한 자율적 존재가 된다.[18]

이런 조건적 자율성은 곧 한계를 갖고 태어나는 '보통의 사람들'[常人]에게 타자로부터 주어진 진리와 규범 앞에 겸손해야 할 의무를 함의한다. 탄생과 더불어 품수 받은 기질은 개개인마다 '맑고 탁함'(淸濁)의 차이가 있어, 맑고 탁한 정도에 따라 내재한 도덕적 진리의 근원인 '밝은 덕'(明德)을 인식하고 실천하는 데 차이가 생겨난다. "상지(上智)와 대현(大賢)의 자질은 이내 그 본체를 온전히 할 수 있어, 조금도 밝지 않음이 없이" 이 본체를 인식할 수 있다.[19] 즉 성인은 다른 것에 의존함 없이 자기 충족적인 도덕의 근원을 인식하고 이에 따라 행위 할 수 있는 자율적 행위자이다. 이에 반해 '보통의 사람들'은 보편적으로 타당한 행위규범과 가치를 스스로 인식할 수 있는 능력의 한계를 지닌다. 따라서 이를 극복하기 위한 노력[즉, 넓은 의미에서의 격물과 수양을 포함하는 '학'(學)]과 함께, 도덕적인 행위를 인식·실천하기 위해서 보통의 사람들은 타자 혹은 외적 권위로부터 주어진 진리와 규범을 겸손하게 받아들이는, 타율성에 대한 긍정이 요구된다. 달리 말하면, 도덕 진리(moral truths)를 이해하지 못함은 곧 자율적일 수 있는 자격 혹은 능력의 결함을 의미한다. 이런 상황에서의 자기 결정에 따른 실천은 곧 방종과 동일시되며, 도덕성과 자율성 모두에 위배되는 것으로 간주된다. 따라서 보통의 사람들은 도덕성의 조건을 만족시키기 위해서 자율성을 스스로 보류해야 한다. 그러나 주희에게 자율성의 의미는 앞의 인심·도심의 구분에서도 보았듯이 단지 스스로 도덕 진리를 깨닫는 인식의 차원에서만이 아니라, 기질적 욕구와 경향성이라는 객체로부터 발생되는 행위 동기를 극복하고 이미 주체에 의해 인식된 도덕 진리를 행위 하는 실천 능력에 초점이 맞추어져 있다(어떻게 개인이 도덕 진리를 인식하느냐의 문제, 그리고 이와 자율·타율과의 관계는 주희의 격물설에서 다뤄져야 하므로, 본 논문에서는 직접 다루지 않겠다).

18_『中庸章句』"序": "無少閒斷, 必使道心常爲一身之主."

19_『大學或問』, 3: "上智大賢之資, 乃能全其本體而無少不明."

개인과 집단의 문제와 관련하여 결론적으로 말한다면, 주희의 인간 이해는 집단 구성원에 대한 집단 규범의 일종의 타율적 구속을 정당화할 수 있는 구조를 갖고 있다. 그리고 이를 통해서 안정이나 질서와 같은 집단의 목적을 위해서 구성원들을 강제할 정당성을 마련하는 것처럼 보인다. 그러나 아래에서 검토하는 바와 같이 행위규범을 제시하는 자와 규범을 준수해야 하는 자 사이의 관계를 설정함에 있어, 주희는 인간의 도덕적 자율성이라는 형이상학적 정의에 근거하여 타율적 구속이나 강제가 정당화될 수 있는 가능성을 근본적으로 차단한다. 이에 대해 논하기 전에 다음 장에서는 집단과 개인의 문제에서 첨예하게 드러나는 목적의 우선성 문제를 검토하고자 한다.

II. 집단과 개인의 목적적 순환성

주희 사상의 특징 중 다른 한 측면은 다층적 인간 집단을 개인의 보편적 가치 실현의 필수 불가결한 요소로 강조하는 일종의 공동체주의적 성격을 갖고 있다는 점이다. 주희 사상의 공동체주의적 성격은 두 가지 방향으로 전개된다. 첫 번째는 인간의 관계에 관한 규정이다. 맹자에서 제시된 오상(五常), 즉 '부자유친·군신유의·부부유별·장유유서·붕우유신'(父子有親·君臣有義·夫婦有別·長幼有序·朋友有信)을 주희는 『대학』의 '지극한 선'(至善)의 내용 중 '가장 중요한 항목'(目之大)으로 지목한다(『大學或問』 5). 두 번째는 가족·지역사회·국가라는 다층적 인간 집단을 중심으로 하는 사회구성 모델이다. 주희는 『대학』의 '수신·제가·치국·평천하'(修身·齊家·治國·平天

下)를 기초로 개인에서 시작해 가족과 국가를 넘어 초국가적 단위의 평화로 확장되는 인간 공동체에 대한 구도를 확립했으며, 또한 소학(小學), 향약, 서원(書院), 사창, 예제 등 다양한 가족·사회 프로그램과 그 실천 규범을 제공했다. 그리고 그가 『대학』에 기초하여 『근사록』(近思錄)을 구성했으며, 그의 생애 말년에 가례(家禮)에서 시작하여 향례(鄕禮), 학례(學禮), 방국례(邦國禮)로 확장되는 구조로 기획한 『의례경전통해』(儀禮經傳通解)도 동일한 사회 구성 모델을 반영하고 있다는 점은 주지하는 바이다.

개인과 집단의 관계 문제에 있어서, 주희의 공동체주의적 성격의 일면에는 그의 인간 본성에 대한 이해와 상호 모순될 가능성이 잠재해 있다. 그 첫 번째는 가치와 목적의 우선성 문제와 관련된다. 각각의 집단은 그 자체의 목적을 갖고 있다. 예를 들면 가족은 그 구성원의 재생산을 통해서 그 연속성을 유지하고자 하는 목적을 갖는다. 그리고 때때로 이 집단의 목적을 실현하기 위해서 그 구성원들 개인의 희생이 요구되기도 한다. 그러나 이것이 문제가 되는 것은 집단의 목적과 개인이 추구하는 가치가 서로 다르다는 가정하에서, 이 양자가 충돌할 때 무엇이 우선성을 갖느냐를 판단해야 하기 때문이다. 그런데 주희는 이 양자가 도덕적으로 정당하게 분리될 수 있다는 가정 자체를 부인한다.

> 만일 자신이 다행히 스스로 [본유하는 밝은 덕을] 밝힌 바가 있다면, 동일하게 [밝은 덕을] 얻었음에도 스스로 밝히지 못하는 저 대중들이, 미혹됨을 달갑게 여기면서 저속하고 비천한 상황에 빠져 있음에도 자각하지 못하는 것을 보고서 어찌 그들에 대한 측은한 마음이 생기지 않겠으며, 어떻게 그들을 구원할 것인가를 생각하지 않을 수 있겠는가? 그러므로 반드시 내 이미 밝힌 바를 미루어 그들에게 미치도록 하는데, 제가(齊家)에서 시작하여, 그 다음으로는 치국(治國)을 하며, 종국에는 평천하(平天下)에까지 미치도록 한다. [이를 통해] 밝은 덕을 본유하면서도 스스

로 밝히지 못하는 저 [대중들] 또한 스스로 [밝은 덕을] 밝히고 오래된 습속의 오염을 제거한다면 이것이 바로 이른바 "사람들을 새롭게 함"(新民)이며, 여기에 보태거나 더할 것은 없다.[20]

여기서 주희는 제가·치국·평천하라는 집단 중심의 목적이 개별자가 스스로 내재한 도덕성을 구현해야 한다는(즉, '명명덕') 궁극적 목적으로 수렴됨을 역설한다. 즉 집단이 추구해야 할 목적이 바로 개인들이 스스로 '[본유의 밝은 덕을] 밝힌다'라는 개인의 목적과 동일하다는 것이다. 달리 말하면 집단은 '스스로 [밝은 덕을] 밝히도록'(新民) 하는 목적 이외의 독립적인 목적을 갖지 않는다. 따라서 각각 집단의 궁극적 목적과 개인이 추구해야 할 목적 간의 우선성 문제는 발생하지 않는다.

그런데 여기서 주의해야 할 점은, 주희가 사회를 추상화된 개별자들의 단순하고 추상적인 총합으로만 보지 않는다는 점이다. 각 개인들은 도덕 완성을 추구하는 독립된 도덕 주체지만, 이들의 궁극적 목적으로 상정된 '명명덕'은 사회 속의 인간관계를 통해서만 구현될 수 있다. 오상을 저버린 불교는 근본적으로 인간에 대한 잘못된 이해에 기초하고 있다는 비판에서도 보이듯, 개인들이 이해하고 실천해야 할 것은 사회를 초월하려는 공(空)이 아니라 실리(實理), 즉 인간의 실제적인 관계와 집단 속에서만 실현 가능한 가치와 규범이라는 것이다.[21] 주희가 극단적인 개인의 절제와 희생을 신

20_『大學或問』, 4-5: "今吾旣幸有以自明矣. 則視彼衆人之同得乎此而不能自明者. 方且甘心迷惑沒溺於卑汚苟賤之中而不自知也. 豈不爲之惻然而思有以救之哉. 故必推吾之所自明者以及之. 始於齊家. 中於治國.而終及於平天下. 使彼有是明德而不能自明者. 亦皆有以自明而去其舊染之汚焉. 是則所謂新民者. 而亦非有所付畀增益之也."

21_주희의 불교 비판과 관련해서 윤영해(2000) 참고.

조로 하는 불교를 이기적인 사사로움(私)으로 비판한 것은 바로 이 개인을 사회로부터 분리하여 개인에게만 가치 있는 목적을 가정한 데서 비롯된다. 그에게 있어서 개인이 추구해야 할 목적의 정당성은 인간관계 및 집단과 분리될 수 없다.

이 인간관계와 집단이라는 전제는 개인의 도덕적 완성은 반드시 '집안의 가지런함'(家齊)이나 '나라의 다스려짐'(國治)과 같은 집단이 추구하는 결과를 수반할 때만 의미가 있다는 일종의 결과주의적 입장을 뒷받침하는 것은 아니다.

> 집안에 엄격한 아버지가 계신다면 이 분은 내가 당연히 경외해야 할 대상이다. 그러나 [아버지가] 의롭지 못한 경우에는 이에 대해 쟁론해야지, 만약 경외의 정도가 지나쳐 그 [의롭지 못한] 명령을 따른다면 이는 편벽함에 빠진 것이다.[22]

부모와 자식의 관계는 다른 모든 인간관계에 우선하는 중요성을 갖고 있으므로, 이 관계를 유지하는 것은 무엇보다도 중요한 인간의 목적이 돼야 한다. 그러나 이 관계를 유지하는 것 자체가 개인의 도덕적 판단과 자율성에 항상 우선하지는 않는다. 즉 천륜이 정당하게 유지된다는 것에는 의(義)라는 도덕적 기준이 그 관계 속에서 구현돼야 한다는 전제를 갖고 있다. 약술하자면 집단이나 인간관계의 가치가 도덕적 기준에 우선할 수는 없다. 따라서 공자나 맹자의 경우처럼 사회에 도덕을 구현할 수 없는 상황에서는 사회적 목적을 보류하고 개인의 도덕적 안정을 도모하는 것이 정당화된다.

22_『朱子語類』, 16.350.2: "如家人有嚴君焉. 吾之所當畏敬者也. 然當不義則爭之. 若過於畏敬而從其令. 則陷於偏矣." 또한 『朱子語類』 16.352.1; 16.352.2; 16.356.1 참고.

> 만약 일신(一身)에서 중화(中和)를 이룰 수 있다면, 천하가 비록 혼란하다고 하더라도 내 한 몸의 천지 만물이 안녕하고 태평함을 방해하지 못할 것이다. 그렇지 못하다면, 천하가 비록 다스려진다 하더라도 내 한 몸의 천지 만물이 일그러지고 착오를 빚는 것을 방해하지 못할 것이다. 일신과 천하 사이 일가와 일국의 경우도 모두 그러하니, 반드시 이 점을 이해해야 한다.[23]

즉 개인의 도덕은 세상의 '다스려짐'이라는 집단의 목적과 독립적인 가치를 가질 수 있다. 달리 말하면, 개인의 수양이나 도덕적 행위는 제가·치국·평천하라는 집단 중심의 목적에 종속적이지 않으므로, 주어진 시대적 상황이 개인의 집단을 위한 정당한 행위를 불가능하게 만들 경우라도 개인의 수양 그 자체의 가치는 완전히 손상되지 않는다.

그러나 주희의 이런 입장을 윤리적 의무주의로 해석하는 것은 논리적 비약이다. 호이트 틸만(Hoyt Cleveland Tillman)은 진량(陳亮, 1143~94)의 공리주의에 대비하여, 도덕적 가치는 그것이 다른 어떤 목적에 의해 정당화되는 것이 아니라 그 자체로 절대적인 가치를 갖는다는, 정언명령에 대한 준수를 옹호하는 의무주의로 주희의 사상을 특징지었다(Tillman 1982, 133-152). 그러나 주희의 진량에 대한 비판이 '권'(權, 임시방편적 행위 혹은 특수한 상황에서만 정당화되는 행위)에 초점이 맞추어져 있다는 사실에서도 보이듯, 진량은 "도덕(義理)에 완전히 부합되지 않더라도 시대를 구원하려고 하는 뜻과 세상의 혼란을 제거했다는 공적(功)"은 도덕적으로 가치 있는 결과를 초래했다는 점에서 인정해야 한다고 주장한 반면, 주희는 이런 임시방편적 조처가 진정한 의미에서의 사회 안정과 질서라는 결과를 가져다주는지에

23_『中庸或問』, 56: "但能致中和於一身. 則天下雖亂. 而吾身之天地萬物. 不害爲安泰. 其不能者.天下雖治. 而吾身之天地萬物. 不害爲乖錯. 其間一家一國. 莫不皆然. 此又不可不知耳."

대해 회의적이다. 역으로 말하면, 개인이 도덕 원칙을 준수해야 하는 것은 그것이 절대적인 가치를 갖기 때문만이 아니라, "천하의 치란(治亂)과 안위(安危)[라는 상반된 결과]가 이것에 달려 있기" 때문이다.[24] 달리 말하면 개인의 도덕적 완성은 그 의무로서만 가치를 갖는 것이 아니라, 그것이 집단의 안정과 질서라는 목적에 긍정적인 결과를 가져올 수 있는 유일한 방법이라는 믿음이 그 근저에 깔려 있다. 따라서 주희의 사상은 의무주의-결과주의(consequentialism)의 단순 이분법이 적용되지 않는다.

여기에는 일종의 순환 논리가 숨어 있는 것처럼 보인다. 즉 주희는 집단의 궁극적인 목적을 개인의 도덕적 완성에 둠과 동시에, 역으로 개인의 도덕적 완성은 집단을 통해서만이 발현될 수 있으며 '나라의 다스려짐'이나 '천하의 질서와 안정'이라는 집단적 목적의 완성이라는 결과를 산출할 것이라는 입장을 취한다. 그러나 이 순환성이 논리적 모순을 의미하지는 않는다. 왜냐하면 앞에서 본 것처럼 개인과 집단의 목적은 분리된 것이 아니라, 집단의 목적은 '명명덕'이라는 개별자들이 공유해야만 하는 당위적 목적으로부터 파생되며, 이것이 궁극적으로 집단의 안정과 질서라는 바람직한 결과를 가져올 수 있는 유일하게 타당한 방법이기 때문이다. 역으로 말하면, 개별자들이 "자기 본성을 완전하게 회복"할 수 있다면, 그 결과로 개인은 집단의 가치와 목적을 위해 행위할 것이라는 가정이 깔려 있다. 이런 일종의 도덕적 낙관주의는 인과적 필연성이 없어 보이는 양자 — 개별자들의 도덕적 완성과 사회와 국가의 안정이라는 집단의 목적 — 의 관계를 어떻게 설명할 것인가의 문제를 야기한다. 이에 대한 주희의 대답은 명확하지

24_朱熹, "答陳同甫", 『朱熹集』 36, 1597: "天下之治亂安危. 莫不係焉."

않아 보인다. 왜냐하면, 개인의 도덕성을 집단의 안정이라는 목적을 성취하기 위한 하나의 필요조건 — 집단 구성원의 도덕성이 전제되지 않는다면 집단의 안정은 유지될 수 없다 — 으로 볼 것이냐, 충분조건 — 구성원의 도덕적 완성이 이뤄진다면 집단의 안정은 반드시 이뤄질 것이다 — 으로 볼 것이냐에 따라 이 문제에 대한 주희의 입장은 달리 해석될 것이기 때문이다. 그러나 '나라의 다스려짐'이나 '천하의 질서와 안정'을 집단적 규범에 대한 구성원들의 준수로 이해할 경우, 이 문제에 대한 주희의 답은 매우 선명하다. 다음 절에서는 이에 관하여 상고하고자 한다.

III. 집단 규범과 개인의 자율성

주희에게서 인간은 두 부류로 나누어진다. 하나는 '명명덕'이라는 개인의 목적을 완성한 깨달은 자로서, 스스로 자기 본성의 근원으로부터 행위의 준칙을 이해할 수 있는 성인이다. 따라서 이들은 도덕적으로 자율적이며, 이들이 세운 준칙은 곧 보편성의 조건을 충족하므로 규범으로서의 정당성을 부여받는다. 그리고 앞의 목적적 순환성에서도 밝힌 것처럼, 이 규범은 사회를 초월하는 것이 아니라 인간의 실제적인 관계와 집단 속에서만 실현 가능한 집단 규범의 성격을 갖는다. 즉 성인의 가족 내에서의 행위는 가족 집단의 행위 준칙이 되며, 이는 지역공동체와 국가라는 집단에서도 마찬가지이다. 다른 하나는 아직 깨닫지 못한 자로서 '신민'(新民)이라는 타율적 방법을 통해 이 공동의 목적을 완성해야 하는 '보통 사람들'(常人)이다. 이들은 스스로 행위의 보편적 준칙을 이해할 수 있는 능력에 한계를 갖고 있으며, 따라서 깨달은 자에 의해 제시되는 보편적 집단 규범을 준수해야하는 타율적 존재이다. 그러나 주희에게 있어서 집단 규범을 매개로 하는 자율성과 타율성의 구분은 보다 섬세한 논의를 필요로 한다.

1. 타율에서 자율로의 전환

"마치 자고 있는 사람을 큰 소리로 불러서 잠에서 깨어나게 하듯" "선각자(先覺)는 아직 깨닫지 못한 사람(後覺)을 일깨워 주어야 할" 의무를 지닌다(『孟子集注』 "萬章" 상, 7). 그러나 이는 아직 깨닫지 못한 사람들이 이 일깨움을 받아들일 때라야만 의미가 있다. 이는 아직 깨닫지 못한 자의 입장에서 타자가 제시한 행위 준칙이나 진리를 수동적으로 받아들인다는 의미의 타율이므로 자율성의 조건에 위배되는 것처럼 보인다. 그런데 받아들임의 태도에 따라 자율과 타율의 경계가 다시 그려지게 된다.

> 비록 인간의 [보편적] 본성은 선하지만 깨달음에는 선후가 있으므로, 아직 깨닫지 못한 자는 반드시 선각자의 행위를 본받음(效)을 통해서만 [본성의] 선함을 밝히고 [그 본성 본래의] 처음 [상태를] 회복(復其初)할 수 있다.[25]

여기서 '선각자의 행위'(所爲)는 규범적 정당성을 전제하므로 타자에 대한 규범적 구속력, 즉 깨닫지 못한 자는 선각자가 제시한 행위를 동일하게

25_『論語集注』 "學而" 1: "人性皆善. 而覺有先後. 後覺者必效先覺之所爲. 乃可以明善而復其初也."

수행해야 할 도덕적 의무를 갖는다. 그리고 이런 규범적 구속력은 궁극적으로 집단 구성원 모두가 동일한 규범적 틀 속에서 행위해야 한다는 규범적 통일성[즉, "도와 덕을 하나로 하고, 풍속을 동일하게 함"(一道德, 同風俗)]을 함께 전제한다.[26] 앞에서 밝힌 바대로 주희에게 있어서 이 규범적 통일성의 근거는 질서유지와 같은 집단의 목적으로부터 도출되는 것이 아니다. 개개인에게 본유하는 본성의 이치가 곧 보편성을 의미한다. 만약 이 '선각자의 행위'가 진정으로 타당한 것이라면 "나에게 본유한 것을 재단한 것"(『中庸章句』 1章)이어야 한다. 모든 개별자들이 '깨달은 자'라면 그들이 개별적으로 깨달았을 내용에는 서로 차이가 없을 것이며, 이런 조건하에서는 모든 개별적 행위가 동시에 보편성과 통일성을 담보하게 된다. 즉 집단의 질서라는 목적을 위해 행위규범을 준수해야 하는 것이 아니라, 질서는 구성원 개개인이 본유하는 보편성을 인식하고 실천한 결과이다.

따라서 깨닫지 못한 자가 제시된 규범을 타율적으로 본받아야 하는 이유는 사회질서 유지나 규범적 통일성의 필요와 같은 외부적 요구나 목적에서 비롯하는 것이 아니다. 다음 절에서 상술하는 바와 같이, 주희는 '본받음'을 타율적 '강제'(强)와 명확히 대비시킨다. 그리고 여기서의 본받음은

26_"一道德, 同風俗"은 본래 『예기』 "왕제" 편의 구절로, 주희와 관련해서 1166년에 소식(蘇軾)의 『동파역전』(東坡易傳), 소철(蘇轍)의 『노자해』(老子解), 장구성(張九成)의 『중용해』(中庸解) 그리고 여본중(呂本中)의 『대학해』(大學解)에 대한 비판을 정리한 "잡학변"(雜學辨)을 위해 친구인 하호(何鎬)가 지은 발문에서 보인다("雜學辨", 『朱熹集』 권72, 3793). 하나 흥미로운 점은 이 문구가 북송 신법 개혁의 주도자이면서 국가 중심주의의 대표자인 왕안석(王安石, 1021~86)의 사상과 정책을 대변한다는 사실이다. 왕안석 개혁의 실패와 북송의 멸망과 함께 이 문구는 사상계에서 사라진다. 그리고 처음으로 이를 다시 공개적으로 언급한 것이 바로 하호의 "잡학변" 발문이다. 왕안석의 "一道德, 同風俗"에 관해서는 Bol(2008, 72-77) 참고.

또한 단순한 모방(模仿)[27]이나 배움을 통한 일방적인 습득[28]의 의미와는 다르다. 앞에서 밝힌 바대로, 이런 본받음의 실천은 개별자들이 그 실천을 통해서 자기 자신의 '[본성의] 선함'을 밝히고(즉 『대학』의 '명명덕'), 궁극적으로는 이를 통해 "선한 본성의 본래 상태를 회복"하는 것을 목적으로 삼는다. 그러나 '아직 깨닫지 못한 자'란 이 궁극적 목적을 스스로 완수할 수 있는 능력의 결여를 의미하므로, 외부로부터의 도움이 요구된다. 즉 자신의 궁극적 목적을 완수해야 한다는 목적으로부터 "선각자의 행위를 본받음"이라는 타율적 행위의 정당성이 도출된다.

그러나 본받음의 행위는 타율성에만 머물지 않는다. 이 본받음을 수행하는 주체는 타인이 될 수 없다. 본받음의 주체가 이 본받음의 필요 혹은 정당성을 인식하지 못한다면 본받음이라는 행위가 실천되지 않을 것이다. 따라서 이 본받음은 무엇보다도 먼저 개별자들이 자신의 실존적 한계를 겸허히 인정함과 동시에 그 한계를 극복하고자 하는 자발적 의지를 전제로 한다. 즉 본받음이라는 행위는 단순히 타율적 순종을 의미하는 것이 아니라, 앞의 인용문에서도 보이듯 "선각자의 행위를 본받음"이라는 수단을 통해 "[본성의] 선함을 밝히고 [그 본성 본래의] 처음 [상태를] 회복"함이라는 목적을 스스로 완수한다는 일종의 능동적 성격을 갖는다.

이런 타율적인 능동성은 일종의 인식의 전환을 전제로 한다. 자신이 실존적 한계를 갖고 있다는 사실과 이를 극복할 수 있다는 가능성을 주체가 깨닫지 못한다면 처음 상태를 회복하고자 하는 능동성은 생겨날 수 없다.

27_『한어대사전』에서는 '모방'을 효(效)의 제1의미로 제시하고, *Mathew's Chinese-English Dictionary*도 제1의미로 'to imitate'(2599)를 제시한다.

28_『강희자전』(康熙字典)은 효를 '학습'(學習)으로 정의한다.

그런데 여기에는 무(無)에서 유(有)가 발생할 수 있느냐의 문제와 마찬가지로, '깨닫지 못한 자'가 이런 사실과 가능성을 깨닫는다고 하는 완전히 새로운 단계로의 전환이 요구된다. 그렇다면 과연 이 전환을 일으키는 것은 무엇인가, 그리고 이것이 자율적일 수 있는가 하는 문제가 제기될 수 있다.

> 사람의 본래 마음(本心)이 밝지 않음(不明)은, 자고 있는 사람이 극도로 혼매(昏)하여 자신의 몸이 있는지조차 모르는 상태와 같아서, 반드시 환기시켜 (혹은 소리쳐) 깨워야만(喚醒) [몸이 있는지를] 알 수 있다. 흡사 피곤하여 깜빡 잠이 들 때 억지로 스스로 환기시키기를 멈추지 않으면 마침내는 깨어나는 것과 같다. 나는 큰 요체의 공부가 바로 이 환기시켜 깨우는 데 있다고 생각한다.[29]

여기서 '본래 마음의 밝지 않음'은 마음이 본래 밝지 않다는 것을 의미하지 않는다. 잠에 취한 사람이 본래 있는 자신의 몸을 지각하지 못하는 것과 같이 본래 마음의 밝음은 '잠시도 멈춘 적'이 없으나, 이 '밝은 덕'(明德)이 실제의 의식 속에서 작동하기 위해서는 잠자는 이를 '환기시켜 깨우는 것'과 같은 일종의 계기를 필요로 한다. 이는 타인에 의한 '소리쳐 깨워짐'이라는 피동적 계기일 수도 있고, '억지로 스스로'를 환기시켜 깨어 있는 상태를 유지 혹은 회복하려는 능동적 노력일 수도 있다. 그러나 이 혼미함에서 깨어나 그 상태를 유지하려는 노력, 즉 주희가 사량좌(謝良佐)로부터 받아들인 '항상 깨어 있음'(常惺惺)의 강령은 바로 진정한 의미에서의 자율성의 회복을 의미한다. 즉 '항상 깨어 있음'은 기질이나 외부의 자극으로부터 발생된 부적절한 동기나 생물적 반응과 같은 외부의 것에 의해 본래의 주

29_『주자어류』(朱子語類), 12.200: "人之本心不明. 一如睡人都昏了. 不知有此身. 須是喚醒. 方知. 恰如磕睡. 彊自喚醒. 喚之不已. 終會醒.某看來. 大要工夫只在喚醒上 ……."

체인 마음이 피동적으로 지배되는 상태로부터 자유로움을 의미한다. 그리고 '명명덕'의 출발이 타율적 본받음에서 비롯된다고 할지라도, 보다 근본적으로 '본받음'의 목적은 '환기되어 깨어남'을 통해서 마음 본래의 '허령하여 혼매하지 않음'(虛靈不昧)이라는 자율성의 기제를 회복시키는 것에 놓여 있다.

이런 타율에서 자율로의 전환을 가장 잘 설명해 주고 있는 것이 바로 주희의 소학(小學) 교육이다. 소학이란 어린아이들 혹은 깨닫지 못한 자들에게 마땅히 인간으로서 지켜야 할 규범[즉 '소당연'(所當然)]을 그것이 왜 타당한지[즉 '소이연'(所以然)]에 대한 이해를 요구하지 않은 채 타율적으로 준수하게 하는 교육이다. 대학(大學) 교육은 이에 반해 이 타당성의 근거를 이해함으로써 집단 규범의 근거를 이해하고, 이를 통해 자율적으로 행위 할 수 있는 능력을 배양하는 것을 의미한다.

그러나 여기에는 타율과 자율의 엄격한 구분이 놓여 있는 것이 아니다. 따라서 주희는 소학 교육과 대학 교육이 근본적으로 동일하다고 역설한다 (『大學或問』, 1-2). 소학 교육이 의미가 있는 것은 깨닫지 못한 자들이 집단의 규범을 준수함으로써, 예를 들어 집단의 질서유지라는 목적에 이바지하여야 한다는 것과 같은 가정적 명령(hypothetical imperative)에 근거한 것이 아니다.

> 본래의 밝음의 본체는 하늘로부터 얻은 것으로 끝내 혼매하게 할 수 없는 것이다. 따라서 아무리 혼매한 가리움이 극에 이르렀다고 하더라도 잠깐 사이에 한 번의 깨달음이 있게 되면, 이 [혼매한 가리움의] 빈 틈 사이로 본체가 이미 밝게 빛나게 된다. 따라서 성인이 가르침을 시행할 때 소학에서 이를(즉, 빈 틈 사이로 지각된 본체의 밝음) 기르게 한 후 대학의 방법으로써 이를 다시 활짝 열어 주었던 것이다.[30]

즉 타율적인 규범의 준수라는 소학 교육이 정당한 것은 이를 통해서 개개인들로 하여금 마음과 본성의 본래의 밝음이 밝게 드러날 수 있게끔 한다는 본유의 도덕성 회복의 가능성에 근거한다. 달리 말한다면 타율적 규범 준수는 타율적 복종에 머무는 것이 아니라, 깨닫지 못한 자로 하여금 규범과 가치의 근원으로서의 자기 자신의 본성을 실현할 수 있도록 하는 능동성과 자율성으로의 전환을 가능하게 하는 계기이다.

2. 집단 규범의 공유를 위한 방법의 정당성

(1) '감발과 흥기'

그렇다면 선각자는 어떤 방식으로 집단 규범을 타자에게 제시할 것이냐는 방법의 정당성의 문제가 발생한다. 선각자의 행위는 깨닫지 못한 자들에게 행위규범을 제공하는 것뿐만 아니라 본받음을 통해 타율에서 자율로 전환의 계기를 마련해 주어야 하기 때문이다. 따라서 집단 규범의 공유를 위한 방법의 정당성 문제는 집단의 기능적 정체성과도 관련된다. 앞의 목적적 순환성에서도 언급한 것처럼, 선각자의 깨달음은 개인에게 한정되는 것이 아니라 가족·지역공동체·국가와 불가분의 관계를 갖는다. 따라서 이런 집단은 깨달은 자에게 실천의 장(場)을 제공한다. 또한 역으로 바람직한 집단은 '신민'(新民)의 주체여야 한다. 그렇다면 '신민'을 수행하는 집단

30_『大學或問』, 4: "然而本明之體得之於天. 終有不可得而昧者. 是以雖其昏蔽之極而介然之頃. 一有覺焉. 則卽此空隙之中而其本體已洞然矣. 是以聖人施敎旣已養之於小學之中. 而復開之以大學之道."

은 어떤 방식으로 구성원들로 하여금 집단 규범을 준수하도록 해야 하느냐는 문제가 제기되는데, 이에 대한 주희의 입장은 명확하다.

『대학』의 "소위 평천하는 그 나라를 다스림에 달려 있다"의 부분인 "전"(傳) 10장은 "상노노이민흥효, 상장장이민흥제"(上老老而民興孝, 上長長而民興弟)의 구절로 시작한다. 이 구절을 정현(鄭玄)은 "노인을 존중하고 연장자를 공경함"(尊老敬長), 즉 군주가 노인과 연장자 일반을 존경하는 행위로 이해했다(鄭玄 2000, 1868-1869). 주희의 초기 제자인 진문울(陳文蔚)도 이 구절이 치국·평천하 장에 속하므로 '윗사람'[上]을 위정자로 보아야 하며, 따라서 여기서는 군주를 중심으로 하는 위정자가 '대중 가운데 노인들'(衆人之老) 일반에 대해 하는 행위로 '노노'(老老)를 해석해야 한다는 의견을 제시했다(『朱子語類』, 16.360.4). 이에 반해 주희는 『맹자』 "이루"(離婁) 상의 "사람마다 각기 자신의 어버이를 친(親)히 하고 자신의 어른을 어른으로 섬기면 천하가 평해질 것이다"의 예를 따라서, 이 구절을 '자신의 [가족 중의] 노인들'(吾老-『大學章句』 10장)을 공경하는 것으로 해석하고 국가를 다스리는 치국의 행위가 아닌 "집안이 가지런해짐"(家齊)의 범주로 분류한다(『朱子語類』, 16.360.4). 정현의 해석은 위정자가 노인과 연장자에 대한 공경을 실천한다면 일반 백성들도 또한 이 행위를 본받을 것으로 가정한 반면, 주희는 이런 도덕적 행위를 가족 내에 국한시킴으로써 어떻게 이런 가족 중심적인 행위가 타인의 도덕성을 일깨우고 이를 통해 평천하를 가능하게 할 수 있느냐는 문제를 발생시킨다.

이에 대해 주희는 "윗사람의 행위를 아랫사람들이 본받는 것"(上行下效)은 도덕적 의무만을 지시하는 것이 아니라 일종의 인과적인 사실이라고 본다. "그림자가 빠르게 [형체를 따르고] 메아리가 빠르게 [소리에 응하는 것처럼]"(捷於影響) 도덕적으로 정당한 행위는 타자에게서도 이런 행위의 가치에 대한 긍정과 자발적인 실천 동기의 유발['감발과 흥기'(感發而興起)]이라는 결과를 반드시 수반한다는 것이다(『大學章句』 10장). 즉 선각자가 아직 깨닫지 못한 자들로 하여금 깨닫게 하는 것은 행위 기준을 제시하고 그것을 타율적으로 준수하게 하는 것이 아니라, 자신의 실천이 필연적으로 타인의 도덕적 변화라는 결과를 기대할 수 있다는 믿음으로부터 출발한다.

주희는 이런 본받음의 인과성에 대한 근거로 "사람 마음의 동일함"(人心之所同)이라는 인간 심리의 보편성을 제시한다(『大學章句』 10장). 즉 각각의 개별자들 모두는 본래의 마음 상태에서는 도덕규범이 "외부로부터 주어져 강제적으로 행위함"(自外至而强爲之)[31] 이 없이도 도덕적으로 타당한 것을 인지하면 그것을 실천하려고 하는 도덕적 자발성을 갖고 있다는 것이며, 이는 성선론(性善論)과 동일선상에서 이해할 수 있다. 따라서 "강제함은 [오로지] 스스로를 다스림"(强於自治)이라는, 순수하게 자율적인 경우에만 정당성을 갖는다(『大學或問』, 33).

따라서 주희는 타인에게 직접적으로 책선(責善)하거나 악(惡)에 대해 비난하는 행위는 그 내용의 타당함과는 관계없이 권장할 바로 여기지 않는다. 그는 『대학』 "전" 9장의 "군자는 자기 몸에 선(善)이 있은 뒤에 남에게 선을 요구하며, 자기 몸에 악(惡)이 없는 뒤에 남의 악을 비난한다"(君子有諸己而後求諸人, 無諸己而後非諸人)를 해석하면서, 이 구절은 위정자들의 경우 "그 주어진 상황이 타인을 책선(責善, 혹은 叱責)하지 않을 수 없는"(勢不可以不責他) 상황적 불가피성과 연결시킨다. 이와 아울러 주희는 이 구절의

31_『大學或問』, 35. 주희는 이를 맹자의 어휘를 빌어 "외부로부터 나를 녹여 들어와 강제로 행위함을 필요로 하는 것이 아니다"(非外鑠而有待於强爲也)라고 표현하기도 한다(『大學或問』, 32).

본래 강조점은 타인을 강제하는 데 있는 것이 아니라, 그런 행위가 정당성을 갖기 위해서는 자신의 도덕적 완전성이 선결 조건이라는 점을 밝히는 데 있다고 피력한다(『朱子語類』, 18.425.3). 아울러 주희는 이 『대학』의 구절이 "남에게 선을 요구하고 …… 남의 악을 비난함"을 강조할 경우에는 "윗사람의 행위를 아랫사람들이 본받음"이라는 자발성에 기초한 흥기가 아니라, 타인에 대해 "권유하여 이끌고 애써 격려하며, [꼼꼼하게] 감독할 때만 [도덕적으로] 변화(혹은 동화)될 수 있다"(有待於勸勉程督而後化)는 타율성에 기반한 관리, 감독의 의미로 오해될 가능성이 있음을 지적한다(『大學或問』, 33).

주희는 자발성을 흥기시키는 이런 '신민'의 방법이 위정자의 경우 타인에 대한 자신의 도덕적 의무를 방기하거나, 타인을 강제하여 수행케 함과는 대비됨을 명확히 한다.

> [이 구절의 의미는 위정자가] 전적으로 자기 자신의 수양에만 힘쓰고 전혀 사람을 다스리지 않고서, [자신의] 두 손을 맞잡고 [아무것도 하지 않은 채 그들이] 저절로 변화되기를(自化) 기다리는 것이 아니지만, 또한 자신의 뛰어남을 자랑스러워하고 다른 사람의 단점을 부끄러워하여, 이들을 윽박하여(脇之) 반드시 [자신을] 따르게 해야 한다는 것도 아니다(『大學或問』, 33).

즉 도덕적 위정자는 대중에 대해 통일적 규범에 대한 타율적 준수를 강제하는 것이 아니라, 그 개별자에게 본유하는 보편적 선을 '흥기'시킴으로써 자율적으로 그 가치를 인지하고 실천하게 하는 것을 목적으로 한다. 그러므로 국가가 그 권력과 권위에 의존하여 규범을 강제하는 것은 그 수단에서뿐만 아니라 목적에도 위배된다. 또한 이 흥기의 주체는 통치기구로서의 국가가 아니라 도덕적 '위정자로서의 군자'라는 개인(들)으로, 이 개인

(들)이 자신의 가족과 공동체 안에서 "진실된 앎과 성실한 실천을 수행함으로써 [깨닫지 못한 대중들을] 창도"(在上之君子 眞知實蹈 有以倡之)할 때라야 '신민'의 방법적, 목적적 정당성을 확보할 수 있다는 것이다.

(2) 국가의 정치적 의무

개인의 도덕적 실천을 통한 '감발과 흥기'와 아울러, 도덕적 위정자는 국가의 정사(政事)를 '처리'(處)함에 있어 대중들이 "흥기된 선한 발단을 [그들의 삶 속에서 스스로] 수행"(遂其興起之善端)할 수 있도록 정치적, 경제적, 사회적 조건들을 마련해 주어야 할 의무를 지닌다(『大學或問』, 35). 즉 주희는 통치 기구로서의 국가의 역할이 국민을 도덕적으로 개조하는 것이 아니라 그 외적 조건을 마련하는 것에 있다는 점에 강조를 둔다. 자명해 보이는 이 국가의 의무와 관련해 흥미로운 점은 주희가 이것을 설명하는 근거에 있다.

> 군자는 반드시 그 [마음의] 동일함에 근거하여 미뤄 타인의 [마음을] 헤아리고, 나와 남이 각각 그 분수 받은 본래의 바람을 얻을 수 있도록 해야 한다.[32]

즉 자신이 자기 가족 중의 노인과 연장자를 공경하려는 도덕적 욕구가 있다면 이로부터 타인들도 동일한 도덕적 욕구를 갖고 있음을 이해해야 한다. 그리고 국가는 이런 이해에 근거하여 조세를 과중히 부과하거나 백성들과 이익을 다투는 등의 행정을 자제함으로써 국민들로 하여금 이런 도덕적 욕구를 수행할 수 있는 사회적, 경제적, 정치적 조건을 마련해 주어야

32_『大學章句』 10章: "君子必當因其所同, 推以度物, 使彼我之間各得分願."

할 의무를 갖는다.[33]

이런 정치적 의무는 통치자와 피통치자라는 입장의 차이를 넘어서 한 개인이 타자와의 관계에서 도덕적으로 타당한 행위가 무엇인지를 이해하려는 실천적 사고로부터 추론된다. 이것이 바로 주희가 "내 마음을 가지고 타인의 마음을 헤아리는 것"(以己之心度人之心)으로 해석한 『대학』의 '평천하의 핵심 도리'(平天下之要道)인 '혈구지도'(絜矩之道)다.[34] 주희는 『대학』의 "치국·평천하" 장에 속한 혈구지도를 정치적 공간에서 통치자와 피통치자의 관계뿐 아니라, 이웃의 농지를 겸병하지 말아야 한다거나 좁은 길을 갈 때 앞 사람이나 뒷사람의 진로를 방해해서는 안 된다는 것과 같이 일상에서의 모든 인간관계에 적용 가능한 실천 원칙으로 확대하여 정의한다.[35]

선각자로서 깨닫지 못한 자에게 도덕적 자율성을 '흥기'시키고 또한 타인들이 도덕적 선과 같이 '본래의 바람'을 실천할 수 있는 조건을 마련해 주어야 한다는, 국민에 대한 위정자와 국가의 도덕적 의무는 '사람 마음의 동일함'이라는 인간 본성의 보편성에 대한 이해에 기초한다. 다시 말하면 주희에게서 타인에 대한 의무는 타인에 대한 배려라는 도덕 원칙에서뿐만 아니라, "마음에는 나와 남의 차이가 없음"(心無彼己之異 – 『朱子語類』, 16.363.2)이라는 형이상학적 전제에서 추론된 것이기도 하다. 즉 타자에 대한 배려는 타자를 이해함으로써가 아니라 자신을 이해함으로써 가능하다

33_인간 보편의 도덕 실천의 욕구와 관련해서는 『朱子語類』(16.361.2)를 참고. 조건 마련의 정치적 의무와 관련해서는 『朱子語類』(16.361.1; 16.361.5; 16.362.1; 16.362.3; 16.364.2; 16.365.1; 16.368.3)를 볼 것.

34_『大學章句』 10장, 『大學或問』 36, 그리고 『中庸章句』 13장을 참고.

35_『朱子語類』(16.363.3; 16.364.1). 또 일상생활에서의 혈구지도와 관련해서 『朱子語類』(16.365.2; 18.426.2)를 참조.

는 것이다. 자신에 대한 진정한 이해는 곧 나에게 본유한 인류 보편의 원리를 이해하는 것이므로 이로부터 내가 들여다볼 수 없는 타인의 마음을 이해할 수 있는 근거가 마련된다. 또한 이로부터 선각자와 아직 깨닫지 못한 자, 그리고 집단과 개인의 관계에서 강제적 형식을 취하지 않고서도 규범적 통일성이라는 이상적 상태를 이룰 수 있느냐는 질문에 대한 주희의 설명이 인간에 대한 그의 이해에 기반하고 있음을 확인할 수 있다.

IV. 맺음말

주희에게 있어서 보편자로서의 개인이라는 인간에 대한 이해는 도덕적 자율성에 대한 강조를 희석시키는 것처럼 보인다. 특히 자율성이 개인의 주관성에 대한 상호 존중의 의미를 포함하는 것으로 받아들일 경우 이 문제는 더욱 두드러진다. 주희에게 있어서 개인은 'individual'의 의미와는 본질적인 차이를 갖는다. 후자에는 개별적 인간을 지시함과 동시에 개성, 특성, 인격, 기호 등 개개 사람이 갖는 서로 차별적인 특수성(individuality)의 의미를 포함한다. 이 의미의 연장선상에서 개인주의는 개개의 인간이 갖는 도덕적 자율성이 집단의 권위에 선행하며, 따라서 집단은 개인의 목적과 자율성의 추구를 존중해야 하고 정당한 근거 없이 개입·제약할 수 없다는 것을 전제로 한다. 그러나 보편적 인간 본성을 상정한 주희에게 있어서 개별자들 간의 특성과 차이는 그 자체로 '사사로움'(私)의 도덕적 한계를 의미하며, 따라서 개개인의 차별성은 존중되거나 보호돼야 할 것으로 설명되지 않는다. 따라서 동아시아 근대의 정통으로서의 주자학이 진작시킨 개인의 도덕적 자율성은 개인주의와는 양립할 수 없다.

그러나 집단주의나 공동체주의적인 측면을 강조하려는 시각 또한 근본적인 문제를 안고 있다. 주희에게 있어서 각 공동체의 목적과 가치는 개인에 내재한 보편성에 의해서만 정당화될 수 있기 때문이다. 즉 개인과 집단이 그 목적과 가치판단에 있어 상호 충돌하여 그 우선성을 판가름해야 하는 상황은 바로 한쪽 혹은 양자가 보편적, 객관적 근거를 인식·실천하지 못하고 있다는 문제로 귀결된다. 자율성과 관련하여, 일반적으로 인간은 그 내재한 보편성을 인식하는 데 한계를 갖고 있다는 주희의 전제를 받아들인다 하더라도, 개인은 자신의 행위 동기가 순수하며(誠意) 옳다(致知)는 조건을 만족시킬 경우, 타인의 도덕적 권위에 복종해야 할 의무를 지니지 않는다. 따라서 주희의 사상에서 외적 권위에 대한 복종이나 타협이 덕목으로 설정되지 않는다. 명령에 복종해야 할 대상은 내 마음 안에 나를 도덕[주희의 용어로는 도심(道心)]으로부터 이탈시킬 수 있는 잠재력을 가진 기질적 경향성과 욕망 등의 인심(人心)으로 한정되고(『中庸章句』 "序"), 그리고 그것을 복종시키는 자도 바로 자율적 주체로서의 자신이다. 그러나 이 복종의 관계는 개인과 타자와의 관계로 확장되지 않는다.

결론적으로 말하면, 개인과 집단의 문제에 대한 주희의 이해는 개인의 도덕적 완성(즉, 명명덕)이라고 하는 공동의 목적으로 수렴되며, 이는 바로 인간에 대한 주희의 독특한 설명 체계에 근거한다. 선천적으로 내재하는 도덕적 완전성으로서의 인간 본성은 모든 개개인이 지향해야 할 공동의 목표를 설정해 준다. 그러나 이것은 이상(ideal)이지 현실이 아니다. 이 내재성은 모든 개인 안에서 언제나 작용하고 있지만, 또한 이는 언제나 장애 혹은 비도덕성을 동반한다. 오직 '성인'만이, 내재한 보편성과 인식 및 행위 주체로서의 '자신' 사이에 놓인 실존적 장애를 자율적으로 극복할 수 있다.

따라서 성인만이 도덕적 자율성에 의한 행사가 정당성을 갖는다. 이에 반해 '일반적인 개인'('常人' 혹은 '衆')은 성인이 제정한 집단의 제도·법률·예제에 대해 겸손해야 할 의무를 지닌다. 그러나 이 장애는 보편적, 본유적 도덕 잠재력보다 본질적인 것이 아니며, 성인과 집단의 권위도 개인 밖의 것으로부터 주어지는 것이 아니다. 즉 그것이 나에게 권위를 갖는 이유는 그것이 내 안에 존재하는 보편성을 구명했다는 주체의 자율적 동의를 전제로 한다. 그렇지 않은 순수하게 타율적인 행위는 주희 철학에서 정당성을 상실한다. 즉, 주희가 정립한 사유 체계 안에서 개인과 집단은 그 자율성과 정당성의 기초가 상호 순환적인 관계로 설정되어 있다. 따라서 주희의 사상과 관련하여 개인과 집단 간의 관계에서 우선성이나 일방성에 대한 규정을 전제하는 개인주의-집단주의의 이분법적 적용은 그 자체로 모순된다. 그리고 주희가 이후 동북아 사상계 형성에 미친 지대한 영향을 감안한다면, 현재 동아시아 국가에서 관찰되는 집단주의적 성격은 최소한 사상의 영역과 관련해서는, 다른 곳에서 그 근원을 찾아야 할 것이다.

제2부

동아시아 전근대의 자타 인식

3장

중세 일본의 자기 정체성과 타자성

신미나

I. 서론

자기(自己) 의식이나 이미지는 타자(他者)와의 관계를 통해서 형성되고, 타자와의 관계 속에서 끊임없이 변해 간다. 일본인은 다른 민족에 비하여 유독 자기 정체성에 관한 질문을 많이 던져 왔다. 가토 슈이치(加藤周一)에 따르면, 일본인이 '일본인이란 무엇인가'라는 물음을 끊임없이 되풀이하는 이유는 '일본인이라는 것'이 무엇을 의미하는 것인지 확실하지 않기 때문이다. 일본인의 자기상(自己象)이 확실하지 않은 것은, "일본 국민은 타국민의 눈 속에서 자기의 모습을 읽을 수 없었다. 어떤 타국민도 일본을 보고 있지

• 이 글은 2011년 6월 『사림』 39호(수선사학회)에 실린 「중세 일본의 자기 정체성과 타자성」을 수정, 보완해 실은 것이다.

않았기 때문이다. 그러나 그것뿐이라면 문제는 간단하고 일본 측에서도 상대를 보지 않는 한, 일본인이란 무엇인가는 물음 그 자체가 생겨나지 않을 것이다. 일본인 이외의 인간과 일체의 관계가 없을 때 일본인이란 무엇인가라는 것은 의미가 없다. 문제는 일본이 끊임없이 바깥을 봐온 것과 동시에 바깥에서는 일본을 보고 있지 않았다는 일방적 관계에 의해 생긴다"라고 설명한다(加藤周一 1976, 8-9).

한편 아마 도시마로(阿滿利麿)에 의하면, 일본 사회는 자시타비(自是他非)의 경향이 강하고, 일본과는 다른 사회나 문화를 인식함에 있어서 객관적이기 힘든 구조를 가지고 있다. 그 이유의 하나는 일본 사회가 특유의 '내외'(內外)관을 가지고 있다는 점에 있다. 근세 무라(村) 사회의 경우, 무라 밖의 외부 세계에 대해 외포(畏怖), 기대(畏怖), 배제(排除)라고 하는 정서적인 반응이 우선시돼서, 객관적이고 이성적인 외부 인식을 방해했다(阿滿利麿 2010, 5-6).

결국 타자와의 관계가 정상적으로 맺어지지 못하여 타자성이 결여되거나 폐쇄성이 강화될 경우, 자기 정체성에 대한 끊임없는 불안과 이를 확인하고 싶은 충동, 타자상의 왜곡이 초래된다는 말이다. 그렇다면 고대 이래, 일본이 주시했던 타자는 그들 눈에 어떻게 비춰졌을까? 그리고 이를 통해 일본은 어떻게 자기를 인식했을까? 본고는 고대 시대 일본인이 가졌던 자기와 타자의 이미지가 중세를 거치면서 어떻게 변화하는가에 초점을 맞추어 논하고자 한다. 동북아시아 각국은 근대화 이전 각각 타국, 타자에 관한 고유한 인식을 가지고 있었다. 고대 일본의 경우, 대표적으로 『일본서기』(日本書紀)를 통해 신라를 비롯한 한반도 삼국, 중국에 대한 인식을 알 수 있다. 중세의 경우 역사서나 군기물(軍記物) 등의 문학작품을 통해서, 근세의 경우 유학자, 국학자를 비롯한 지식인, 사상가의 저작과 언설을 통해 알 수 있다. 기존의 자타 인식 관련 연구에서는 특정한 사상가의 언설이나 작품을 통해서 특정 시대의 타자상을 추출하려는 시도가 많이 행해져 왔다.[1] 본고에서는 특히 중세에 형성된 자기상과 타자상이 근세를 거쳐 근대 일본의 국민국가 형성 과정에 어떤 영향을 끼쳤는지에 주목할 것이다.

II. 타자의 발견

고대 일본이 가졌던 자국관은 동이의 소제국, '신국'(神國)으로 표현할 수 있고, 이를 위해서 필연적으로 한반도 삼국은 번국으로 여기고 있었다. 여기에는 일본이 고대국가를 건설하면서 기반으로 삼은 중국 율령의 기본 사상인 화이관적 세계관이 작용하고 있다. 『일본서기』에서는 삼국을 번국의 위치에 두고, 열도 내부의 혼슈에서도 북부에 사는 에미시와 남부에 사는 하야토를 오랑캐로 규정한다. 이는 곧 중국의 천하를 모방한 축소판이다. 7세기의 동아시아는 고대사회의 전환기라고 할 수 있다. 남북조로 분

1_전근대 일본의 타자 인식에 관한 논문으로는 정효운, 2006, "고대 한,일 국가와 타자 인식", 『신라문화』 28; 이재석, 2006, "일본 고대 국가의 자화상과 타자상: 『일본서기』의 대한관(對韓觀)을 소재로 하여", 『일본역사연구』 24; 장영철, "중세 일본의 타자 인식: 일본 역사 군담을 중심으로", 『일본어문학』 30; 김선희, 2002, "17세기 초기·중기 림라산의 타자상: 조선 통신사와의 필담을 중심으로", 『한일관계사연구』 16; 김선희, "일본 유자의 자국 의식과 '조선': 17~18세기의 주자학자를 중심으로", 『한국실학연구』 9 등이 있다. 단행본으로는 三宅英利, 1990, 『역사적으로 본 일본인의 한국관』, 풀빛; 琴秉洞, 2008, 『일본인의 조선관』, 논형; 가쓰라지만 노부히로, 2009, 『동아시아 자타 인식의 사상사』, 논형; 김광철, 1999, 『中近世における朝鮮觀の創出』, 校倉書房 등이 있다.

열되어 있던 중국에 수–당이라는 거대한 통일 제국이 탄생하면서 국제적인 긴장감이 고조되는 가운데, 삼국으로 분열되어 있던 한반도까지 신라와 당의 연합군에 의해 통일된다. 중국에 이은 한반도의 통일은 일본에 국제적인 위기감과 고립감을 초래하고, 백제 부흥을 위해 출병했던 백촌강(지금의 금강 하구) 전투에서 대파하고 귀국하면서 긴장감은 극에 달한다. 신라와 당나라의 침략 위협은 일본에 천황을 정점으로 권력을 집중하는 고대국가의 건설을 재촉하였고, 일본 최초의 역사서 『일본서기』는 이런 국제 정세 속에 편찬된다. 『일본서기』에는 이후 일본인의 한반도 인식에 결정적인 영향을 끼치는 신공황후의 '삼한원정'이 기술되어 있다.[2] 신공황후가 신라에 출정하여 신라왕을 복속시키고 귀국했다는 이야기이다. 7세기에 일본에서

2_『日本書紀』 권 제9, 神功皇后 攝政前紀(仲哀天皇 9년 9~10월). 간략히 기술하면 다음과 같다. "겨울 10월 3일. 화이진(和珥津)을 출발하였다. 이때 풍신은 바람을 일으키고, 해신은 파도를 일으켜, 바다 속의 큰 고기들이 다 떠올라 배를 도왔다. 순풍이 알맞게 불어와 노를 쓸 필요 없이 곧바로 신라에 이르렀다. 그 때 배에 따른 파도가 멀리 신라의 나라 안까지 미쳤다. 이것으로 천지신명이 모두 도와준 것을 알았다. 신라 국왕이 크게 놀라 두려워하면서 사람들을 불러 놓고 '신라 건국 이래 아직 바닷물이 나라 안까지 미친 적이 없었다. 이제 천운이 다하여 나라가 바다가 되는 것이 아닌가' 하였다. …… 신라왕이 두려워 싸울 마음을 잃었다. 마침내 정신을 차리고 '내가 들으니 동쪽에 신국이 있다. 일본이라 한다. 또한 성왕이 있다. 천황이라 한다. 반드시 그 나라의 신병일 것이다. 어찌 군사를 들어 방비할 수 있겠는가. …… 해가 서쪽에서 떠오르지 않는 한, 이리나레히가 역류하고 강비닥의 돌이 하늘에 올라가 별이 되는 일이 없는 한, 춘추의 조공을 빼거나 말빗과 말채찍의 조공을 게을리 하지 아니할 것을 천지신명에 걸고 맹세 하나이다'라고 하였다. …… 이에 황후가 나라 안에 들어가 중보의 곳간을 봉하고 지도와 호적 문서를 압수하였다. 또한 황후가 짚고 있던 창을 신라왕의 문에 세우고 후세의 표로 하였다. 그 창이 지금도 신라왕의 문에 꽂혀 있다. …… 이에 고구려와 백제 두 나라의 왕은 신라가 일본국에 항복하였다는 소식을 듣고 밀정을 보내어 그 군세를 엿보니 이길 수 없다는 것을 알고, 스스로 영외에 와서, 머리를 땅에 대고 '이제부터 영원히 서번(西蕃)이 되어 부단히 조공하겠습니다'라고 하였다."

탄생한 천황제 율령국가의 근저에는 중화사상이 강하게 반영되어 있고, 그 이념을 구현하기 위한 대상으로 신라가 고려되고 있었다. 신라에 대한 적대관과 함께 신라를 극복의 대상 나아가 복속의 대상으로 삼아 현실과 미래의 기대상을 과거에 투영시켜 신라 복속담을 만들어 낸 것이다(연민수 2006, 9).

『일본서기』는 그 후 황실에서도 특히 중요한 역사책으로 간주되어 『일본서기』를 강의하고 연구하는 '일본기강연'(日本紀講筵)은 궁중 행사로 자리 잡았다. 기록에 의하면 721년 이후 812년, 843년, 878년, 904년, 936년, 965년에 행해진 총 7회가 알려져 있다. 한 번 시작하면 수년에 걸쳐서 30권의 강의를 했으므로 장기에 걸친 대규모 행사였다. 거의 30년을 간격으로 한 번씩 개최되었다. 태정대신 이하의 공경이나 관인이 출석했고, 878년 이후는 전 일정을 수료한 후에 대규모 연회가 개최되었다. 공경을 중심으로 『일본서기』의 고사나 일화를 제재로 와카(和歌)를 부르고 강사에게 상을 내렸다. 『일본서기』는 황실 및 귀족을 중심으로 강독되었고 따라서 거기에 나오는 사상은 황실 및 귀족을 중심으로 공유되어 전해졌다고 추측할 수 있다.

이런 자아 인식 내에서 신라, 고려는 변경으로 취급되고 의도적으로 무시된다. 한편 이와 함께 『일본서기』 내에서도 신라에 대하여 외국, 자국의 일부, 번국 등으로 여기는 중층적인 인식이 나타나고 있으며(이재석 2006, 17-23), 8세기의 일본 문헌 속에는 신라의 명의가 천황의 병을 고친 이야기나 일본의 귀족과 신라의 승려들 간 교류 기록이 보이는 등(사이토 아사코 2007, 11-27) 한반도 삼국에 대한 인식이 반드시 하나로 고정되어 있는 것은 아니었다.

헤이안 시대에 들어오면 지배층은 자폐적인 외교 관계에 빠진다. 헤이안 시대의 귀족들이 견지한 대외 관계의 가장 큰 특징은 폐쇄성이다. 중국과는 대등하고 조선 반도에 대해서는 우월하고자 하는, 일본의 지배층이 바라는 대외 관계를 관념 속에서 보존해 가는 사고의 틀이 형성된다. 이런 자폐적인 대외 자세가 성립하는 9세기는 또한 '정'(淨)과 '예'(穢)의 관념이 형성되는 시기이다. '예'는 '게가레'라고 읽는데 신도와 불교에 기원을 두고 있다. 귀족들은 특히 게가레를 두려워해서 게가레의 정도에 따라 게가레가 없어지는 일수도 정해져 있었다.[3] 또, '정'의 관념하에 천황이 거주하는 다이리(內裏)를 가장 청정한 곳으로 두고 교토, 즉 중심에서 멀어지면 멀어질수록 부정(不淨)한 곳으로 인식했다. 신들에 의해서 보호되는 일본의 변경 지역이나 외부 세계는 게가레로 가득한 곳으로 인식되었다. 즉, 천황을 중심으로 여기고 변경으로 갈수록 청정하지 못하다는 동심원적 구조에 기초한 세계관이 나타난다(村井章介 1999, 20).

동심원적 세계의 경계나 바깥에 위치하는 것은 '이류'(異類), '이형'(異形)으로 배척당했다. 원래 이형이라는 말에 멸시 사상은 내포되어 있지 않았으나, 9세기에 들어와 '이류'라고 하는 말은 철저하게 배타적인 이데올로기를 표현하는 말로 사용되었다. 그것은 '이류'한 대상에 대한 표현이 과격하면 할수록, '이류'라는 말을 사용하는 측에 있어서는 차별하고 배척하는 행위를 정당화하는 감정에 젖어 들 수 있는 성질의 것이었다(金光哲 1999, 24). 이류, 이형, 이류이형의 말은 헤이안 시대 이후, 가장 적대하는 것, 가장 모순하는 것에 대한 배제·배척을 내포한 첨예한 개념이었다(金光哲 1999, 42).

3_예를 들어 사람의 사(死)에 대해서는 30일, 산(産)에 대해서는 7일, 병문안이나 육식에 대해서는 3일간 외출을 삼가야 게가레가 없어진다고 믿었다.

또한 헤이안 시대에는 불교적 세계관이 유입되었다. 불교적 세계관은 불교가 탄생한 천축(인도)과 그것을 받아들여 주변으로 전파한 진단(중국), 그리고 종착점인 본조(일본)를 삼국이라 하고, 이를 기축으로 현실 세계를 파악하는 삼국적 세계관이다. 첫 견해는 9세기에 저술된 사이초의 『내증불법상승혈맥보』(內證佛法相承血脈譜)에 보이지만, 중세에 들어와서 역사서를 비롯한 군기물 등에도 널리 나타나는 등 일반 민중에게까지 퍼졌다. 귀족들은 불교를 숭상하여 석가가 태어난 곳인 천축과 우전왕상(優塡王像)이 오랫동안 머물렀던 중국(곧 진단)에 강한 동경을 품고 있었다.

그러나 삼국적 세계관은 일본을 시간적으로는 불법이 쇠퇴하는 말법(末法)의 시기로 인식하게 하였고, 위치적으로는 변방의 소국으로 인식하게 하였다. 그리고 일본에 불교를 전파한 백제가 빠져 있는 문제점이 있다.[4] 그러나 중화주의적 세계관을 대신해 일본인에게 자기와 타자를 인식하는 새로운 방법을 제시한 것은 사실이다. 이런 불교적 세계관이 중세 일본에서 어떻게 받아들여지는지 다음에서 살펴보겠다.

4_헤이안 시대 말기, 전국적으로 퍼져서 많은 사람들의 신앙을 모으고 있던 시나노젠코지(信濃善光寺)의 본존인 젠코지식아미타삼존상(善光寺式阿彌陀三尊像)이 일본에 오게 된 경위를 설명하는 "젠코지엔기"(善光寺緣起)에는 불상이 인도 → 백제를 거쳐서 일본에 왔다고 설명하고 있다. 즉 "젠코지엔기"에는 인도, 백제, 일본이 삼국(三國)으로 나타나고 있는 것이다. 시나노(信濃)는 교토에서 떨어져서 동국(東國)에 위치하는 지역이다. 교토를 중심으로 하는 귀족들의 사고방식이 일본 전역에서 공유되고 있었던 것은 아니라는 것을 알 수 있다.

III. 자기의 비대

사토 히로오(佐藤弘夫)는 『일본사상사』에서, 중세적 세계관을 다음과 같이 설명하고 있다.

> 중세는 종종 내셔널리즘 회귀의 시대라고 말해지지만, 일본주의로의 무조건적인 회귀는 아니었다. 일본을 넘어서 보다 큰 세계의 존재를 전제로 한 '변방' 일본의 독자성에 대한 주목이었다. 이처럼 일본을 상대화시켜 보는 관점은 신분 및 계층과 상관없이 널리 공유되었다. 그와 같은 세계상을 집약적으로 표현한 것이 '삼국'이라는 말이다(사토 히로오 외 2009, 136-137).

삼국적 세계관은 비단 일본에서만 나타나는 인식이 아니라, 일연의 『삼국사기』를 통해서도 확인할 수 있다.[5] 즉, 불교 사상이 중국의 중화주의적 세계관을 대치할 수 있는 새로운 자타 인식의 틀을 중세 동아시아 사회에 제공했다고 볼 수 있다. 그렇다면 불교라는 보편적 종교가 가져다 준 세계관의 확장과 자신의 상대화는 중세 일본 사회에 고대 사회와는 다른 보편성에 근거한 자기와 타자를 만들어냈는가? 우선 중세를 대표하는 역사서를 통해서 이를 살펴보겠다.

일본에서 3대 사론으로 일컬어지는 역사서가 『구칸쇼』(愚管抄)·『신황정통기』(神皇正統記)·『도쿠시요론』(讀史余論)이고, 이 가운데 『구칸쇼』와 『신황정통기』는 중세를 대표하는 역사서이다.[6] 『구칸쇼』는 천태종 승려인

5_朴正義(2010, 418-423). 『삼국유사』 속에서 '삼국'은 인도, 중국, 고려로 나타난다.

6_『도쿠시요론』은 근세의 유학자인 아라이 하쿠세키(新井白石)가 저술하여 1712년에 쇼군 도쿠가와 이에노부(德川家宣)에게 강의한 역사서이다. 『신황정통기』는 일본어 발음대로 표

지엔(慈圓)이 1220년경에 저술한 책으로, '황제 연대기'(권1~2)와 '역사 서술'(권3~6), '도리에 관한 총론과 시무책'(권7)으로 구성되어 있다. 권1의 '황제 연대기'에 앞에는 '한가(漢家) 연대'를 배치하고 있다. 지엔이 자국의 역사를 고찰함에 있어서 우선적으로 의식한 타자가 중국임을 알 수 있다. 그러나 이전의 역사서와는 다른 시선으로 중국을 바라보고 있다. 우선 순 한문이 아닌 가나 문자를 섞어서 『구칸쇼』를 집필했다. 그 이유를 다음과 같이 설명한다.

> 이 책은 함부로 가벼운 말이 많고, 하타토(ハタト), 무즈토(ムズト), 기토(キト), 샤쿠토(シャクト), 교토(キョト) 등의 표현만을 많이 사용하고 있는데, 나에게는 일본어의 본체는 이런 말에 있다고 생각된다. 한자의 훈은 그 자의 의미를 추구해서 해석을 나타낸 것이므로, 아무래도 내포하는 의미의 확장에 부족함을 느낀다. 한자로 나타내면 보기에 안 좋고, 아무 가치도 없을 것 같은 말이야말로 일본국의 말의 본체인 것이다.[7]

지엔은 한자로 일본인의 감정을 표현하는 데 한계가 있음을 인정하고, 일본의 말과 문자에 본연의 가치를 부여했다. 고대의 지식인과 마찬가지로 지엔에게 있어서도 중국은 세계의 중심이고 가치판단의 중심이었지만, 모든 가치를 독점하고 있지는 않았다. 그렇기 때문에 한자와 마찬가지로 중국의 도(道) 또한 일방적인 모방의 대상은 아니었다.

기하면 『진노쇼토키』지만, 남기학에 의한 번역본 『신황정통기』가 출판되었기 때문에 그에 따라 『신황정통기』로 표기하겠다.

7_慈圓(1967, 321). 한국어 번역은 永原慶二 編(1974)의 현대어 역을 참고로 했다.

> 중국의 제실에는 크게 구분하면 세 가지 정치의 도가 있다. 황도·제도·왕도가 그것이다. 이 세 가지 도에 일본국 제왕의 정치 방식을 유추, 적용시켜 설명하고 싶기는 하지만, 세 가지 도라고 하면, 일본국에 있어서는 『일본서기』 이하에 나타나 있는 풍습도 뒤떨어지고, 중국과 비교할 수 있는 것이 조금도 없기 때문에, 오히려 좋지 않을 것이다(慈圓 1967, 322).

고대인들이 중국의 예를 그대로 일본에도 적용하려고 했다면, 지엔은 그런 모방이 불가능할 뿐 아니라 오히려 좋지 않음을 인정한다. 그리고 중국과는 다른 일본의 도를 설명하고자 한다. 역사의 추이를 도리의 변천으로 파악하고, 모든 사물에는 그 나름대로의 도리가 있다고 보는 『구칸쇼』의 역사의식은, 이런 상대적 가치의 발견에 의해 뒷받침되고 있는 것이다. 중국에는 중국의 도리가 있고, 일본에는 일본의 도리가 있다. 도리는 시대와 상황에 따라서 변하지만, 유일하게 변하지 않는 궁극의 도리가 존재하니 바로 천황의 혈통이었다. 국왕의 자리에는 나랏일을 집행하는 국왕의 임무를 훌륭히 해낼 수 있는 사람이 즉위해야 되지만, 일본국의 관례에서는 국왕 가문의 출자가 아닌 사람을 국왕으로 해서는 안 된다고 신대 이래 정해져 있다는 것이다(慈圓 1967, 328). 이것이 일본에서만 통용되는 특수한 논리임을 지엔도 인식하고 있었다.

> 중국의 왕조는 단지 기량 하나가 아주 뛰어난 점을 가지고, 그 사람이 승리하여 국왕이 되는 것으로 정해져 있다. 이 일본국에서는 처음부터 왕의 혈통이 다른 곳으로 옮겨지는 일은 없다. 신하의 가문도 또한 정해져 있다. 그리고 그 대로, 어떤 일이 있어도 지금까지 바뀌는 일은 없었다(慈圓 1967, 347).

출자에 상관없이 기량으로 왕이 되면서 끊임없이 왕조 교체가 일어나는 중국과, 왕의 혈통이 고정되어 있고 왕을 떠받치는 신하의 가문까지 정해져 있는 일본을 비교하고 있다. 어느 한쪽이 우월하다고 주장하지는 않는다. 『구칸쇼』에서 천황의 혈통은 어디까지나 중국과는 다른 일본의 독자성의 상징일 뿐이다. 그러나 시간이 지나면서 황통은 타국에 대한 일본의 우월성을 상징하게 된다.

1339년에 기타바타케 지카후사(北畠親房)가 저술한 『신황정통기』는 신대 이래 황통이 계승되는 이치를 논한 역사서이다. 서론, 신대사(神代史), 인황(人皇) 시대의 세 부분으로 구성되어 있다. 『구칸쇼』가 그 존재를 자명한 전제로 여기고 신대의 기술을 생략했다면, 『신황정통기』는 신대의 기술에 많은 양을 할애하고 있다. "오야마토는 신국이다"라는 유명한 문장으로 시작되는 서론에는 일본의 기원과 국호의 유래, 위치, 삼국의 천지개벽, 서술 의도 등이 기술되어 있다. 일본의 위치는 수미산을 중심으로 한 불교적 세계관 속에서 설명된다. 오천축에 비하면 진단국도 소국에 지나지 않고, 일본은 천축으로부터도 중국으로부터도 떨어져 동북 저편의 큰 바다 가운데에 있다.[8] 그러나 기타바타케의 주장은 일본이 변두리 소국임을 확인하는 데서 끝나는 게 아니다. 바로 다음에 "별개의 주로서 신명에 의해 황통이 계승되는 나라이다"라는 문장이 이어진다. 이야말로 기타바타케가 강조하고 싶었던 점이다. 즉, 소국이지만 신명에 의한 황통이 계승되는 위대한 나라, 신국이라는 사실이다. 이런 의도는 그 뒤에 바로 이어지는 삼국의 천지개벽설에서 더욱 적나라하게 드러난다. 우선 천축과 일본을 비교한다.

8_남기학(2008, 21). 岩佐正 校注(1965)를 참조하면서 한국어 역은 『신황정통기』에 의거했다.

우리나라의 시초가 아마쓰카미의 혈통을 이어받아 세계를 건립했던 모습은 천축의 설과 다소 유사한 면도 있는 것 같다. 그러나 우리나라는 아마쓰미오야 이래 황위의 계승에 어지러움이 없이 단지 하나의 혈통이 황위에 있으며, 이와 같은 예는 천축에도 없다. 천축 최초의 민주왕도 민중에게 옹립된 이래 그 자손이 왕위를 상속했지만 시대가 내려오면서 그 종성도 대부분 멸망했다. 그리고 힘만 있으면 열등한 혈통도 국주가 되고 심지어 오천축을 통령하는 자마저 나타났다(남기학 2008, 27).

시초에 천계의 중생이 내려와 세계를 건립한 천축과 아마쓰카미의 후손이 세계를 건립한 일본은 다소 닮은 점도 있지만, 일본은 아마쓰미오야 이래 황위의 계승에 어지러움이 없이 이어지고 있고, 천축은 왕의 종성이 대부분 멸망하고, 열등한 혈통이 왕에 오르는 경우도 나타났다는 것이다. 그리고 중국과 비교하여 다음과 같이 말한다.

중국은 특히 난역으로 인해 질서가 없는 나라이다. 옛날 세상이 정직하고 도가 올바르던 시대에도 현자를 옹립하여 왕위에 오르게 했기 때문에 황통을 하나로 정하는 일은 없었다. 난세가 되어 힘을 가지고 나라를 다투니 민간 출신으로 왕위에 오르는 자도 있었다. 또한 융이로부터 일어나 나라를 빼앗는 자도 있고, 혹은 대대의 신하로서 자신의 왕을 능가하여 마침내 왕위를 물려받는 자도 있었다. 복희씨 이후 중국에서는 천자의 씨성이 36번 바뀌었으니 황위 계승의 어지러움이 극심했음은 말할 나위도 없다. 오직 우리나라만이 천지개벽 이래 오늘날에 이르기까지 황위를 계승하는 데 어지러움이 없다. 한 종성 중에서 때때로 방류에 황위가 전해지는 일이 있어도 또한 저절로 본류에 돌아와 연면히 이어지고 있다. 이것은 모두 신명의 서약이 명확하기 때문이며 일본이 다른 나라와 다른 까닭이기도 하다(남기학 2008, 27-28).

역시 열등한 혈통이 힘으로 왕위에 오르고 천자의 씨성이 자주 바뀌는 중국과 천지개벽 이래 황통이 변함없이 이어지는 일본을 비교하면서, 이것이야말로 "일본이 다른 나라와 다른 까닭"이라고 끝을 맺는다. 기타바타케가 천축과 중국의 예를 열거한 것은 결국 일본의 황위 계승의 특수성을 부각시켜서 거기에 천축이나 진단을 뛰어넘는 특별한 가치를 부여하고 싶었기 때문이다.

한편, 본문(천황의 연대기)에서는 주로 자기주장의 정당성의 근거로 삼거나, 일본의 역사에 보편성을 부여하기 위하여 인도나 중국의 예를 끌어들인다. 26대 부레쓰(武烈) 천황의 혈통이 끊어진 이유를 덕을 갖추지 못했기 때문으로 설명하고, 역시 자손의 부덕으로 혈통이 끊긴 예로서 하의 마지막 왕인 걸왕과 은의 마지막 왕인 주왕, 천축국의 불사밀다라 왕의 예를 들고 있다. 48대 쇼토쿠(稱德) 천황의 즉위를 설명하기 위해서 당의 여제인 측천무후의 예를 끌어들이고, 승려 도교의 등용을 설명하기 위해 중국에서 승려가 관직에 출사하는 예를 찾고 있다. 그리고 56대 세이와(淸和) 천황대에 후지와라노 요시후사(藤原良房)가 최초로 섭정이 된 것을 설명하기 위하여 은나라 이윤과 주나라 주공의 예를 들고 있다.

천황 혈통의 신성함과 유구함을 통해서 자국의 우월성을 강조하고자 하는 『신황정통기』의 역사관은 이후에 나온 역사서에도 많은 영향을 끼쳤다. 1470년경에 성립된 『젠린고쿠호기』(善隣國寶記) 역시 그러하다. 서문에 다음과 같이 보인다.

> 어떤 자는 묻는다. 이 기록의 처음에 신대의 일을 약술하는 이유는 무엇인가? 대답하길, 내가 가르치는 학생, 중국 책을 읽는 자는, 그 나라의 산천·인물을 안다. 인도의 책을 읽는 자는 또한 그러하다. 우리나라에 육국사 등의 책이 있지만, 읽는

> 자는 적다. 그렇기 때문에, 본국의 일을 아는 자는 거의 드물다. 가까운 것을 버리고 먼 것을 취하는 것은 오히려 잘못된 일이 아닌가. 지금 양국이 상통한 일을 기록함은, 우선 그야말로 사람들로 하여금 우리나라가 신국이라는 것을 알게 하기 위해서 열의 한두 가지를 기술할 뿐이다. 이는 모두 『신황정통기』 가운데 실려 있다. 그 기록의 반은 왜자이다. 지금 모두 고쳐서 한자로 적는다(田中健夫 編 1995, 3).

『젠린고쿠호기』는 무로마치 막부의 외교 고문이었던 선종 승려 즈이케이슈호(瑞溪周鳳)가 편집한 외교 사료집이다. 중국과 일본의 외교 사료를 기록함에 앞서 우선 『신황정통기』의 신대를 약술하여 불교적 세계관과 함께 기타바타케의 신국 관념을 계승하고 있음을 표명한다. 그리하여 상권(上卷) 처음은 "대일본은 신국이다. 아마쓰미오야(天祖)가 근본을 만들었고, 히노카미(日神)가 계통을 전한다"라고 시작한다. 『젠린고쿠호기』는 신국을 강조함과 동시에 조선을 철저하게 무시하고 있다.

> 진단은 즉 삼보가 전해진 곳이다. 태자의 선린은 반드시 삼보를 가지고 국보로 한다. 또, 우리나라의 불법이 처음 백제에서 전해졌다고 한다. 지금 이를 중국에서 전해졌다고 하는 것은 무엇인가라 묻는다. 백제는 대개 중국의 영역이다. 널리 이를 말할 뿐이다. 이 기록이 신라, 고려의 것을 많이 싣는 것은, 또한 이를 중국으로 보기 때문이다(田中健夫 編 1995, 5).

삼국의 하나로 일본을 자리매김하기 위해서는 필연적으로 불교를 전해준 백제의 존재를 무시할 수밖에 없다. 그래서 즈이케이슈호는 고려를 중국의 속국으로 보고 있다. 이와 같이 중세 일본에 불교적 세계관이 들어오면서 중국 중심의 일원적 세계관을 벗어나서 일본을 상대화시켜 볼 수 있는 관점이 생겨난 것은 사실이지만 자기와 타자의 왜곡은 피할 수 없었다.

불교적 세계에서도 일본이 인도, 중국, 고려 등과 대등한 자타 관계를 맺을 수는 없었기 때문이다. 중화주의적 세계관에서 모든 가치가 중국에 집중되고 일본이 변방의 야만국이 될 수밖에 없었던 것처럼, 불교적 세계관에서도 천축을 중심으로 멀리 떨어진 일본은 '변토(邊土)의 소국(小國)'으로 자리 매겨질 수밖에 없었다. 이는 일본인에게 '변토소국'이라는 자기 존재를 극복해야 하는 새로운 과제를 부과했다. '변토소국'의 자각에 대응하는 방법으로는, 두 가지 방향이 나타났다. 하나는 자신의 변토성을 철저하게 추구하여 새로운 보편성에 도달하는 방법이었고, 이는 예외적인 소수였다. 대다수는 변토성을 부정하고, 일본을 특수한 가치를 가진 땅으로 성화(聖化)하는 방법을 택했다. 신국관의 형성은 그런 과정에서 대두했다고 볼 수 있다(成澤光 1984, 166).

이런 생각은 『신황정통기』나 『젠린고쿠호기』와 같은 역사서뿐 아니라 중세의 문학작품에서도 많이 나타난다. 『헤이케모노가타리』(平家物語) 권2, "교훈장"(教訓狀)에서는 "역시 우리나라는 변방의 쌀알 같은 곳(邊地粟散)의 경계이지만, 아마테라스 오미카미(天祖大神)의 자손이 나라의 주인으로서, …… 일본은 신국이다"라는 표현이 보이고, 『다이헤이키』(太平記) 권27, "운경미래기사"(雲景未來記事)에서는 "참으로 소국이지만, 삼국에 초월하는 우리 신국의 신비함은 바로 이것(삼종의 신기)이다"라고 한다. 또한 『하치만구도쿤』(八幡愚童訓) "갑"(甲) 상(上)에는 "일본국은 작고 비열한 졸국이지만, 또한 귀인과 현인이 사는 신국이다"라고 말하고 있다.

신국 사상은 대내적으로는 일본인의 변토 심리를 보상하는 역할을 하지만, 국가적 위기 상황과 맞물리면서 대외적으로 주장될 경우, 더욱더 논리적인 비약을 거듭하게 된다. 다음 장에서는 몽고의 침입을 계기로 신국 사상이 어떻게 변질되는지 살펴보겠다.

IV. 타자성의 재생산

1274년과 1281년의 두 번에 걸친 몽고 침입은 유사 이래 지배층이 가지고 있던 '신국'이라는 자의식과, 신라·고려를 적대시하고 타도의 대상으로 보는 사상을 민중에게까지 전파하여 설득력 있게 만들었다. 몽고의 침입으로 일본에서는 이국에 대한 대항 의식의 격화 속에 신국 사상에 내포된 신비적, 독선적 자국 우월 의식이 극단까지 증폭, 강화되고, 신국을 고양하면서 타국을 축생시하는 새로운 화이관이 등장하여 종래에 없던 강도와 폭을 가지고 환기, 고취되었다(南基鶴 1996, 206).

신국의 어휘를 일본의 역사서인 육국사(六國史) 중에서 찾아보면, 『일본서기』 권9 신공황후 섭정 전기에 신라왕의 말로 되어 있는 "동쪽에 신국이 있어 일본이라 한다"(東有神國謂日本) 및 『일본삼대실록』(日本三代實錄) 권16, 869년 12월에 이세 신궁과 이와시미즈하치만궁에 바치는 고몬(告文)에서 신라와 관계해 나오는 "우리 나라가 신국이라고 두려워해 온 고실"(我朝乃神國止畏憚禮來礼留故實)의 두 가지다. 즉, 원래 신공황후의 신라 정벌과 밀접하게 연동해서 상기되는 개념이었다. 역사서 안에서 가공되어 황실과 귀족들이라는 지배층의 의식 속에 존재하던 신공황후의 신라 정벌 이야기 및 신라 멸시관은 1274년과 1281년 두 번에 걸친 몽고의 침입을 계기로 일반 민중에게까지 결정적으로 유포된다. 몽고의 침입이라는 국가적 존망의 위기 속에서 신공황후 전설은 급속히 확대·재생산되는데, 그 결정판이라 할 수 있는 것이 하치만엔기(八幡緣起)이다.[9] 그중 하나인 『하치

9_하치만사(八幡社)의 유래를 서술한 이야기. 하치만사는 후에 우사하치만궁(宇佐八幡宮)으로 이전하면서 오진천황(應神天皇), 신공황후(神功皇后), 비매대신(比賣大神)의 삼신(三神)

만구도쿤』(八幡愚童訓)은 가마쿠라 중기, 후기에 성립되었다고 생각되는데, 하치만신의 영험과 신덕을 설명한 엔기이다. 이 가운데 신공황후의 삼한정벌과 관련된 이야기가 나오는데 간략히 기술하면 다음과 같다.

주아이(仲哀) 천황의 시대에, 이국에서 침입하려고, 우선 형태는 귀신과 같고, 몸은 적색이고, 머리는 8개인 진린(塵輪)이라고 하는 것이 검은 구름을 타고 허공을 날아 일본에 내려와 인민을 살해했다. 주아이 천황은 5만의 군병을 데리고, 나가토(長門) 도요우라(豊浦)에 이르러 진린을 사살했다. 그러나 자신도 흐르는 화살에 맞아 신공황후에게 이국 토벌을 유언하고 죽었다. 아마테라스 오미카미가 신공황후에게 빙의(憑依)하여, 삼한의 대군이 침입하려 함을 고했다. 48척의 선박을 만들고 스미요시메이진(住吉明神)의 조언으로 해저에 사는 아즈미노이소라(安曇磯良)를 수부역으로 부르고, 샤가라(娑竭羅) 용왕으로부터 조류의 간만을 자유로이 조종하는 한주(旱珠), 만주(滿珠) 2개의 구슬을 받았다. 출산이 임박한 신공황후는 대장군에 스미요시다이메이진(住吉大明神), 부장군에 다카라다이메이진(高良大明神)을 거느리고, 대마국에서 돌을 허리에 차고 바다를 건넜다. 이적은 10만 8,000척에 46만 9,000인의 군세이고, 일본은 그 1,000분의 1에도 미치지 않는데, 황후는 다카라다이메이진을 사자로 보내어 개전을 고했다. 이를 접한 고려국왕·대신·인민 등은 여자의 몸으로 공격해 온 것을 조롱했다. 이에 황후는 한주를 바다에 던지니, 바다는 갑자기 말라서 육지로 변하고 이국의 군병은 배에서 내려 일본의 배를 공격해 왔다. 여기서 황후는 만주를 던져 바닷물이 밀려들어 초목이 잠기고 적군은 물고기처럼 되고 집이 떠내려갔다. 이로 인해 이국의 왕과 신하는 "우리는 일본국의 개가 되겠다. 일본을 수호해서 매년 80척의 연공을 바치겠다"고 약속했다. 황후는 화살로 큰 바위 위에 "신라국의 대왕은 일본의 개다"라

을 모시게 되었다. 하치만신(八幡神)은 신라계 도래인 씨족인 하타 씨(秦氏)가 모시던 신으로 단치신(鍛治神)이다. 하치만신은 신공황후 전설과 관련해서 국가의 수호신으로 승격하고 겐지(源氏)의 씨족신으로 모셔지면서 무사들에게 숭상되고 전투적인 이미지가 강해진다.

고 쓰고 귀국했다. 신라에서는 돌의 명문을 말대(末代)의 수치라 여겨 태워 없애려고 했지만 점차 선명하게 되어 지금도 지워지지 않고 있다(家長三朗 外 1975, 170-176).

신공황후에 패한 신라의 왕의 입을 통해서 신라를 일본의 개로 표현하고 있다. 자국의 신성화가 극대화되면서 타국은 축생으로까지 전락한 것이다. 타국에 대한 축생관은 신라뿐 아니라 몽고에 대하여도 나타난다.『하치만구도쿤』"갑" 하(下) "항복사"(降伏事)에서는 "원래 또한 이국과 이 땅을 비교하면, 몽고는 개의 자손, 일본은 곧 신의 말엽(末葉)이다. 귀천이 서로 다르고, 하늘과 땅만큼 떨어져 있다. 신명과 축류가 어떻게 필적하겠는가"라는 표현이 나온다. 또한 고려를 무시하고 일본을 높이기 위해 "삼한은 중국에 속하지만, 일본은 아직까지 다른 나라에 속한 적이 없다"라고도 한다.

가마쿠라 막부는 몽고 침입에 대비하여 전국의 사사(寺社)에 이국 항복을 위한 기도를 명하고 있는데, 하치만궁은 오진(應神) 천황을 주신으로 하여 신공황후를 모시고 있는 관계로 국가의 수호신으로 여겨지고 있었기 때문에 신공황후 전설이 엔기에 들어간 걸로 여겨진다. 또한『하치만구도쿤』의 신공황후 이야기는 하치만엔기를 그림으로 표현한 하치만엔기에마키(八幡緣起繪卷)에서 또 다시 비약하여, 신라인을 오니(鬼)로 그리고 있다. '鬼'는 원래 고대 중국에서는 죽은 자의 영혼을 의미했으나, 일본 고대에서는 '모노'라고 읽혀서 초차연적인 무시운 존재를 의미했다. 헤이안 시대에 들어오면 '鬼'는 '오니'로 읽혀지게 되고, '모노노케'(物の怪)나 '야쿠뵤가미'(疫病神)에 대한 공포 및 불교에 나오는 '나찰'·'야차'·'아귀' 등의 관념과 결합하게 된다. 중세는 기근과 질병, 전쟁이 유행한 시대로 귀신, 요괴, 원령이 세상에 가득 찬 시대로 생각되었다.

가마쿠라 시대 말기에 오면 『하치만엔기에마키』나 『기요미즈데라엔기에마키』(清水寺緣起繪卷) 등의 사사엔기(寺社緣起)류나 『쇼토쿠타이시에덴』(聖德太子繪傳)에서 백제, 신라인이 오니의 모습으로 그려지고 있다. 타자나 이국인을 오니로 보고 정복의 대상으로 그리는 타자관이 본격화하고 있는 것이다(黑田日出男 1999, 18). 사원과 신사에서 기원과 내력을 기록한 사사엔기가 만들어지고 이 엔기는 다시 에마키로 그려진다. 즉 이야기가 에마키나 족자에 그려지고, 그림으로 설명되면서 이런 타자관이 민중 속에 파고 들어가 그들의 역사관 형성에 영향을 미치게 된다.

또한 신공황후 전설과 『하치만구도쿤』에 나오는 '진린'은 '가구라'(神樂)라는 가무(歌舞)로 재생산된다. '진린'은 오니의 요소와 금수관(禽獸觀)에 기초하여 생겨난 상상의 산물이다. '가구라'는 신도에서 신에게 봉납하기 위해 연주되는 노래와 춤으로, 신사의 제례 등에서 연주된다. 현재의 시마네 현에서 행해지는 이와미(石見) 가구라는, 늦어도 무로마치 시대 후기에는 행해지고 있었다고 하는데, 공연 가운데 '진린'과 '다케노우치'(武の內)라는 장면이 있다. 주아이 천황에게 퇴치되는 진린은 신라를 상징하고, 다케노우치는 신공황후의 삼한정벌 이야기를 다루고 있다.

그러나 중세의 사사엔기에 신라와 고구려가 반드시 하나의 이미지로 등장하는 것은 아니다. 14세기 하리마(播磨)의 히로미네사(廣峯社)와 미네아이야마(峯相山) 게이소쿠지(鷄足社)의 사사엔기를 보면, 히로미네사의 엔기에는 신라에 대한 고래의 외포(畏怖), 배척의 감정이 보이고, 미네아이야마 게이소쿠지의 엔기에는 신라왕자가 신공황후에게 능력을 인정받고 하리마에 불법을 전래하는 모습으로 나오기도 한다(井上舞 2009, 66-72). 그렇지만 몽고 침입을 계기로 부정적 이미지, 적대적 이미지로 편입되는 경향이 늘어난다는 것은 분명하다.

일본 중세에는 와카집, 설화집, 수필, 군기물 등 다양한 문학작품이 산출되는 가운데 문학은 더 이상 지식 계급의 전유물이 아니고 일반 서민에게까지 전파된다. 문학이 서민에게 다가가는 데 특히 중요한 역할을 한 것은 군기물로, 가마쿠라 시대에 나온 『헤이케모노가타리』와 무로마치 시대에 나온 『다이헤이키』를 들 수 있다. 『헤이케모노가타리』는 헤이케(平家)의 영화와 몰락을 그린 군기물로 비와호시(琵琶法師)가 전국을 돌며 비파를 연주하면서 민중들에게 들려주어 널리 퍼졌다. 또한 『다이헤이키』는 남북조 시대를 무대로 한 군기물로, 승려가 전국 각지를 돌며 다이헤이키를 읽고 강담하는 '다이헤이키요미'(太平記讀み)를 통해서 일반 서민에게도 퍼졌다. 이런 군기물에 『일본서기』의 신화나 전설이 가공되어 섞여들면서 결과적으로 고대의 신화 속의 타자상 — 신라, 고려에 대한 인식 — 이 민중에게까지 전파된다.

일본 중세에 있어서, 『일본서기』에 기초하면서 본지수적설(本地垂迹說) 등에 의거해 다양하게 해석된 신화, 전설들의 총칭으로 '중세일본기'(中世日本紀)라는 것이 나타난다. 아마노무라쿠모노쓰루기(天叢雲劍)에 관한 전설도 그중의 하나이다. 아마노무라쿠모노쓰루기는 천황가에 전해지는 삼종의 신기의 하나로 아쓰타신궁(熱田神宮)의 신체(神體)다. 『일본서기』와 『고사기』(古事記)의 전설에 따르면 스사노오노 미코토가 이즈모국에서 무찌른 야마타노오로치의 꼬리에서 나온 대도로, 야마타노오로치의 머리 위에 항상 구름이 걸려 있었기에 아마노무라쿠모(天叢雲)의 이름이 붙었다고 한다. 스사노오노 미코토는 이 검을 아마테라스 오미카미에게 바쳤고 천손강림 시에 니니기노 미코토에게 전해졌다고 한다.

『일본서기』 권27 덴지(天智)천황 668년의 기록에, 신라 승려 도교(道行)가 구사나기노쓰루기(草薙劍)를 훔쳐서 신라를 향해 도망갔는데, 도중에 비바람을 만나서 헤매다가 길을 잃고 돌아왔다는 이야기가 나온다(是歲. 沙門道行盜草薙劍, 逃向新羅. 而中路風雨. 荒迷而歸). 아쓰타신궁의 전승에는 신라승 도교가 아쓰타신궁에 참배했을 때, 세이세쯔몬(淸雪門)에서 내부로 침입하여 구사나기노쓰루기를 훔쳤다고 전한다. 이 짧은 전설은 헤이안 시대의 학자 오오에노 마사후사(大江匡房)의 『하코자키구키』(筥崎宮記)에서, 검이 스스로 도교에게 몇 번이나 도망치다가 아미타여래가 변신한 우사하치만(宇佐八幡)이 도교를 걷어차서 죽이고 검을 빼앗았다는 이야기로 각색된다.[10] 이 이야기는 『헤이케모노가타리』, "검"(劍)에도 나온다.

> 덴지 천황 7년에 신라의 승려 도교(道慶), 이 검을 훔쳐서 자기 나라의 보물로 하려고 몰래 배에 숨겨서 가는 도중에, 파도와 바람으로 배가 거세게 흔들려 갑자기 해저에 가라앉으려 했다. 즉 영검의 노여움이 내려서, 죄를 빌고 목적을 달성하지 못하고 원래 자리에 되돌려 놓았다(梶原正昭 外 1999, 224).

10_黑板勝美 編(1964, 67-68). "筥崎宮在ニ西海道筑前國那珂郡一. 盖八幡大菩薩之別宮也. 傳聞. 埋ニ戒定惠之三篋一. 故謂ニ之筥崎一. 其處之爲レ體也. 北臨ニ巨海一. 西向ニ絶域一. 爲レ防ニ異國之來寇一, 垂ニ跡此地一. 潮汐之聲, 常滿ニ宮中一. 坤艮卅餘里, 乾巽七八許里. 敢無ニ他木一. 只靑松而已. 長短次序. 敢不ニ參差一. 造化之功也. 年中恒例. 佛事神事. 有司存焉. 五月騎射. 八月放生會. 以レ之爲ニ重事一. 灵驗威神. 言語道斷. 非ニ紙墨之所一レ及. 康和二年. 有ニ三綵幡一. 出レ自ニ御殿一. 乘レ虛飛揚. 尋ニ其本體一. 應神天皇之神灵也. 我朝始書ニ文字一. 代ニ結繩之政一. 卽創ニ於此廟一. 論ニ其聖化一. 誰不レ受レ賜. 其母神功皇后爲レ討ニ新羅一. 幸ニ於此道一. 長降ニ敵國一. 每年進ニ八十艘調庸舟一. 三韓入貢. 百濟來朝. 仲哀天皇卽是大菩隆之考廟也. 稱ニ之三所一. 尋ニ其內驗一. 昔現ニ於行敎和尙衣上一. 非レ畫非レ字. 寫ニ弥陀三尊之像一. 然則本國之宗廟也. 異ニ他神灵後世之依怙一也. 期ニ彼迎接一. 五畿七道. 何國何土. 不レ奉ニ崇此神官一. 不ニ啻我朝一. 德及ニ遐方一. 高麗之國. 接レ境不レ犯. 若有ニ異心一. 瘴烔競起. 長元之間. 起レ兵欲ニ來侵一. 忽有ニ地震一. 所レ造之舟船. 皆破壞. 豈非ニ揭焉之驗一乎."

『헤이케모노가타리』의 다른 판본에서는 아쓰타묘진(熱田明神)이 스미요시다이묘진(住吉大明神)의 명으로 도교를 차서 죽이는 걸로 다시 각색된다.[11]

한편, 『다이헤이키』 권39 "신공황후공신라급사"(神功皇后攻新羅給事)에는 신공황후의 삼한정벌 이야기가 나온다. 아토베노이소라(阿度部磯良)라는 신이 오랫동안 바다에 있어서 추해진 얼굴을 부끄러워했으나 신공황후의 요청으로 지상에 모습을 드러낸 후 용궁성에 사자로 파견되어 천주(千珠), 만주(萬珠)를 빌려서 고려군과의 해전에 임한다. 신공황후가 바다에 천주를 던지자 바닷물이 밀려나가고 육지가 되어, 고려군이 배에서 내렸는데 다시 만주를 던지니 바닷물이 밀려와서 고려군은 모두 죽었다는 이야기로 나온다.

그러나 군기물이 지배층의 사상을 일방적으로 반영하고 있는 것은 아니다. 중세 일본의 서쪽 경계 지역인 규슈 남부의 제 섬은 기카이가지마(鬼界島)로 표현되었는데 가쿠이치본(覺一本)의 『헤이케모노가타리』에는 기카이가지마에 유배된 주인을 만나러 가는 하인 아리오(有王)의 이야기를

11_永井一孝 校訂(1910). "さても草薙劍をば宝殿を作りて置かれたりけるが, 夜な夜なに劍に光立つ. 知法行德の人ならでは見る事なし. 然も新羅の沙門道行といひける高僧の, 日本にたつ劍の光を見て, 帝にかたりければ, '何ともして彼の劍を取りて我に与へよ'と仰せありければ, 'さては取りて進らせ候はん'とて, 日本にぞ渡りにける. 尾張の熱田に詣でつつ彼の劍を七日行なひて盜み取りて, 五條の袈裟に包みて逃げける程に, 劍袈裟を突き破りて本の宝殿に返り入る. 二七日行なひて劍を取り, 七條の袈裟に包みて逃げけるに, 劍又七條をも突き破りて宝殿に返る. 道行尙立返りて, 三七日行なひて今般は, 九條に包みて出でける間, 袈裟をも破る事〔を〕得ずして, 筑紫の博多まで逃げ歸りたりけるを, 熱田明神, からぬ事と思召し, 住吉大明神を討手に下し, 道行を蹴殺して草薙劍を奪ひ取る."

통해서, 교토 사람이 생각하는 기카이가지마의 모습과 그곳에서 지낸 주인의 입을 통해 전해지는 기카이가지마의 모습이 대비된다. 교토 사람이 생각하는 기카이가지마는 사람이 살 곳이 못 되는데 주인이 이야기하는 기카이가지마는 다른 지역에 비해 뒤떨어지는 곳이 아니었다. 모노가타리 속에서 교토 귀족들의 변경 인식과 현실과의 차이를 보여 주고 있다(高橋公明 1995, 310-327).

중세 후기, 신국이라는 자기상의 극단적 비대와 동시에 축생으로 비유되는 타자상의 극단적 왜곡이 나타나는 요인으로 몽고 침입이라는 미증유의 국가적 위기를 간과할 수 없을 것이다. 그러나 몽고의 침입을 받은 나라는 일본만이 아니다. 더군다나 오랫동안 전 국토를 유린당한 고려와 달리 일본의 경우, 실제로는 몽고군이 규슈의 섬에만 상륙했을 뿐 토지와 사람이 거의 피해를 입지 않았다. 그럼에도 불구하고 신국사상이나 타자의 축생관과 같은 격렬한 증오심은 일본에서만 나타난다. 이러한 차이는 양국의 국제의식의 차이를 드러낸다고 볼 수 있을 것이다. 즉 자폐적인 외교 관계를 계속한 결과 타자를 판단하는 논리적인 시각이 결여되어 있었고, 그렇기 때문에 적국에 대한 공포심과 증오가 극도로 배증되었을 것이다.

전근대 일본인의 국제 의식이 민족의식에 의해 지탱되는 일이 적은, 상당히 미성숙한 단계에 머문 것은 대륙의 영향이 별로 없었던 섬나라에 있어서, 민족의 여러 계층을 하나로 묶는 공통된 과제 의식을 갖고 타민족과 대치하거나 혹은 민족이 함께한다는 경험이 부족했던 것, 그런 의미에서 민족적인 통일이 아직 미성숙했다는 점에 기인한다고도 볼 수 있을 것이다(村井章介 1988, 174).

V. 결론을 대신하여

에도 시대는 유학이 관학으로 발달하면서 유학자를 중심으로 중화주의적 세계관이 다시 나타난다. 그런데 중국을 중화로 여기는 고대의 화이사상과는 양상을 달리한다. 17세기에 일어난 명·청 교체로 인해 일본에서는 일본적 내부의 문화적 우위성을 주장하는 '일본형 화이사상'이 등장하고, 조선에서는 조선을 소중화로 여기는 '조선형 화이사상'이 등장하는 것이다. 각각 자신을 중화로 인식하고 상대를 자신보다 뒤떨어져 있다고 여기는 상호 멸시의 자타 인식이 강하게 드러나지만, 간과할 수 없는 것은 유교 문화라는 보편적 가치위에서 타자를 인식하는 점이다. 그러나 막말의 존왕양이(尊王攘夷) 운동과 근대의 민족주의 형성에 결정적인 영향을 끼치게 되는 것은 유학이나 불교와 같은 외래 사상에 반발하여 일어난 국학(國學)이었다. 대표적인 국학자인 모토오리 노부나가(本居宣長)는 '황국(皇國)의 옛 언어'를 가상(假想)하여 황국의 동질성을 강조하고, '자연의 신도'(自然之神道)라는 것이 일본 고대부터 존재한다고 주장하면서, 한자와 유교를 이국(異國)의 것으로 배척하였다. 이러한 국학의 대두는 '허구적 민족성'으로서의 언어 공동체적 동질성에 입각하면서 , '상상된 자연' 의 외부에 존재한다고 여겨지는 공동체를 경계 밖으로 배출하는 자타 인식을 생성하였다(가쓰라지마 노부히로 2009, 17).

그러나 근세 국학 자체가 직선적으로 근대의 민족주의로 연결된 것은 아니었다. 근대 민족주의는 언어, 혈연, 문화적 공동성에 기초한 전근대의 한정적인 공동체 귀속 의식을 문헌학을 통해서 재창조하고 파급하는 과정에서 형성되는 것이다. 그런데 일본의 경우, 중세에 형성된 배타적인 타자 인식이나 국학에서 드러나는 자국의 신비화 내지 절대화가 근대국가 건설

과정에서 중심 이데올로기로 자리 잡는다. 그 이유는 역시 일본의 근대화 과정의 특수성에 기인한다고 볼 수 있다.

마루야마 마사오는 "초국가주의의 논리와 심리"에서 메이지유신 이후의 근대화 과정에서 봉건적 권력의 다원적 지배가 천황을 향하여 일원화, 집중화하고, 권위와 권력이 일체화한 점을 지적한다(마루야마 마사오 1997, 48). 즉, 일본에서 중세 이후 천황은 의식을 주관하는 제사장의 성격이 강해지면서 정치권력과 분리된 권위의 상징으로 자리 잡았는데, 그것이 메이지유신 이후 다시 합쳐지면서 천황은 동서고금 진선미의 모든 가치를 체현한 존재가 되었다. 그리하여 모든 국가 질서가 절대적 가치체인 천황을 중심으로 하여 연쇄적으로 구성되고, 위로부터 아래로의 지배의 근거가 천황으로 부터의 거리에 비례하게 되었다는 것이다.

천황을 중심으로 거리가 멀어질수록 가치가 희박해지는 관념은 헤이안 시대 귀족들의 '정-예' 관념에서도 이미 나타났었다. 즉 천황이 가장 청정한 존재이고 천황을 중심으로 주변부로 갈수록 더러움에 가득 차 있다는 생각이다. 근대에 들어와서 천황에게 모든 가치가 집중되면서 이런 동심원 구조가 다시 살아나는 것이다.

> 천황을 중심으로 하고 그로부터의 다양한 거리에서 모든 백성들이 서로 돕는다는 것을 하나의 동심원으로 표현한다면, 그 중심은 점이 아니라 실은 그것을 수직으로 꿰뚫는 하나의 종축에 다름없다. 그리고 중심으로부터의 가치의 무한한 유출은 종축의 무한성에 의해 담보되어 있는 것이다. 이렇게 해서 바야흐로 초국가주의가 그려 내는 세계의 모습은 그 전모를 드러내게 되었다. 중심적 실체로부터의 거리가 가치의 규준이 된다는 국내적 논리를 세계로 확대할 때, 거기에서 "세계의 모든 국가는 각각 그 자리를 얻게 한다"는 세계정책이 나오게 된다(마루야마 마사오 1997, 63).

천황을 중심으로 하는 동심원 구조에서 천황은 개인으로 존재하는 것이 아니라 신대 이래 조상의 무구한 전통을 대변하고 있는 존재이다. 그렇기 때문에 중심으로부터 가치의 무한한 유출이 가능하고, 이런 논리가 전 세계로 확산될 때, 팽창주의 세계정책은 자연스럽게 나오게 되는 것이다. 이렇듯 근대 일본의 민족주의는 천황을 중심으로 한 통합의 원리를 통해 내부적 동질성을 구축하는 한편, 내부·외부의 타자에 대한 배제를 통해 '국민'의 내적 통합을 강화하는 방향으로 나아가게 된다. 천황이 고대 이래의 모든 역사와 전통, 가치를 체현하는 존재인 이상, 전근대의 기억은 근대적인 학술 제도에 의해 텍스트 속에서 다시 생명을 얻고 전 국민이 공유하는 기억으로 되살아나는 것이다.

4장

조선 후기 통신사행에 나타난 '중간자'와 '타자'

계미사행을 중심으로

조현우

I. 문제 제기

본고에서는 1763년에 이뤄진 계미사행(癸未使行)을 중심으로 일본 통신사행(通信使行) 과정에서 드러나는 서얼 문사들의 태도를 통해 조선 후기의 타자 인식을 살펴보고자 한다. 또 타자 인식은 결국 타자를 인식하는 주체에 관한 인식이기도 하다는 점에 착안해, 통신사행 과정에서 일본과 일본인에 대해 서얼 문사들이 어떤 위치를 선정하고자 노력하는가, 그리고 그런 위치 선정이 의미하는 바는 무엇인가를 세밀하게 파악해 보고자 했다.

잘 알려져 있는 것처럼 중국과 일본에 대한 사행(使行)은 조선조에서

• 이 글은 2008년 『고전과 해석』 제5집(고전문학한문학연구학회)에 실린 「조선 후기 通信使行에 나타난 '中間者'와 '他者': 癸未使行을 중심으로」를 수정, 보완해 실은 것이다.

공식적으로 경험하는 '타자' 인식의 기회였다. 그러나 중국으로 가는 연행(燕行)과 일본으로 가는 통신사행에 대한 참여자들의 태도는 상당히 달랐다. 통신사행은 전쟁의 공포로 인해 어쩔 수 없이 치러야 하는 의무였기에 그 수행원으로 선정되는 일은 연행의 경우와 달리 그다지 기쁜 일로 받아들여지지 않았다. 무엇보다 일본은 화이론(華夷論)에 젖어 있는 조선조 사대부들에게 여전히 '야만'의 땅이었고, 임진왜란의 상처를 떠올리게 하는 적들의 소굴에 불과할 뿐이었다. 그러나 시간이 흐르면서 전쟁의 공포가 잦아들자 일본의 문물에 대한 관심이 높아졌고, 그에 따라 '오랑캐'라고 무시했던 일본인과의 교류도 점차 증가했다. 그 과정에서 통신사행에 제술관과 서기로 참여해 일본인과 직접 대면했던 이들이 바로 서얼 계층이었다. 시문창화를 위해 특별히 선발된 서얼 문사들은 일본 각지에서 몰려든 일본 지식인들과 지속적으로 시를 주고받거나 필담을 나누면서, 조선과 일본 교류의 첨병 역할을 수행했다.

그러나 일본과의 문화 교류에서 중요한 역할을 담당한 서얼 문사들의 구체적인 의식을 다룬 연구는 그리 많지 않았다.[1] 이들이 남긴 기록 속에서 일본을 어떻게 인식하고 있는가에 대한 기존 연구는 대체적으로 화이론을 통한 접근이 주를 이룬다. 물론 조선 후기로 접어들면서 전통적인 화이론에서 벗어나 객관적인 일본 인식이 이뤄지고 있다는 연구도 존재하지만(김보경 2006, 260), 이런 연구 역시 큰 틀에서 본다면 화이론의 자장 안에 포함된다고 할 수 있다.

통신사행은 총 인원이 500명에 달할 정도로 대규모였으며, 그 구성원

1_서얼 문사들의 문화 교류에 관한 연구로는 이혜순(1996); 김경숙(2005); 구지현(2006)을 참고할 수 있다.

역시 다양한 계층으로 이뤄졌다. 삼사신과 같은 양반 사대부, 서얼·역관이나 의원 같은 중인 계층, 선원, 노비 등의 여러 계층이 어우러져 있었고, 그들이 맡은 임무 역시 다양했다. 그렇다면 이런 다양한 계층이 대면했던 타자로서의 일본, 그리고 그 경험을 통해서 새롭게 이해하는 자기 자신 역시 다양한 형태로 나타났으리라 짐작해 볼 수 있다.

지금까지의 연구들에서는 다양한 주체의 경험보다 주로 화이론의 측면에서 '조선 대 일본'이라는 이분법적 구도로 접근해 왔다. 그러나 사대부들이 일본으로의 통신사행을 기피하거나 명령에 의해 참여했더라도 나라의 명예를 세운다는 '명분'에 집착했던 것과는 달리, 서얼 문사들은 차별이 없는 세계에서 문명을 떨칠 수 있는 기회로 여겼다는 점을 고려할 필요가 있다(김경숙 2005, 217). 따라서 본고에서는 계미사행에 참여했던 서얼 문사들의 경험에 초점을 맞추면서 이들이 어떤 자세로 통신사행에 임했는지, 그리고 그들이 취한 태도 속에는 어떤 타자 이해와 주체 인식이 드러나는지를 집중적으로 살펴보고자 한다.

이런 연구는 궁극적으로 조선 후기의 다양한 대내외적 상황 변화에 따라 생겨난 새로운 '타자' 인식을 드러내는 데 도움이 될 것이다. 중국으로부터 보편 문명을 수용하여 적용하는 것에 그쳤던 조선 전기와는 달리, 조선 후기 지식인들은 명·청 교체와 일본과의 불가피한 교류라는 상황 변화로 인해 어떤 방식으로든 스스로를 규정해야만 했다. 이 과정에서 조선 후기 지식인들은 보편 문명의 '유일한' 계승자이면서 이를 야만의 나라에 전달하는 주체로서 자기 자신을 규정했다. 그리고 이와 같은 주체 규정은 타자로서의 일본과 일본인을 어떻게 바라보는가의 문제와도 직결된다. 앞으로 살펴보겠지만, 조선 후기 지식인들이 처한 이와 같은 이중적 지위를 웅변적으로 드러내 주는 계층이 바로 통신사행에 제술관과 서기로 참여했던 서얼이다. 서얼은 신분 질서를 엄격히 규제한 보편 문명의 피해자이면서 동시에, 바로 그 문명의 '내면화'를 통해 일본인들에게 자신의 재능을 과시했었다는 점에서 '문명과 야만'에 대한 이중적이고 복합적인 태도를 가장 잘 담고 있는 계층이기 때문이다.

이 같은 점에 착안하여 본고에서는 '문명과 야만'의 관계를 조선 후기 통신사행에 참여했던 서얼 출신 문사들의 시각과 관점에 초점을 맞추어 살펴보고자 한다. 이를 위해 신유한(申維翰)의 『해유록』(海遊錄), 조엄(趙曮)의 『해사일기』(海槎日記), 남옥(南玉)의 『일관기』(日觀記), 원중거(元重擧)의 『승사록』(乘槎錄), 성대중(成大中)의 『일본록』(日本錄) 등의 조선 후기 사행록을 대상으로 삼을 것이다.

II. 불화와 괴리: '구별 짓기'의 욕망과 공포

통신사행 과정에서 일본인들의 시 수창 요구가 점점 증가하자, 조선에서는 제술관과 서기에 서얼 문사들을 등용하여 이들로 하여금 통신사행에서 일본인들과 시를 수창하는 임무를 맡겼다. 여기에는 조선의 우수한 문화를 '오랑캐'인 일본에서 뽐냄으로써 국위를 선양하겠다는 의도와 '문학적 교양'이 보편화되지 못했던 일본의 사정이 충분히 고려되었음은 물론이다(김태준 1978, 781-782). 따라서 제술관과 서기로 임명되는 문사들은 당대에 문장으로 이름을 날리던 사람들이 선발되었고, 선발된 사람 역시 상당한 자부심을 갖고 있었다.[2]

임진왜란 이후 이뤄진 총 열두 차례의 통신사행 중 열한 번째로 이뤄진 계미사행에는 제술관과 서기 세 명이 참여하여 일본인들과 많은 수의 시문을 주고받았다. 남옥·성대중·원중거·김인겸은 당대에 문명(文名)을 떨치던 사람들이었고, 자신들의 임무에 대한 자부심도 상당했다. 그런데 계미사행에서는 중인 출신인 역관·의원과 서얼 문사 사이의 갈등이 표면화되었는데, 이런 갈등은 통신사 일행에서 역관과 서얼 문사들이 수행하는 역할 및 위상과 관련된다.

> 나와 사집(성대중)이 눈을 보호하려고 장막 뒤에서 잠깐 쉬다가 역관 이명화로부터 능멸을 당했다. 흰 머리 나이로 고달프고 힘이 없으니 가히 서럽다. 부방과 삼방에게 아뢰고 돌아가 또한 상방에게 아뢰었다(승사록 1763년 9월 9일).

> 역관 이명화가 와서 사과했으니, 대개 삼방이 모두 엄하게 꾸짖었고 그리고 그들 안에서도 공론이 일었던 때문이었다. 나와 두 벗이 모두 좋은 말로 어루만지고 또 꾸짖어서 안심시켰다(승사록 1763년 9월 12일).

위의 두 인용문은 서얼 문사와 역관 사이의 갈등 양상을 보여 주는 예인데, 이를 통해 서얼 문사들이 통신사 일행에서 차지했던 위상을 짐작할 수 있다. 역관 이명화(李命和)는 계미사행에서 '차상통사'(次上通事)로 참여한 인물로 역관 내에서도 그다지 높은 위치에 있었던 사람은 아니다. 다만, 그의 형인 이명윤(李命尹)이 '수역'(首譯)이었기 때문에 이를 믿고 서얼 문사들을 무시하는 행동을 했던 것으로 추정된다. 위의 인용문을 보면 결국 이명화가 찾아와 자신의 잘못을 사과했다는 점에서 서얼 문사들이 승리한 것

2_『통문관지』(通文館志)에서는 '제술관'을 선발하는 기준에 대해 "문재가 있는 사람을 골라 보낸다"고 규정하고 있다(通文館志 권5, "交隣" 下: "有文才者擇送").

처럼 보인다. 그러나 속사정을 들여다보면 반드시 그런 것만은 아니다. 서얼 문사들은 차상통사에 불과한 역관에게 모욕을 당하더라도 독자적으로 그를 제어할 만한 힘이 없어 삼사신의 권위를 빌려야만 했다. 또 사과하기 위해 찾아온 이명화를 마냥 꾸짖지 못하고 "좋은 말"로 달래서 보내야 했다는 점에서, 역관에 대해 확고한 우위를 차지하지 못하고 있음이 드러난다.

그런데 서얼 문사들은 통신사행 내내 역관이나 의원과 같은 전통적인 중인 계층에게 지속적인 '모욕'을 받아야만 했다.[3] 뿐만 아니라 선원이나 사령과 같은 중인 이하의 계층에게도 무시를 당하는 일이 흔하게 벌어졌다. 계미사행에 참여한 네 명의 서얼 문사들은 모두 사행록을 남겼는데, 그 기록에는 통신사행 과정에서 그들이 겪어야 했던 모욕과 그에 대한 울분이 곳곳에 담겨 있다. 일본인들은 통신사행 일행의 지위에 따라 대우를 달리했는데, 원중거는 이에 대해 "제술관을 상판사로 취급하고 서기 명칭은 상관(上官)이지만 실제로는 중관(中官)의 법식으로 대우한다"(승사록 1763년 1월 6일)고 탄식했다. 이와 같은 탄식에는 서얼 문사들의 위상에 관한 주관적 판단과 객관적 현실 사이의 '괴리'가 잘 드러나 있다.

> 사상이 네 사람을 모이게 하여 흔쾌히 정성스러운 마음을 보여 주시고 정의가 서로 부합하기를 기약하셨다. 대개 제술관과 서기는 본래 백의로 종행하므로 이름이 빈좌(賓佐)에 있으니, 처음부터 문법으로 구애할 수 없고 또한 사율(師律)로도 속박할 수 없다. 준조(尊俎)의 선비들이 여유 있고 편안하니 족히 문물을 아름답게 장식하고 남다른 풍속을 현양할 수 있었다. 그런데 인재가 점점 낮아지고 세

3_원중거는 위에 인용한 사건 이후에도 역관 이명화, 의원 남두민(南斗旻)과 다툼을 벌인다. 이들에게 모욕을 당했다고 생각한 원중거는 이들을 꾸짖고자 했지만, 이때에도 독자적으로 행하지 못하고 삼사신에게 고함으로써 뜻을 이룬다(승사록 1763년 12월 13일).

> 상의 수준이 점점 떨어져서 혹은 문법으로 구애하고 사율로써 속박하니, 역관이 능멸하고 명목이 혼란스러워지게 된 것이다(승사록 1763년 11월 6일).

위의 인용문은 부산에서 일본으로 떠나기 직전 일어났던 사건에 관한 기록이다. 선장인 김귀영이 원중거를 모욕하는 사건이 벌어졌고, 원중거는 이 일로 상처를 받아 통신사행에 불참하겠다는 의사를 표명하고 떠나 버린다. 남옥과 성대중은 그를 쫓아가 작별 인사를 하고 돌아와 자신들도 떠나겠다는 의지를 표명한다. 그러자 정사(正使)인 조엄은 선장을 꾸짖는 한편, 사람을 보내 원중거를 설득하여 돌아오게 한다. 그 후 조엄은 서얼 문사 네 사람을 불러 모아 위로했던 것이다. 이 기록에서 서얼 문사의 위상과 관련하여 눈여겨볼 만한 지점이 발견된다. 남옥은 제술관과 서기는 본래 "백의로 종행하는" 사람들이어서 법으로 구속할 수 없으며, 또 그렇기 때문에 선비들이 풍속을 교화할 수 있었다고 지적한다. 즉, 최근의 어지러움은 법으로써 선비를 구속하는 일에서 비롯되었다는 생각이다.

그러나 이런 생각에서 드러나는 것은 제술관과 서기가 법의 '내부'에 안정적으로 존재하지 않는다는 사실이다. 그가 공격하는 '법'이란 사실 통신사행에 대한 일련의 규정을 의미한다. 통신사행은 그 구성과 절차, 가져가는 세세한 품목에 이르기까지 이미 정해져 있는데, 문제는 그 규정에 서얼 문사들의 위상에 관한 내용이 존재하지 않는다는 점이다. 그 이유는 제술관이나 서기가 나날이 증가했던 일본 측의 시문창화 요구에 부응하기 위해 만들어졌던, 공식적으로는 존재하지 않았던 임시 직책이기 때문이다. 그리고 이런 사정은 서얼 문사들의 참여 이유나 위상에 관한 시각차를 야기하는 원인이 된다.

근래에는 글에 대한 왜인들의 열의가 더욱 왕성해져 우리나라 사행이 들어가면 그 문예를 흠모하여 모여드는 사람들이 무리를 이뤄 '학사대인'이라고 부르면서 시를 구한다, 글을 청한다 하여 거리가 꽉 차고 문이 메곤 한다. 그런 까닭으로 그들의 청을 받아 주며 우리나라의 높은 문화 예술을 빛내는 것이 제술관에게 달렸으니, 그 일이 번다하고도 책임이 중대하다(해유록 서문).

원역으로 말하면, 군관(軍官)을 이름 있는 무관으로 한 것은 변방 사정에 익숙한 자를 하려 한 것이요, 자제를 데리고 간 것은 친속(親屬)끼리 서로 의지하게 하려 한 것이며, 장사(壯士)를 데리고 간 것은 그 용맹과 힘을 남에게 보여 주려고 한 것이요, 제술관(製述官)과 서기(書記)를 데리고 간 것은 문자(文字)를 수응하게 하려 한 것이며, 왜역(倭譯)과 한역(漢譯)을 데리고 간 것은 언어를 서로 통하게 하려 한 것이요, 의원을 데리고 간 것은 그 병을 치료하게 하려 한 것이며, 사자관(寫字官)·화원(畫員) 및 별파진(別破陣)·마상재(馬上才)·전악(典樂)·이마(理馬)를 데리고 간 것은 기예(技藝)를 어느 것이나 이웃 나라에 지지 않게 하려 한 것이다(해사일기 1763년 8월 3일).

첫 번째 인용문은 9차 통신사행인 기해사행(1719)에 제술관으로 참여했던 신유한의 『해유록』에 나오는 글이고, 두 번째 인용문은 계미사행의 정사였던 조엄의 『해사일기』에 나오는 글이다. 이 두 글은 제술관과 서기의 임무에 관한 미묘하고도 흥미로운 시각차를 보여 준다. 먼저 조엄의 글에서 제술관·서기의 임무는 '문자 수응', 즉 일본인들과의 시문창화로 명확하게 규정된다. 이는 신유한의 글에서도 마찬가지이다. 그러나 그 임무의 의의에 관해서는 사뭇 다르게 평가되는데, 먼저 신유한은 일본인과의 시문창화가 조선 문화의 우월함을 입증한다는 점에서 중요한 의미가 있다고 평가한다. 그러나 조엄의 경우, 원역(員役)의 업무를 나열하면서 장사·군관·역관·화원 등과 '함께' 제술관·서기를 포함시킨다. 이는 그가 시문창화를 마상재나 화원 등의 임무와 그리 다르지 않은 위상으로 파악하고 있음을 보여 준다.[4] 그에게 시문창화란 통신사행에서 이뤄져야 하는 여러 가지 일들 중 하나였을 뿐이고, 따라서 제술관과 서기도 역관·의원·선원 등과 마찬가지로 전체 사행에 필요한 원역 중 하나일 뿐이었다.

신유한과 조엄의 글은 제술관과 서기, 그리고 그들이 맡은 시문창화에 관한 시각 차이를 선명하게 보여 준다. 시문창화를 직접 담당했던 서얼 문사들은 자신들의 임무가 국위를 선양하고 오랑캐에 불과한 일본인들에게 앞선 '문명'을 전달하는 것이기에 통신사행에서 가장 중요한 역할이라고 자부하고 있었다. 그러나 그들을 제외한 인물들에게 시문창화란 일본인들의 요구에 의해 포함시킨 것으로, 다른 임무와 별반 다를 것이 없었다. 그런 점에서 남옥이 짧은 시간 내에 너무 많은 시를 지었기에 질 낮은 시를 양산했음을 스스로 부끄럽게 여기면서, "저 화원이나 의원, 활 쏘고 말 달리는 자와 무엇이 다르겠는가"[5]라고 탄식했던 일은 의미심장하다. 이런 탄식 속에는 각종 기예(技藝)를 선보이는 사람들과 시문창화를 맡은 자신은 무엇인가 다르다는 자부심과, 현실적으로 정말 그들과 자신이 다른 것이 있는

4_이와 조금 다른 맥락에서이기는 하지만, 계미사행에서 서얼 문사들이 "지식인층의 문학적 유희를 담당"했으며, "일본 문사와의 창수는 시적인 수준보다 창수 행위 자체가 중요한 것"이었다고 지적된 바 있다(구지현 2006, 308). 이런 분석은 계미사행에서 서얼 문사들의 시문창화가 문화적 우월함을 과시한다는 본래의 취지에서 벗어나 예인(藝人)들의 볼거리와 그리 다르지 않은 위상을 가지고 있었음을 보여 준다.

5_"문사(文辭)를 하는 자는 기예 중에서도 도(道)에 가까운 자들이다. 그런데 지금 그들로 하여금 오랑캐에게 수응해서 지식을 자랑하고 재주를 뽐내게 하니 저 화원, 의원이나 활 쏘고 말 달리는 자와 무엇이 다르겠는가. …… 다른 풍속에다 우리의 추악함을 드러내서 영원히 비웃음을 전하게 하니, 나라를 빛나게 하고자 한 것이 도리어 나라를 욕되게 한 셈이 되고 재주를 과시하고자 한 것이 도리어 재주를 더럽히는 것이 된 셈이다"(일관기 권10 총기).

가 하는 두려움이 함께 존재하기 때문이다. 이런 두려움은 '우리'가 '그들'과 달라야 한다는 강박적 사고와 행동으로 표출된다.

> 세 사상이 각각 배 한 척씩에 탔으며, 국서를 싣는 배가 하나였고, 세 수역이 각각 한 척씩 탔고, 상판사가 탄 배가 두 척이었다. 사상께서 명령을 내리시어 제술관으로 하여금 국서를 실은 배에 타도록 하셨다. 그런데 국서를 실은 배에는 이미 앞서 국서를 모신 비장들이 떼를 지어 타고 있었는데 배 위에서 배를 부르게 하여 뒤좇아 가려 했으나 저들과 우리의 통사가 모두 없었기 때문에 언어가 통하지 않아서 마침내 미치지 못했다. 조금 있다가 최홍경이 작은 배를 타고 와서 장차 그의 누선에 타려 하다가 손을 흔들어 우리들을 불러 내려오게 하고 함께 배를 타자고 했다. 그런데 그 배의 머리를 보니 상판사의 깃발이 꽂혀 있었으니 저 나라 사람들이 모두 역관이 탄 것인 줄 알 것이었다. 우리 세 사람이 이미 국서를 실은 배와 세 사상이 타신 배에 미치지 못했으니 차라리 작은 거룻배를 구해서 함께 타는 것이 역관의 배를 타고 좇아가 다른 나라 사람들이 구경하는 것보다는 나을 것 같아서 마침내 서로 의논하여 내려가지 않고 최홍경에게 작은 거룻배를 구해줄 것을 부탁하니 홍경이 대답을 하지 않고 가버렸다(승사록 1764년 1월 20일).

> 사상께서 우리 무리가 짐짓 모가 나서 다른 사람들과 다르게 행동을 한다고 여기셔서 엄하게 책망을 하셨다. 나는 변명을 하느라고 입 밖으로 나가는 말이 위태로움을 지나쳤음을 깨닫지 못하고 말았다. 이에 사상의 노여움에 몹시 저촉되고 말았다(승사록 1764년 1월 21일).

조선에서 출발한 여섯 척의 배는 해로를 통해 오사카(大阪) 근처의 가와구치(川口)라는 하구(河口)에서 일본의 배로 갈아타게 된다. 그 이유는 조선의 배가 대형의 판옥선이기에 내륙의 하천을 다닐 수 없기 때문이다. 위의 인용문은 바로 이렇게 조선의 배에서 일본 배로 갈아타는 상황에서 벌어진 사건이다. 사건의 발단은 제술관과 서기를 맡은 서얼 문사 네 명(남옥·원중거·성대중·김인겸)이 타기로 되어 있던 국서선(國書船)을 놓치면서 생겨난다. 첫 번째 인용문에서 보듯, 정사·부사·종사관의 삼사신이 각각 한 척씩에 타고, 세 명의 수역도 마찬가지로 각기 한 척씩을 차지한다. 나머지 역관·의원 등이 두 척에 나누어 탔다. 이 시점에서 문제는 서얼 문사들이 배를 놓친 후 역관 최홍경의 동승 요구를 거절했다는 점이다. 원중거는 그 배가 역관을 위한 것이어서 일본인들이 자신들을 역관으로 오인할 것이라는 점을 이유로 동승을 거부한다. 즉 원중거를 비롯한 서얼 문사들은 역관처럼 보이거나 그렇게 오인되느니 차라리 배를 타지 않는 편을 선택했던 것이다.

이와 같은 서얼 문사들의 행동에 대해 부사였던 이인배는 원중거에게 "모가 나서 다른 사람들과 다른" 행동을 한다고 질책한다. 그런데 여기서 서얼 문사들의 태도에서 흥미로운 점을 발견하게 된다. 이들은 스스로를 "우리 무리"라고 부르면서 '다른 무리'와 자신들을 구분하여 지칭한다. 서얼 문사들은 질책을 들으면서까지도 다른 무리와 자신들이 차별적인 존재임을 부각시키고자 노력한다.[6] 그렇기에 단지 역관으로 오인받을 수도 있다는 생각 때문에 역관의 배에 오르기를 거부하고 있는 것이다. 이런 서얼 문사들의 행동은 강렬한 '구별 짓기'의 욕망을 보여 준다. 즉 역관 집단과 자신들의 집단이 서로 다르며 또 달라야만 한다는 점을 강조하는 것이다. 그

6_제술관 남옥과 서기인 원중거·성대중·김인겸 등 네 사람은 처소를 정할 때에도 늘 같은 곳에 정할 정도로 '함께' 행동하는 모습을 보인다. 원중거는 이를 두고 "우리 네 사람은 일찍이 한 참에서도 떨어지지 않았다"(승사록 1764년 2월 16일, "吾四人未嘗一站相離")고 표현할 정도였다. 그러나 이러한 '무리 짓기'의 행태는 그 자체로 자신들이 다른 집단과 구분되기를 열망하는 태도로 이해할 수 있다.

러나 그와 같은 행동 속에는 역으로 과연 '그들'과 '우리'가 정말 다른가 하는 의심이 포함되어 있다. 다름을 강조하는 일은 사실 같을지도 모른다는 무의식적인 공포의 소산이기 때문이다.

> 대개 서기에는 또 향서기가 있어 삼방에 각 한 명씩을 각 읍에서 수를 채우고 사행을 따라가게 했기 때문에, 각 읍 사이에 우리를 무반들의 처지로 상당히 잘못 아는 것이 더욱 심했다. 내가 참고 지나갈 수 없는 것은 아니었으나, 다만 부산에서 장차 오래 머물 것이고 각 읍에서도 모두 도착할 것인데 그 모양이 모두 비슷할 것이기 때문에, 할 수 없이 이런 일을 한 것이다. 또한 알 수 없구나, 향서기가 가짜이면서 진짜를 어지럽힌 것인지를(승사록 1763년 8월 22일).

위의 인용문은 원중거가 부산에 도착할 무렵 일어난 사건에 관한 기록이다. 원중거는 자신에게 무례한 사령에게 곤장을 치고자 하지만, 사령들은 그의 말을 무시하고 듣지 않았다. 우여곡절 끝에 이들을 곤장으로 다스리자, 이들은 "서기도 양반인 것을 처음 알았다"는 말을 남기고 사라진다. 원중거는 이 사건에 대해 서기의 직책이 중인인 향서기와 오인되어 이와 같은 일이 벌어졌다고 지적한다. 하지만, 뒤에 이어지는 질문을 감안하면, 원중거의 고민은 단순히 '서기'와 '향서기'라는 명칭의 유사성 문제에 그치지 않는다. 원중거는 "향서기가 가짜로서 진짜를 어지럽힌 것인지 알 수 없다"는 심각한 질문을 스스로에게 던지고 있기 때문이다.

원중거의 이런 자문은 자신이 정말 '진짜'(眞)인가에 대한 질문이다. 자신은 스스로를 양반의 피를 이어받은 사람이라고 자부하고 있지만, 세상에서는 그렇게 받아들이지 않는다. 서얼이란 양반의 피가 '반'임을 의미한다. 서얼이 스스로 역관 무리와 다르다고 자처하고 시문(詩文)에 몰두하는 일은 자신들에게 있는 양반으로부터 온 '절반'을 드러내기 위함이다.[7] 그러나 그것은 동시에 그들이 불완전하며, 심지어 '가짜'(贋)로 여겨질 수도 있음을 아프게 드러낸다. 절반은 언제나 나머지, 즉 그렇지 않은 절반을 떠올리게 만들기 때문이다. '서얼' 문사라는 호칭은 그런 점에서 그들에게 숙명처럼 존재하는 '양반 아닌 절반', 불완전한 절반에 대한 유표적인 호칭인 셈이다.[8]

이런 사정을 고려할 때, 통신사행에서 시문창화를 굳이 서얼 출신의 문사들에게 담당하도록 했다는 점은 새삼스럽게 다가온다. 7차 통신사행이었던 임술사행(1682)부터 조선과 일본의 문사 교류가 급속도로 증가했지만, 이 당시의 삼사신은 일본 문인과의 교류에 별다른 관심을 보이지 않았다. 그 결과 일본 측의 불만이 제기되자, 조선은 1711년의 8차 사행부터 기존의 제술관에 세 명의 서기를 보강해 시문창화를 전담토록 했다(이혜순 1996, 37-41). 여기서 주목해야 할 점은 두 가지이다. 첫 번째는 제술관과 서기가 서얼 출신으로만 구성되었다는 점이고, 두 번째는 8차 사행 이후로도 삼사신은 일본 문사와의 교류에 무관심했다는 사실이다. 이런 사정은 '온전한' 양반 사대부인 삼사신이 '오랑캐'이자 '야만인'으로 여겨졌던 일본 문사들

7_"남들로부터 자신을 구별하여 두드러지게 하는 것이 계급분화와 계급 구조를 유지하는 기본 원리 중의 하나"(피에르 부르디외 2005, 11)라는 '구별 짓기'(Distinction)의 개념을 기억한다면, 서얼 출신 문사들의 유난한 시문 애호는 자신들의 계급적 기반을 증명하고자 하는 노력의 일환으로 이해할 수 있다.

8_여기서 서얼 문사들에게 존재하는 '양반으로부터 온 반(半)'이란 물론 비유적인 표현이다. 생물학적으로 본다면, 서얼끼리 혼인할 경우, '순수한' 양반의 혈통은 '반 이하'가 될 수 있다. 따라서 이와 같은 비유는 그들이 서얼로서 존재하게 된 원초적 조건에서 '양반'과 '非-양반'이 각각 '반'이었음을 기억하기 위함이다. 이는 '서얼'(庶孼)이란 명칭 자체와도 관련된다. 주지하듯, 서얼이란 그 어머니의 신분에 따라 '서자'와 '얼자'로 나뉜다. 이런 명칭은 그 자체로 '양반 아닌 반'을 드러내기 위한 것이라고 할 수 있다.

과 '직접' 대면하는 일에 소극적이었음을 보여 준다.[9] 따라서 '반(半) 양반'인 서얼 문사들을 시문창화 임무에 종사하도록 한 일에는 서얼이 '온전한' 양반이 아니라는 생각이 분명 포함되어 있었다. 서얼 출신 문사들은 이런 속사정을 누구보다 잘 알고 있었다. 서얼 문사들이 통신사행 기간 내내 역관과 갈등하고 반목했던 이유는 결국 주관적으로 파악하는 정체성과 그들을 바라보는 객관적인 평가 사이의 '괴리' 때문이었다고 할 수 있다.

III. 순수와 음험: '야만'의 두 얼굴

통신사행에 참여한 사람들은 일본의 아름다운 자연이나 풍부한 물산 등에 감탄하면서도 대체로 일본 문화에 대해서 부정적인 시선을 드러낸다. 계미사행은 총 열두 차례의 통신사행 중 거의 마지막인 11차 사행이면서 임진왜란부터 거의 150년이 지난 시점임에도 통신사행의 구성원들은 여전히 일본과 일본인들을 '왜'와 '왜인'으로 지칭하면서 그들을 '오랑캐'로 취급한다.

1719년의 기해사행에 제술관으로 참여했던 신유한의 『해유록』에는 이

9_물론 이러한 태도는 삼사신과 제술관·서기가 맡은 임무가 다르다는 점 때문이기도 하다. 삼사신이 주로 대마도주나 태학두와 같은 고위층을 만나고 양국 사이의 현안을 다루는 일에 치중한 반면, 제술관과 서기는 애초에 시문창화 자체를 위해서 만들어진 직책이기 때문이다. 그러나 분명한 사실은 일본 측의 요구로 시문창화가 '확대'되었다는 점이고, 그 과정에서 사대부 계층 대신 서얼 문사가 그 일에 투입되었다는 점이다. 또한 시작(詩作)에 충분한 능력이 있음에도 삼사신이 극도로 제한된 인원에게만 시를 지었다는 점 역시 확인된다.

와 같은 조선인들의 태도에 대해 일본인들이 갖는 불만이 기록되어 있다. 대마도의 기실(記室)이었던 우삼동(雨森東)은 신유한에게 자신들을 '왜'라고 부르지 말고 '일본'으로 불러 줄 것을 요구한다. 신유한이 이를 임진왜란의 영향으로 돌리면서 무마하긴 했지만, 일본인들이 '왜'라는 이름에 반감을 갖고 있었음이 분명하게 확인된다.[10] 『해유록』이 이후 통신사행에 참여하는 사람들에게 필독서처럼 읽혔다는 점을 감안하면, '왜'라는 호칭이 갖는 외교상의 위험성은 충분히 알려졌다고 할 수 있다. 그럼에도 계미사행의 참여자들은 여전히 왜와 왜인이라는 호칭을 사용하면서 일본과 일본 문화에 대한 멸시감을 감추지 않는다.

일본인과 일본 문화에 대한 멸시는 그들의 언어, 풍속, 외모, 옷차림, 관직 체계 등 거의 전 방위에 걸쳐 있다. 그러나 전반적인 멸시 중에도 간혹 일본인에 대한 긍정적인 시선을 찾아볼 수 있으며, 반대로 통상적인 멸시를 넘어서서 거의 증오에 가까울 정도로 혹평하는 대상도 찾아볼 수 있다. 그렇다면 이 같은 인정과 미움의 원인과 조건은 무엇인지 살펴볼 필요가 있다.

10_신유한은 다음과 같은 우삼동의 언급을 『해유록』에 남기고 있다. "일본과 귀국이 바다를 사이에 두고 신의(信義)가 서로 맞아서 우리나라 사람들이 모두 조선 국왕이 과군(寡君)과 서로 공경하는 예의(禮儀)로 국서를 통하는 것을 알기 때문에 공사(公私)의 문서에 반드시 극히 높이는데, 귀국 사람의 저술한 문집을 보면 그중에 말이 우리나라에 관한 것은 반드시 왜적(倭賊)이니 만추(蠻酋)니 하여 추하게 여기고 멸시함을 함부로 한 것이 차마 말도 할 수 없는 것이 있으므로 우리 문소왕(文昭王)이 말년에 우연히 조선의 문집을 보고 매양 여러 신하들에게 이르기를, '어찌 조선이 우리를 모욕함이 이 지경에 이를 줄을 알았겠는가' 하면서 평생토록 한을 품었는데, 오늘날 여러분이 과연 이 뜻을 아시오?"(해유록 문견잡록).

> 속옥(粟屋)이라는 올해 열한 살 난 계집애가 있는데 큰 글씨를 곧잘 써서 두어 장을 우리 사관에 들였다. 홍법체를 본받아 썼는데 글씨가 힘이 없어 죽은 뱀처럼 제대로 되지 못했지만 어린 계집애로서는 기특한 일이기에 나는 짧은 서문을 지어 그 첫머리에 써서 돌려주었다(해유록 1719년 11월 29일).

> 신농주의 여섯 살짜리 앵정구십구가 와서 큰 붓을 놀리며 초서를 썼는데 휘둘러 뿌리는 것이 몹시 기이했다. 그 아버지가 따라와서 벼루를 받들었는데 어리석고 별 볼 일 없는 상놈이었다. 아이는 사람됨이 몹시 총명하고 빼어났다(승사록 1764년 2월 19일).

신유한의 『해유록』에는 글씨를 곧잘 쓰는 '속옥'이라는 여자아이에 관한 짧은 언급이 실려 있다. 그런데 이 내용은 강호(江戶)에서 전명(傳命)을 마치고 돌아오는 길인 1719년 11월의 기록이다. 신유한은 11월에 15·18·19·22·27·29일에만 기록을 남겼다. 즉 그 이전에 매일 같이 기록을 남기던 것과는 달리 점차 기록이 뜸해지던 시기였다. 29일의 기록 역시 위에 있는 속옥의 일화 말고는 별다른 사건이 없었다는 점에서 속옥과 관련된 일이 신유한에게 기록할 만한 어떤 의미가 있었음을 알게 해준다. 원중거의 『승사록』에 등장하는 일화는 신유한과 서로 다른 시간대의 사행에서 기록되었지만 상당히 유사한 내용으로 이뤄져 있다. 이 일화에서 원중거는 글씨를 쓰는 아이를 긍정적으로 바라보는 반면, 그 아이를 데리고 온 아버지에 대해서는 상당히 부정적으로 기술하고 있다.

서얼 문사들의 기록에는 위의 두 인용문처럼 '어린아이'와 관련된 일화가 곧잘 등장한다. 이는 일차적으로 조선 문사와의 교류가 당시 일본에서 무척 중요한 의미로 받아들여졌음을 의미한다. 즉 일정한 재주를 가진 어린아이를 데리고 와 조선 문사에게 인정을 받는 일이 굉장한 영광으로 여겨졌던 것이다. 그러나 그와는 별개로 이들을 만난 일이 왜 서얼 문사들에게 기록할 만한 사건이었는가에 대해서는 생각해 보아야 할 지점이 있다. 이와 같은 기록 속에는 조선이 그리고 서얼 문사가 일본과 일본인을 보는 심정과 관점이 상징적으로 함축되어 있는 것처럼 보이기 때문이다.

가령 신유한의 기록에서 속옥이라는 여자아이에 대한 평가는 곧바로 일본인에 대한 평가로 이어질 수 있다. "열한 살 난 계집애"가 진정한 문명의 상징인 문자를 "본받아 썼는데" 그 수준이 "제대로 되지 못했지만" 그것 자체로 "기특한 일이기에" 평가하는 내가 글로써 치하해 준다는 것이다. 이런 내용 속에는 무엇보다 일본인을 '어린아이'로 보면서, 그들이 보편 문명을 배우려는 노력은 치하하지만 그 수준은 보잘것없다는 관점이 깔려 있다. 또 그런 기록 속에서 서얼 문사들이 자신을 일본인과 대등한 '교류'의 당사자가 아니라, 야만인으로서의 일본인을 '가르치고' '평가하는' 위치로 정립하고 있음을 보게 된다. 다시 말해 일본과 일본인은 '어린아이'로, 그들을 바라보는 조선과 서얼 문사는 '스승'의 위치에 서게 된다. 이렇게 될 때 자연스럽게 서얼 문사들은 스스로 보편 문명을 전수하고 가르치는 사람으로서의 '권력'을 갖게 된다.[11]

11_일본인을 대하는 서얼 문사의 태도를 이해하는 데에는 근대 서구가 비서구를 이해하는 이론이자 실천 체계였던 '오리엔탈리즘'이 좋은 참고가 된다. 에드워드 사이드(2000, 25-36)는, 오리엔탈리즘이 지정학적 지식을 미학적·학문적·경제적·사회학적 텍스트로 배분하는 담론 체계이며, 자신이 속한 세계와 다른 세계를 이해하고, 지배하고, 조종하고, 통합하고자 하는 의지나 목적의식 그 자체라고 지적한 바 있다. 그는 이런 오리엔탈리즘의 주요한 전략 중 하나가 바로 언제나 '우월한 위치'(positional superiority)를 차지하는 것이라고 언급했다.

덕력양필은 벼슬은 비부사서이며 나이는 일흔 가까이 되었다. 일찍이 무진 때 창수했던 경력이 있는 자로 자못 순후하고 진실했다. 송전구징은 창평의 국학생으로 나이는 일흔이 넘었다. 기해사행 때 신유한이 창화한 것이 많다. 사람 됨됨이가 진실하고 공손했다. 내가 화답한 시의 "청천의 무덤에 백양목은 이미 늙었는데/본원사 누각에서 흰 구레나룻으로 다시 맞이하네"라는 구절을 보고는 눈물을 줄줄 흘리며 목메어 울었다. 대개 대판에서부터 만나 본 노인들은 모두 순후하고 고아한 뜻이 있었으니 이것은 화이(華夷)라고 하여 다름이 있는 것이 아니다(일관기 1764년 2월 23일).

사중에게는 본래 문명이 있었으나 또 우리 무리를 인도하여 대접했기 때문에 그 명성을 더욱 드날렸다. …… 사중은 항상 '남학사가 지기'라고 일컬었으며 대화가 질펀해질 때면 반드시 자랑하는 말을 스스로 하며 우리가 아니면 이에 대할 수 없다고 했다. 또 번번이 나를 바라보면 사례하여 말하기를 "미친 듯한 망발을 했으니 원컨대 선생께서 죄를 용서해 주십시오. 죄를 용서해 주십시오."(승사록 1764년 3월 10일).

위의 두 인용문은 사랑받는 '야만인'의 조건이 무엇인가를 잘 보여 주는 사례들이다. 『일관기』에 나오는 덕력양필이나 송전구징과 같은 일본인들은 70대의 노인들이다. 이들은 1719년의 기해사행 때 신유한과의 교류를 잊지 못하고 1764년 현재 서얼 문사들을 다시 찾은 사람들인데, 남옥이 과거의 추억을 떠올리게 하는 시를 짓자 감격해 눈물을 흘린다. 『승사록』에 등장하는 인물은 나파사증(那波師曾)으로 구정로(龜井魯)와 함께 계미사행에서 서얼 문사들에게 가장 높은 평가를 받았던 사람이다. 서얼 문사들의 기록에서 나파사증은 뛰어난 문재(文才)를 가진 인물이면서, 그에 대한 자부심으로 다른 일본인들과 반목하는 인물로 그려지고 있다. 그렇지만 나파사증은 적어도 조선의 문사들에게는 인용문에서 드러나듯 언제나 겸손한 자세를 보여 주는 인물이기도 했다.

결국 이런 인물들은 단순히 문재가 뛰어나다는 것만으로 사랑을 받았던 것은 아니다. 어느 정도의 학식이나 문재뿐만이 아니라, 조선의 문사들에게 배우려는 자세와 겸손한 마음가짐을 보여 주었기 때문에 사랑을 받았던 것이다. 이는 거꾸로 서얼 문사들이 이들을 '가르칠 만한' 사람으로 여겼음을 알 수 있게 해준다. 이런 '가르칠 만한 사람'의 형상화는 전술했던 것처럼 그들을 대하는 서얼 문사들을 '가르치는 자'로서의 위치로 올려놓는다. 또한 '가르칠 만함'의 조건은 그들 스스로가 자신의 '부족함'을 인식하고 부끄러워하거나, 아예 '어린아이'로서의 '순수함'을 간직하고 있는 것이다. 이때 '순수함'이란 평가하고 가르치는 서얼이 속한 세계의 기준으로 보면 무엇인가 결여되어 있다는 징표인 동시에 '원시적 상태'에 머물러 있다는 의미를 포함한다.[12]

잘 알려져 있는 것처럼 조선조의 외교정책은 '사대교린'(事大交隣)이라는 말로 요약된다. '사대'는 당연히 중국과의 관계에, 그리고 '교린'은 일본과의 관계에 적용된다. 그런데 상하 관계가 명확하게 전제되는 '사대'와는 달리, '교린'은 '대등한' 국가들끼리의 관계라는 것을 기억할 필요가 있다. 즉 적어도 명목상으로는 조선과 일본의 관계는 국가 대 국가의 '사귐'(交)이었던 것이다. 그러나 조선 시대에 통신사행을 가는 사람들은 그렇게 생각하지 않았다.[13] 인용문에서 드러나는 것은 서얼 문사들이 일본과의 관계를

12_버트 무어-길버트(2001, 325-328)에 따르면, 근대 서구는 비서구에 대해서 자신들의 '규범'과 '기준'에 비해 '그들'의 문화가 '결여'된 것인 동시에 '원시적인 것'으로 표상했고, 이것은 오리엔탈리즘의 좋은 사례가 된다.

13_김태준(1987, 65-71)은 시문창화가 조선이 일본에 대해 우월함을 과시할 수 있는 분야였기에 지속적으로 통신사행에 포함되었음을 지적했다. 굳이 문재가 뛰어난 인물들을 제술

대등한 사귐으로서의 '교린'(交隣)이 아니라 오랑캐에 대한 교화(敎化)로서의 '교린'(敎隣)이거나 '교만'(敎蠻)으로 생각하고 있었음을 보여 준다.

> 중 인정과 의원 하현동이 처음으로 와서 시를 바쳤다. 중은 100운을 바쳤는데 거칠고 조잡해서 작품을 이루지 못했다. 단편으로 창수해 주기를 청하므로 10편을 화답해서 주었다. 종이는 해어지고 붓도 흐트러져서 공경함과 정중함이 완전히 결여되었으므로 수응해 주면서 꾸짖었다(일관기 1764년 2월 19일).

위의 인용문에는 어떤 일본인이 미움을 받는가를 잘 보여 준다. 인정이라는 중이 남옥에게 시를 주고 화답해 줄 것을 요구한다. 남옥은 그의 시가 거칠고 조잡함을 비판한다. 그러나 거칠고 조잡하다는 평가는 거의 대부분의 일본 문사들에 대한 평가이기에 특이하다고 하긴 어렵다. 중 인정이 남옥에게 미움을 받았던 이유는 그가 바친 시의 성취도에 문제가 있었기 때문이 아니라 인용문에서 보듯 "공경함과 정중함이 결여"되었기 때문이다. 서얼 문사들에게 중요했던 것은 일본인들이 주는 시 자체가 아니라 그들이 진정한 문명의 전달자인 자신들에게 정중한 예를 갖추는가의 문제였다.

그런데 정중하지 못한 사람보다 더 큰 미움을 받는 일본인이 존재한다. 그것은 대마도인들인데, 그 대표적인 사례가 바로 대마도에서 사신 접대를 맡고 있는 '기실'(記室)이다.

> 나는 그를 잘 알고 있다. 위인이 음험하여 겉으로는 말을 꾸미고 안으로는 칼을 품고 있는 것이다. 만일 그가 나라의 요직에 앉아 권세를 잡는다면 반드시 이웃나

관과 서기로 뽑았던 이유는 이들을 통해 일본 문사들을 '제압'하고자 하는 의도가 포함되어 있었기 때문이었다.

> 라에까지 일을 낼 작자이다. 그러나 그는 지금 자기 나라 법에 묶여 그저 작은 섬의 기실에 지나지 않으니 늘 거기서 늙어 죽는 것을 안타까워하고 있다. 오늘 우리와 이별하는 자리에서 눈물을 떨구는 것도 실은 제 설움일 따름이다(해유록 1719년 12월 28일).

> 기번실은 삼국의 어문을 할 줄 아니 비록 졸렬하긴 하나 역시 족히 한 섬에서는 최고가 될 만했다. …… 일을 맡아 한 지가 오래돼서 접응하는 것이 자못 익숙하고 필설의 능란함이 다른 왜인들보다 훨씬 뛰어났다. 다만 이익을 좋아하고 뇌물을 탐하여 두 나라를 속이면서 다시는 시를 창화하는 데 뜻을 두지 않았다. …… 겉으로는 정성스럽고 삼가는 것 같으나 그 속은 음험하기 짝이 없다(일관기 1763년 11월 22일).

위의 인용문은 대마도의 기실에 대한 신유한과 남옥의 언급인데, 기해사행과 계미사행이라는 시간적인 차이가 존재하고 우삼동과 기번실이라는 서로 다른 인물에 대한 평가임에도 불구하고 거의 같은 내용을 보여 준다는 점에서 흥미롭다. 위에 인용한 신유한의 언급은 통신사행의 막바지에 두 사람이 작별 인사를 하는 대목이라는 점에서 우삼동에 대한 총평이라고 할 수 있다. 남옥 역시 기번실의 전반적인 면모에 대해 평하고 있다. 이 두 가지 평에서 공통적으로 드러나는 것은 먼저 우삼동과 기번실의 능력에 대한 인정이다. 신유한은 우삼동이 권세를 잡는다면 이웃나라에까지 화가 미칠 인물이라며 경계하는데, 이는 역으로 우삼동이 그럴 만한 능력을 가진 인물이라고 생각하고 있음을 보여 준다. 남옥 역시 기번실이 다른 일본인에 비해 훨씬 뛰어난 능력을 가지고 있음을 인정한다. 또 신유한과 남옥은 대마도의 기실에 대해 겉으로는 공손하지만 속은 '음험하다'고 평가한다는 점에서 공통적이다.

그렇다면 이들이 언급하는 '음험함'이란 무엇일까? 이는 무엇보다 우삼동과 기번실이 일본인이지만 '한문'(漢文)으로 상징되는 보편 문명의 수혜자라는 점과 관련된다. 서얼 문사들은 자신들의 시문 능력을 근거로 이를 갖지 못한 일본인들을 '오랑캐'이자 '야만인'으로 규정했다. 그러나 우삼동과 기번실은 그런 능력을 갖고 있었던 일본인이었다. 따라서 서얼 문사들은 이들을 다른 일본인과 동일한 '야만인'으로 취급할 수 없었다. 그리고 이런 사정은 이들에 대해 서얼 문사들이 '가르치는 자'로서의 주체를 안정적으로 확립할 수 없었음을 의미한다.

기번실이 "다시는 시를 창화하는 데 뜻을 두지 않았다"는 『일관기』의 기록은 이런 사정을 잘 보여 준다. 기번실이 시를 창화한다면, 원중거를 비롯한 서얼 문사들은 그의 시에 대해 '졸렬하다'거나 '볼 만하다'고 '평가'함으로써 그와의 관계에서 '우월한 위치'를 확보할 수 있다. 그러나 기번실은 그렇게 하지 않았고, 이는 두 사람이 계속해서 '대등한'(혹은 모호한) 관계를 맺게 됨을 의미한다. 이렇게 될 때 원중거를 포함한 서얼 문사들은 '문명을 전달하고 가르치는 자'로서의 상상적인 위치를 안정적으로 확보하지 못하게 된다. '음험하다'는 평가는 이처럼 규정하기 힘든 타자, 안정적인 주체의 위치를 위협하는 타자에 대한 불편함이 담긴 언급이었던 셈이다.

그런 점에서 서얼 문사들이 일본인들 중에서 대마도인과 기실을 특별하게 미워했다는 사실과 통역을 담당했던 역관들에 대한 미움을 연관 지어 이해할 필요가 있다. 서얼 문사들은 일본과의 관계에서 역관과 기실이 '언어'를 전담하고 있다는 점을 계속해서 문제점으로 지적한다. 이들이 조선과 일본의 '사이'에서 언어를 독점하고 있기 때문에, 의리에 벗어난 일이 있더라도 문제 삼기 어렵고 더 나아가 대마도인들의 뜻대로 움직이게 된다는 것이다. 서얼 문사들은 일본인을 '내지인'(內地人)과 대마도인으로 구분하면서, 내지인에 대해서는 "총명하고 지혜로우며 순수하고 조용하며 의를 사모하고 선을 좋아하기에" "우리나라 사람이 도리어 저들에게 부족함이 있을까 저어된다"고 평가한다.[14] 반면, 대마도인들에 대해서는 조금도 긍정적인 평가를 내리지 않을 정도로 혹평한다. 이런 상반된 평가는 단순히 통신사행의 폐해에 대한 지적을 넘어서서 '언어'를 전담하고 있는 역관과 대마도인들의 '전횡'을 서얼 문사들이 부정적으로 바라보고 있었다는 점, 그리고 그런 '전횡'은 서얼 문사들이 상상적으로 차지하고자 했던 '우월한 위치'를 위협하는 요인이었다는 점에서 비롯되었던 것으로 보인다.

지금까지 서얼 문사들의 눈에 비친 일본인들이 '순수함'과 '음험함'이라는 두 가지 얼굴을 갖고 있었음을 살폈다. 전술했던 것처럼, '순수함'이란 일본인들의 인간적 면모만을 지칭하는 것은 아니다. 그들이 계속해서 보여준 겸손한 태도와 배우려는 자세는 서얼 문사들이 스스로를 '가르치는 자'로서의 위치를 정립할 수 있게 만들어 주었다. 역으로 서얼 문사들에게 비난을 받았던 이들은 '재주는 있으되 건방진' 인물들이다. 이들은 서얼 문사들과 능숙하게 필담을 나눌 정도로 문명의 세례를 받은 사람들이었지만, 서얼 문사들에게 배우려 하지 않은 인물들이다. 특히 대마도의 기실이나 강호의 태학두인 임씨 집안은 여러 차례의 통신사행에서 해당 시기의 인물이 달랐음에도 공통적으로 서얼 문사들에게 지독한 혹평을 들었다. 이는 이들이 공손한 태도 속에서도 '대등한' 관계를 추구했다는 사실에서 그 이유를 찾을 수 있을 것이다. 이렇게 될 경우, 서얼 문사들은 스스로를 '가르치는 자'로서 정립할 수 없게 되기 때문이다.

14_승사록 1764년 6월 14일, "聰慧專靜慕義好善", "吾恐我國之人反有慊於彼矣."

IV. '반(半) 양반'과 '소(小) 중화'－'중간자'의 주체 정립

지금까지 서얼 출신 문사들이 통신사행 기간 동안 드러낸 태도를 역관과의 불화와 괴리, 야만에 대한 이중적 시선으로 나누어 살펴보았다. IV장에서는 이와 같은 두 가지 태도가 어떤 지점에서 조우하는가를 살피고, 그것이 갖는 시대적 특성을 함께 고찰해 보도록 하겠다.

> "…… 지금 나는 문신으로 저작랑의 직함을 띠고 귀국에 왔소. 내가 사신의 다음 자리에 있으니 도주보다 조금 차이를 두면 그만이 아니겠소. …… 그러나 끝내 서서 절을 하고 앉아 절을 받는 것으로 예를 삼자고 한다면, 이는 우리 임금이 보낸 사신을 대마도주에게 예를 잃게 할 뿐이라고 생각하오." …… "이것이 옛날 예가 아닌 줄을 내 벌써 알고 있소. …… 내 한 몸이 비루해지는 것은 물론이고 모욕이 우리 조정에 미칠 것이오. 또 내 뱃속에 든 시문이 그만 백금 한 꾸러미에 팔리는 것이 말이 되오?"(해유록 1719년 6월 30일).

> "예(禮)에도 없는데 우리로 하여금 내리게 했고 의(義)에도 없는데 그 말에 따라 내렸으니, 이는 손님과 주인이 서로 예와 의를 잃은 것으로 원래의 규례에 모두 어긋나는 일입니다. 나그네의 비판을 따르는 것처럼 하면서도 도리어 그릇됨을 계승하고 잘못됨을 답습하고 있습니다. 이미 그것이 근거하는 바가 없다는 것을 알았다면 어찌 옛 규례를 핑계 대고 바로잡지 않을 수 있겠습니까"(일관기 1764년 2월 19일).

사행록에서 발견되는 특징 중 하나는 조선과 일본 사이에 벌어진 의례에 관한 논쟁이다. 물론 그중 가장 핵심적인 것은 강호에서 국서를 전달하는 '전명식'(傳命式)에서의 의식과 절차인데, 이때에는 각 절차의 세세한 항목까지 서로 논의하여 결정하곤 했다.[15] 그런데 통신사행 과정에서는 전명식에서의 절차 이외에도 대마도주와의 관계와 같은 다양한 의례상의 분쟁 상황이 발생해 통신사행 때마다 크고 작은 마찰이 끊이지 않았다. 두 인용문은 그런 갈등 상황에서 서얼 문사들이 취한 태도를 잘 보여 주는 사례이다. 첫 번째 인용문에서 신유한은 자신이 서서 절할 때, 대마도주가 앉아서 답하는 일을 결코 받아들일 수 없다고 주장한다. 대마도주 역시 관백의 신하일 뿐인데, 같은 신하로서 이는 지나친 처사라는 생각이다. 그러자 당시 대마도 기실이었던 우삼동은 그것이 전례(前例)였음을 들어 반박하지만, 신유한은 끝내 자신의 의견을 굽히지 않았다. 두 번째 인용문에서 남옥은 강호로 가는 길에 있는 상근령에서 말을 내려 문을 지나가게 한 일에 강력하게 반발한다. 흥미로운 것은 당시 사행의 정사인 조엄 역시 이에 대해 비판적인 견해를 갖고 있기는 했지만, 이를 전례에 따라 수용했다는 사실이다.[16] 그러나 남옥은 이 문제를 묵과할 수 없다고 생각해 며칠 동안 계속 문제 삼은 끝에 강호의 관리들에게 이것이 잘못되었음을 주장하는 글을 써서 보낸다.

이 두 가지 사례를 통해 알 수 있는 것은 서얼 출신 문사들이 훨씬 더 예(禮)에 민감했다는 사실이다.[17] 삼사신의 경우, 각 사안별로 분개하는 마

15_나카오 히로시(2005, 162-165)는 명목상 천황의 신하인 관백과 조선의 국왕이 서로 대등한 위치에서 교류할 수 있는가의 문제가 오랫동안 양국의 외교 절차를 복잡하게 만든 주원인이었다고 지적했다. 가령 국서를 관백에게 전달하고 조선의 사신들이 네 번 절하는 절차에 관해서 일본은 조선 사신이 일본 관백에게 절하는 것으로, 조선 사신은 국왕의 국서에 절하는 것으로 각자 입맛에 맞게 해석하기도 했다.

16_"처음에는 관백의 궁전과 다르니 말에서 내릴 필요가 없다는 이유를 가지고 다투었으나 되지 않고, 또 이미 무진년의 사례가 있으므로 전례에 의해서 지났다. 두 문의 사이는 불과 수십 보(步)였는데, 일이 매우 괴이쩍고 의아스러웠다"(해사일기 1764년 2월 13일).

17_김보경(2006, 260-267)은 남옥의 이런 행위가 "기본적으로 우월 의식 내지 화이 의식에서"

음을 갖거나 비판하기는 하지만, 대체로 '전례'를 매우 중시하는 성향을 보여 준다. 이는 전례에 따라 행동하는 편이 통신사행에서 돌아왔을 때 문책을 피할 수 있는 가장 좋은 방편이었기 때문으로 보인다. 그러나 위의 두 인용문에서 보듯, 서얼 문사들은 비록 전례가 있었다고 해도, 이것이 명분상 잘못되었다면 받아들여서는 안 된다는 완고한 자세를 견지한다. 신유한이 보여 주는 모습은 그 좋은 예인데, 그 이후 통신사행의 서얼 문사들은 그의 예를 좇아 대마도주의 사연(私宴)에는 참석하지 않았다.

우리는 II장에서 '반 양반'으로서의 서얼이 갖는 존재적 불안을 살펴본 바 있다. 서얼이 역관과 갈등하고 반목하면서 자신들을 그들과는 다른 존재로 구별 짓고자 하는 데에는, 역으로 자신들이 그들과 별로 다르지 않을지도 모른다는 불안이 깊게 자리 잡고 있었다. 그렇다면 앞서 살펴보았던 서얼 문사들의 '예에 대한 과도한 집착' 역시 그들이 가지고 있었던 '반 양반'으로서의 존재 불안과 관련되어 있다. 유가에서의 예란 기본적으로 봉건 사회의 신분 질서를 유지하기 위한 것으로, 사회 구성원 사이의 '구분'을 위한 것이기 때문이다.[18] 그러나 서얼 문사들이 아무리 예를 논하고 명분에

비롯되었으며, 동시에 "제술관이라는 직책이 그런 의식을 문자로 표현하는 데 중요한 동인"이 되었다고 언급했다. 논자는 또 이렇게 명분과 의리에 관한 사안이 아닌 경우에 남옥이 "이성적인 거리 두기"를 통해서 일본의 문물에 대해 객관적으로 판단할 수 있었다고 보았다. 필자는 이런 논의에 대체적으로 동의하지만, 남옥을 비롯한 서얼 문사들이 명분과 의리에 관한 사안에 대해 유난히 비분강개하는 모습을 보인다는 점을 좀 더 주목해야 한다고 생각한다.

18_'예'에 관한 유가 최고의 경전은 『예기』인데, 이 책에서는 예가 인간과 금수(禽獸), 그리고 중화(中華)와 이적(夷狄)을 구분하는 핵심적인 근거임을 지적하고 있다. 가령, 다음과 같은 구절이 그 좋은 예이다. "앵무새는 말을 잘하지만 나는 새에 지나지 않으며, 성성이는 말을 할 줄 알지만 금수에 지나지 않는다. 사람으로서 예가 없다면 비록 말은 할 줄 알지만 금수의 마음과 무엇이 다르겠는가?"(禮記 曲禮 上, "鸚鵡能言, 不離飛鳥. 猩猩能言, 不離禽

집착한다고 해도, '반 양반'으로서의 지위를 실제적으로 벗어나기란 어려운 일이다. 그렇다면 이들은 무엇 때문에 그토록 명분에 집착하는가? 다음의 인용문은 그 답을 짐작할 수 있게 해준다.

> 오늘 저녁 우연히 사중과 더불어 말하기를, "길옆에 연지와 분을 바른 사람들이 올 때보다 몹시 적어졌습니다. 무주부터 이미 그러합디다"라고 했더니 사중이 웃으며 말하기를, "이는 가히 선생님의 과화존신(過化存神)의 오묘함을 보여 주는 것입니다"라고 했다. …… 이보다 앞서서는 말을 하는 어려움이 이와 같이 중요한지 생각지 못했다. 행하면서 마땅히 스스로 힘써야 할 것이며 점검도 해야 할 것이다. 저 사람들을 대할 때에 동작과 언어에 후회가 뒤에 미쳐서는 아니 될 것이다. 한숨을 몹시 쉬게 된다. 가슴을 쓸어내리게 된다(승사록 1764년 3월 13일).

이 글에 등장하는 원중거와 나파사중의 대화는 무척 흥미롭다. 전명을 마치고 돌아오는 길에 원중거는 강호로 갈 때보다 얼굴에 치장을 한 사람들이 적어졌다는 사실을 '발견'한다. 그러자 나파사중은 원중거가 강호로 가는 길에 어떤 사람에게 음란함에 대해서 경계해야 한다는 '가르침'을 주었음을 상기시키면서, 이것이야말로 '과화존신'의 오묘함을 보여 주는 것이라고 대답한다. '과화존신'은 『맹자』에 나오는 "군자는 지나는 곳마다 교화되며, 마음에 두고 있으면 신묘해진다. 그러므로 상하가 천지와 더불어 함께 흐르나니 어찌 조금 보탬이 있다고 하겠는가?"[19]라는 구절에서 비롯된 말이다. 이 말은 성인(聖人)이 지나가는 곳마다 사람들이 자연스럽게 교화되고, 성인이 마음에 품은 일은 자연스럽게 이뤄진다는 의미이다. 이는 결

獸. 今人而無禮, 雖能言, 不亦禽獸之心乎").

19_孟子 盡心 上, "夫君子所過者化, 所存者神, 上下與天地同流, 豈曰小補之哉?"

국 원중거가 무심코 던진 한 마디 말이 일본에 퍼져 나가 음란함을 일삼던 풍속이 '교화'되었다는 것으로 귀결된다.

이런 과정에서 자연스럽게 원중거, 나아가 일본인들과 대면하여 시문을 창화하거나 대화를 나눈 서얼 문사들은 풍속을 교화하는 '성인'의 위치로 올라서게 된다. 원중거는 '말을 하는 어려움'에 대해 깨닫게 되었다면서 한 발자국 물러나 겸양의 태도를 보이지만, 나파사증과의 대화를 길게 기록한 일에서 스스로 행한 일에 대해 무척 자부심을 느꼈음을 짐작할 수 있다. 원중거의 말이 정말 그렇게 '신속하게' 그리고 '강력한' 영향력을 미쳤는지, 그래서 정말 음란한 풍속이 줄어들었는지에 대해서 확인할 수 있는 방법은 없다. 하지만 분명한 것은 원중거가 이 일을 기록하면서 자신을 오랑캐의 잘못된 습속을 교화하는 '군자'로 정립하고 있다는 사실이다.

이 지점에서 우리는 서얼 문사의 '위치'를 구획할 수 있게 된다. 〈그림 1〉은 서얼 문사들이 처한 '중간자'로서의 복잡한 '위치'를 표현한 것이다. 먼저 [(A)-(B)-(C)]는 신분 질서상에서 '반 양반'인 서얼의 위치를 나타낸 것이다. 2장에서 살펴보았듯 (B)는 (A)와 상상적으로 동일시되고자 한다. 그런데 중요한 것은 이것이 가능하기 위해서는 역으로 (C)와의 '구별'이 필요해진다는 사실이다. 즉 (B)는 (C)와의 '다름'을 강조함으로써 (B) 자신의 정체성을 확보하면서 (A)와의 동일시를 욕망한다.

그러나 이런 욕망은 현실적인 질서 앞에서는 무력하다. 특히 (A)에게 (B)와 (C)가 차별적인 대상이 아니거나, (B)가 (C)와의 구별 짓기를 통한 차별화에 성공하지 못할 때, (B)의 상상적 지위와 그로부터 얻는 자기 동일성은 흔들릴 수밖에 없다. 이때 통신사행을 통해서 새롭게 이 구도에 포개지는 것이 바로 두 번째의 [(A')-(B')-(C')] 구도이다. 여기서 (B')는 보편 문명의 '계승자'인 (A')와 스스로를 동일시하면서 자신을 그 새로운 '계

그림 1 | 서얼 문사들이 처한 '중간자'로서의 복잡한 '위치'

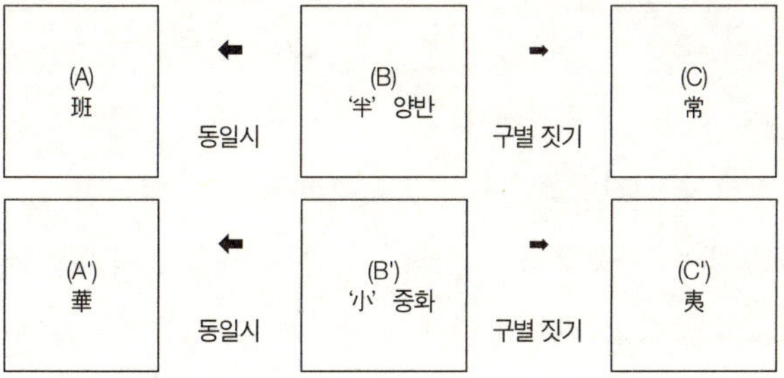

승자'로서 형상화한다. 이 경우에도 (B')의 상상적 동일시가 제대로 작동하기 위해서는 '타자'로서의 '야만인', 특히 '가르칠 만한 야만인'인 (C')의 존재가 필요한 것은 물론이다.

서얼 문사[(B), (B')]들은 그들의 '자아 이상'의 자리[(A), (A')]에 유교적 문명의 이상형인 '교화하는 자', '가르치는 자'를 놓고 그로부터 비춰진 이상적 자신의 정체성을 구성한다. 그러나 이런 동일시가 성공하려면, 그것을 뒷받침해 줄 또 다른 '타자'인 '공손하게 배우는 자', '가르칠 만한 자'로서의 '야만의 타자'[(C), (C')]가 필요해진다. 이런 과정은 서얼 문사가 갖는 '반 양반', '소 중화'로서의 자리가 대단히 복합적이면서 불안정한 주체 형성의 장(場)임을 알 수 있게 해 준다. 서얼 문사들과 결부되어 있는 '반'과 '소'라는 표지에는 '양반'(班)과 '중화'(華)[(A), (A')]에게는 '비(非)-양반'이자 '오랑캐'(夷)이면서, 양반 아닌 계층(常)과 '오랑캐'(夷)[(C), (C')]에게는 '양반'과 '중화'로서 자리매김되는 복합성이 고스란히 담겨 있다.

'중간자'로서의 서얼 문사의 지위는 '타자'와의 구분을 통해서만 자기 정체성을 확보할 수 있다는 점에서 매우 흥미롭고도 복합적인 특성을 갖는다. 좀 더 확장된 연구를 통해 보강돼야 할 것이겠지만, 이런 서얼 문사의 '중간자'로서의 성격은 중국과 일본 '사이'에서 흔들리면서 자기 정체성을 확보해야 했던 조선의 '위치'를 잘 보여 주는 사례라고 생각한다. 조선 중기 이후 나타난 사상적 경향 중 하나로 '소중화(小中華) 의식'을 들 수 있다. 여기서 '중화'란 단순히 중국이라는 국가 혹은 지역을 의미하는 것이 아니다. 중화란 '세계의 중심'을 나타내는 용어인 동시에, 요순과 같은 고대의 성인으로부터 공자와 맹자로 이어지는 도통(道統)이 계승되고, 그 사상과 문화가 존중되는 이상적 세계를 의미한다. 조선의 유자들에게 명이 멸망하고, 오랑캐인 만주족이 지배하는 청나라는 이제 더 이상 세계의 중심으로서의 '중화'가 아니었다. '소중화'란 바로 조선이 공맹으로 대표되는 도통을 계승한, 따라서 보편 문명의 담지자라는 야심찬 선언이었던 셈이다. 그러나 그와 동시에 '소중화'라는 용어에는 아무리 보편 문명을 내면화한다 해도 '중화' 그 자체는 될 수 없다는 '불안'이 자리 잡고 있음을 기억할 필요가 있다.[20]

지금까지의 논의를 통해서 우리는 서얼 문사들이 '반 양반'과 '소 중화'로서의 복합적인 과정을 통해 자기 정체성을 확보했을 가능성이 크다는 점을 알게 되었다. 서얼 출신 문사들은 '우리'는 '그들'과 다르다는 구별 짓기의 욕망을 강박적으로 드러냈고, 그 '차이'를 '우열'로 바꾸면서 '가르치는 자'로서의 위치를 정립했다. 이것은 모두 '중간자'로서 가진 그들의 고유한

20_임형택(1994, 329-335)은 조선이 표방했던 '소중화주의' 때문에 일본과의 이성적 대화가 불가능했으며, 독선적이고 자폐적인 징후까지 드러내는 등 심각한 문제를 안고 있었다고 지적한 바 있다. 이런 지적에 일정 부분 동의하면서도 본고에서는 소중화주의가 초래한 폐해보다 그것이 어떤 과정을 통해서 주체를 형성했는가, 그리고 주체에게 어떤 위안을 줌으로써 유지되었는가의 문제가 함께 살펴져야 한다고 보고, 이 부분을 검토했다.

그러나 불안정한 특징이라고 할 수 있다. 그리고 이런 관점은 '소중화'를 자처했던 조선에도 확장하여 적용될 수 있을 것으로 보인다. 조선 후기에 이뤄진 통신사행은 일본을 '야만'으로 간주하면서 '그들'과 '우리' 문물의 차이를 집중적으로 조명했다. 여기에는 끊임없이 조선이 보편 문명을 일본에 '가르친다'는 이미지와 어휘, 시각이 반복적으로 나타난다. 그리고 이와 같은 과정은 '같은 오랑캐'일 수도 있는 일본, '은폐된 자신'일 수도 있는 일본의 성격을 '야만'으로 규정함으로써 조선이 자기 자신을 사라진 중화의 계승자로 만드는 정체성 확립의 과정이었다고 할 수 있다.

제3부

동아시아의 근대성, 민족의식, 그리고 전통

5장

정인보의 조선 양명학파 연구와 민족의식

신현승

I. 머리말

정인보(鄭寅普, 1893~1950, 납북)는 한국 근대기를 대표하는 지식인이다. 그는 『양명학연론』(陽明學演論, 이하 『연론』으로 약칭)을 저술했는데, 이것은 '한국 최초의 양명학사(陽明學史)'이다. 이 『연론』은 일본의 식민지 통치 기간인 1933년 동아일보에 총 66회에 걸쳐 게재한 국한문혼용체의 양명학 관련 논문을 단행본으로 묶어 간행한 책[1]이다. 그런데 결론부터 말하면 이

• 이 글은 2009년 12월 『인문과학연구』 제23집(강원대학교 인문과학연구소)에 실린 필자의 "鄭寅普의 朝鮮陽明學派 硏究에 관한 一考察"이라는 논문을 바탕으로 하여 소폭으로 재구성하고 수정한 것이다.

1_이 책은 1972년 삼성문화재단이 『陽明學演論(外)』이라는 제목으로 제1편은 "양명학연론"을, 이어서 제2편은 "국학인물론"(國學人物論)을 싣고 있는데, 끝부분에는 홍이섭(洪以燮)

책은 강렬한 민족의식 속에서 집필되었다. 도대체 일개 지식인의 양명학 연구와 민족의식은 어떤 관계가 있었던 것일까. 그 관계를 검토하는 것이 이 논고의 주요 목적이다.

그는 조선 말기 영의정을 지낸 정원용(鄭元容, 1783~1873)의 4대손으로 부친 정은조(鄭誾朝)와 모친 달성(達成) 서씨(徐氏) 사이에서 태어났다. 학문의 입문은 대한제국 말기 강화 양명학파의 한 사람인 이건방(李建芳, 1861~1939)의 문하에서 경학(經學)과 양명학을 공부한 때부터였다. 이건방은 부친이 상안(象晏)이며, 나중에 작은아버지인 상기(象夔)에게 입양되었고, 종형인 이건창(李建昌)과 함께 학문을 익혔다고 한다. 어릴 때부터 경서(經書)를 비롯한 여러 서적을 읽었고, 처음에는 주자학을 공부하다가 성장해서는 왕수인(王守仁)과 정호(程顥)의 책을 탐독했다. 이 이건창도 '강화 양명학파'로 분류되는 인물이다. 이렇게 볼 때 그의 학문의 출발점은 유학이었고, 그중에서도 양명학이었다는 사실은 분명하다.

또 그 연장선상에서 '실심'(實心)의 학(學)에 바탕을 둔 국학(國學) 연구를 진행했는데, 특히 동아일보에 2년 동안(1935.1.1~1936.8.28)에 걸쳐 연재한 『5천 년간 조선의 얼』에서는 조선 역사 연구의 근본을 "단군조 이래 5,000년간 면면히 이어져 흘러온 '얼'(魂)"에서 찾고 조선 역사는 곧 한민족

의 "해제"와 함께 "약보"(略譜)를 실어 출간했다. 또 『연론』은 1983년에 연세대학교 출판부에서 간행한 『담원정인보전집』(薝園鄭寅普全集, 전 5권)의 제2권속에 들어 있기도 하다. 학계의 통설에 의하면 그는 근대기 한국에서 국학 연구의 선구자이자 '강화 양명학파'의 후예이고 근대 양명학자로서, 또 한학자이자 민족주의 역사학자로서도 활동한 인물이었는데, 그의 사유 방식의 배경에는 민족주의가 강하게 깔려 있었다는 평가를 받고 있다. 이 각주의 내용은 졸고, "鄭寅普의 눈에 비친 中國 明末淸 初期의 知識人", 2008.6, 『동서철학연구』 제48호, p.368 참조.

의 '얼의 역사'임을 강조했으며, '국학'이라는 말을 처음 사용하고 국학 연구의 기초를 양명학에 근거한 '실학'(實學)에서 찾았다. 또 그는 이와 같은 학문 정신에 근거하여 1946년 민족사로서의 올바른 역사를 일반 대중에게 알리고자 『조선사연구』를 집필했으며, 주자학자들의 공리공론과 존화 사상을 비판하면서 유학의 개혁을 주장했고, 지행합일(知行合一)의 『연론』을 동아일보에 연재했다. 이렇게 볼 때, 정인보의 학술 세계 전체를 지배하고 있던 사상적 근거는 양명학이었음을 쉽게 이해해 볼 수 있다.

이 논고에서는 바로 이 『연론』을 주요한 분석 대상으로 삼아 정인보의 조선 양명학파 연구의 한 특징을 포함한 제 사항에 대해 고찰해 보고자 한다. 왜냐하면 정인보의 양명학 연구는 민족주의 의식을 고취시키기 위한 일환으로 저술되었기 때문이다. 이를 위해서 이 논고에서는 위에서 언급했듯이 1972년 삼성문화재단이 출판한 『양명학연론(외)』을 저본으로 삼는다. 그 가운데 제1편 "양명학연론"의 전체 내용에 주목하고, 그 제6장 "조선 양명학파"(朝鮮 陽明學派)의 부분에 분석의 초점을 맞추기로 한다. 부연하면 1972년 간행의 이 책에는 제2편으로서 "국학인물론"이 실려 있는데, 이것을 읽어보면 정인보의 국학관(國學觀)이 어떠했는지를 알 수 있다. 이 "국학인물론"에서는 정철(鄭澈)의 국문학, 정약용(丁若鏞, 1762~1836)의 생애와 업적, 역사학자 신채호(申采浩)의 사학(史學) 등에 대해 다루고 있는데, 이른바 인문학의 요체라 할 수 있는 '문사철'(文史哲)의 국학을 논평하고 있는 점이 흥미롭다.

그런데 이 논고에서는 "국학인물론"은 제외하고 그의 조선 양명학관(觀)에 대해서만 고찰해 보기로 한다. 즉 정인보의 조선 양명학파 연구의 의의와 그 가치에 대략적인 초점을 맞추면서 조선 양명학파의 탄생 및 그 주요한 특징으로서 강화학파의 형성 과정까지 살펴보겠다는 것이다. 그리고 이를 통해 근대 한국 지식인의 한 유형으로서 정인보의 학문 정신과 민족주의에 대한 의식이 어떤 양상이었는지 고찰해 보고자 한다. 사실 양명학은 중국 대륙에서 들어온 외래의 정신적 산물이다. 하지만 정인보는 그 외래의 산물을 한국으로 이식하면서 내재화했고, 그 핵심을 실천적 마음에 중점을 둔 근원적인 '실심'에서 찾았다. 또 그 '실심'을 식민지 치하에 놓인 한국 국민들에게 불어 넣어 민족의식을 고취시키고자 한 것이었다. 정인보의 이와 같은 양명학과 민족의식의 관계성에 관한 사고 유형은 한국 근대 초기의 철학적 사유의 한 형태를 보여 주고 있다 할 수 있다. 서구로부터 밀려오는 근대적 사유와, 내부에서 변화·발전해 온 전통적 사유(=유교적 사유)의 중간 지점에 서서 민족의식에 대한 담론을 펼치고자 했던 정인보의 경우는 과히 동아시아의 근대성, 전통적 사유, 민족이라는 세 개의 축을 어떻게 연결시키고자 했는지를 여실히 보여 주는 좋은 사례가 될 것이다. 하지만 그 이면에는 불완전한 근대의 사유 구조와 과도기적 사유 형태가 내포되어 있기도 했다.

II. 『양명학연론』과 조선 양명학파의 존재

1. 『양명학연론』의 집필과 민족의식 고취

정인보는 왜 양명학을 민족의식과 연결시켜 그 위상을 정립하려고 했던 것일까. 또 왜 하필이면 동아시아 근대기에 비판의 초점이 되었던 유교 혹은 유학(양명학도 유교의 일종)이라는 코드를 부활시켜 민족의식 고취에 이용하려고 했던 것일까.

그는 『연론』의 제1장 "논술(論述)의 연기(緣起)"에서 자신이 글을 쓰게 된 이유에 관해 명료하게 두 가지를 제시하고 있다(鄭寅普 1972, 10-14). 첫째는 주자학의 폐단을 지적하기 위함이고, 둘째는 과거에 대한 맹목적 답습의 폐단을 지적하기 위함이었다. 즉 조선의 학문 풍토의 폐쇄성 및 그 영향으로 인해 초래된 일상생활에서의 과거 답습 문제를 통렬히 반성하는 차원에서 이 글을 쓰게 되었다는 것이다. 그것은 일종의 '반(反) 주자학의 기치'였고, 혹은 주자학의 안티테제로서 양명학을 부흥시키고자 하는 학술정신의 산물이었다. 물론 이와 같은 정인보의 인식은 근대적 양명학이 오래전부터 발전한 일본에 비해서는 그 시기가 늦었다 하더라도, 식민지 시기임을 감안할 때 한국 근대기의 학술 발전사에서는 그 의의가 크다고 할 수 있다. 그뿐 아니라, 양명학을 통한 민족의식 고취라는 측면에서 보면 동아시아 근대기의 또 다른 사유 형태를 보여 준다는 점에서 그 의의가 크다.

부연하면 일본의 경우, 1901년 이노우에 데쓰지로(井上哲次郎)와 가니에 요시마루(蟹江義丸)가 공동으로 편찬한 『일본윤리휘편』(日本倫理彙編)에서 그 첫 부분에 '양명학파'에 관한 내용을 싣고 있다. 또 다카세 다케지로(高瀨武次郎)가 지은 『일본의 양명학』(日本之陽明學, 1898), 이노우에 데쓰지로가 지은 『일본 양명학파의 철학』(日本陽明學派之哲學, 1900) 등이 연이어 출판되기도 했다(吉田公平 2004, 27-28). 이에 앞서 1896년은 일본에서의 첫 양명학 관련 학술잡지인 『양명학』 창간호가 출간된 해이다. 왜 일본은 서구의 근대 사유 구조가 물밀 듯이 밀려오는 파고 속에서 양명학을 재인식하고 재구성하고자 했던 것일까. 제 선학의 연구에서 보듯이 양명학은 일본의 무사 계급에게 실천적 학문으로서, 그리고 실천적 행동의 지침서로서 매우 중시되었다. 그것이 막 말 유신기의 하급 사무라이들에게 영향을 끼쳤고, 메이지유신 이후에도 일본 민족을 일깨우는 계몽서로서의 역할을 담당하게 된다. 그것이 정인보에게도 영향을 주었던 것일까.

한편 정인보의 그와 같은 양명학적 사유 방식의 배경에는 그의 역사관과 사회관이 자리 잡고 있었다. 그의 견해에 의하면, 수백 년간 과거 조선의 역사는 '허'(虛, 공허)와 '가'(假, 거짓)의 역사라는 것이다. 그가 여기에서 논거로서 제시하고 있는 것은 '당쟁'(黨爭)과 '세도정치'(勢道政治)인데 당쟁은 말 그대로 당파 간의 싸움이며, 세도정치는 왕실의 근친(近親)이나 신하(臣下)가 강력한 권세를 잡고 온갖 정사(政事)를 마음대로 농단하는 정치를 가리킨다. 정인보는 바로 이 점을 지적하고 있는 것이다. 즉 그는 다음과 같이 말하면서 조선의 역사를 통렬히 반성하고 있다.

> 오호라, 수백 년간 조선의 역사는 실로 "허(虛)와 가(假)"로서의 연출한 자취이라. 최근 수십 년래로 풍기(風氣) 점점 변하게 되매 삼척동자라도 전인(前人)이 잘못한 것을 지적할 줄 안다. 그러나 전인을 공박하면서 의연히 도루 그 자취를 따르지 아니하는가. 이 말은 누구나 반대하리라. …… 수백 년간 역사를 세열(細列)하지 말고 우선 큰 자취만 들어 보자. 말기(末期)를 결(結)로 하여 가지고 가론 당쟁이요, 가론 살육(殺戮)이요, 가론 세도이니, 지는 패는 죽이어 없애게 되고 죽이고 나면 세력이 한편으로 모인다. 이렇게 엎치락뒤치락하는 동안에 만사 이미 대거(大去)하였다(鄭寅普 1972, 10-11).

이 문장에서 정인보는 조선의 역사를 세 단어로 압축하여 설명하고 있다. 그것은 당쟁, 살육, 세도의 세 가지이다. 조선 시대의 전체 역사는 이 세 단어로 상징할 수 있으며 결국은 이와 같은 과정이 '허[텅 빔]와 가[거짓]'의 역사라고 규정한다. 또 이런 역사가 조선 민족의 멸망을 초래했다는 것이 그의 사유 구조 속에 깊이 내재되어 있었다. 그는 이렇게 조선의 역사를 규정한 뒤, 조선의 학문 풍토에 관하여 다음과 같이 통렬히 비판한다.

> 조선 수백 년간 학문으로는 오직 유학(儒學)이요, 유학으로는 오직 정주(程朱)를 신봉하였으되, 신봉의 폐(弊) 대개 두 갈래로 나뉘었으니, 일(一)은 그 학설을 받아 자가편의(自家便宜)를 도(圖)하려는 사영파(私營派)이요, 일은 그 학설을 배워 중화적전(中華嫡傳)을 이 땅에 드리우자는 존화파(尊華派)이다. 그러므로 평생(平生)을 몰두하여 심성(心性)을 강론하되 실심(實心)과는 얼러볼 생각이 적었고 일세(一世)를 휘동(揮動)하게 도의(道義)를 표방(標榜)하되 자신(自身)밖에는 보이는 무엇이 없었다. 그런즉 세강(世降) 속쇠(俗衰)함을 따라 그 학(學)은 허학(虛學)뿐이요, 그 행(行)은 가행(假行)뿐이니 실심(實心)으로 보아 그 학(學)이 허(虛)인지라, 사계(私計)로 보아 실(實)이요, 진학(眞學)으로 보아 그 행(行)이 가(假)인지라, 위속(僞俗)으로 보아 실(實)이다. 그러므로 수백 년간 조선인의 실심 실행은 학문영역 이외에 구차스럽게 간간 잔존(殘存)하였을 뿐이요, 온 세상에 가득 찬 것은 오직 가행이요 허학이라(鄭寅普 1972, 11-12).

여기에서 그는 조선의 학문 풍토를 논하면서 조선의 학문은 오로지 유학 중에서도 정주학(程朱學, 즉 주자학)이 독점적 지위를 차지했고, 그 주자학파는 또 자기 자신과 가족의 입신출세만을 도모하는 '사영파'와 소중화주의에 입각한 '존화파'의 두 학파가 있었다고 주장한다. 그 때문에 주자학의 관념론적 심성만을 의론한 나머지, 실천적인 '실심'은 배제되었다는 논리를 펼치고 있다. 의심할 여지없이 그가 말하는 '실심'은 양명학의 양지(良知)와 같은 '실심'이었다. 이와 같은 주자학의 병폐로 인해 조선의 학문은 허학으로 흐르게 되었다는 것이며, 이제는 진학을 일으켜야 한다는 것이다. 그 '진학'이 바로 양명학이었으며, 이를 한국의 민족의식 고취에 이용했던 것이다. 그의 이 문장과 『연론』의 총체적 주장을 간단한 표로 만들어 보면 〈표 1〉

표 1

조선의 역사와 학문에 대한 비판	양명학 부흥 주장
허(虛)와 가(假)의 역사, 유학(주자학) 허학(虛學), 가행(假行) → 당쟁, 살육, 세도정치의 폐해	실심(實心), 실학(實學)으로서의 양명학 진학(眞學), 실심(實心), 실행(實行)

과 같이 될 것이다.

이 표에 보듯이 정인보의 경우에 조선의 역사는 주자학에 기인한 폐해로서 궁극적으로는 '허와 가'의 역사가 되었고, 주자학은 허학으로 규정되고 있다. '주자학=허학'이기 때문에 거짓된 행동(假行)이 만연하게 되었고, 결국은 당파 간의 당쟁으로 인한 살육의 역사를 만들어냈고 세도정치의 폐해가 있었다고 하는 것이 그의 조선의 역사와 학문 풍토에 대한 비판의 요지였다. 사실, 실심 혹은 실학이라는 용어는 실용이라는 의미를 지닌 단어이자 학문으로서 현대 동아시아 사회에서 완전히 정착되어 사용되고 있지만, 동아시아의 근대 이전에도 또 하나의 이질적인 실학 개념이 존재했다. 즉, 공자 이래의 유학과 송대(宋代) 이후의 주자학 속에 들어 있던 실학의 개념이 그것이다(小川晴久 2006, 5). 정인보의 경우에는 오로지 양명학만이 '실심'과 '실학'일 뿐이라고 하는 점에서 그와 같은 실학 개념과는 다르다.

그럼 근대기에 접어든 한국 민족은 어떤 방향으로 나아가야 될 것인가. 이에 대하여 그는 명대 중기 왕수인을 개조로 하는 양명학을 '진학'이자 '실학'으로 규정하고 '실심'과 '실행'을 주장한다. 다시 말해 '실천·행동의 학지(學知)'로서 새롭게 인식한 것이다. 물론 이론의 여지는 있지만, 이전까지 양명학이 심학(心學)이라는 명칭으로 불렸듯이 관념적 심성론에 기울어져 있던 심학을 실천적 학문으로서의 양명학으로 인식했다는 것이다. 이것은 양명학에 대한 재인식이며 재구성이었다.

이런 인식은 일본 근대기의 양명학 이해와 매우 유사하다는 것을 지적해 두고 싶다. 즉 주자학이 한국을 통하여 일본에 들어가 '체제교학'(體制敎學)으로 변모했듯이, 왕수인과 그 후학들의 사상도 일본에서는 양명학이라는 명칭으로 바뀌면서 '실천·행동의 철학' 혹은 '혁명의 철학'으로서 새롭게 변화했다(신현승 2007, 194). 그것은 양명학의 재구성이었으며, 본고장 중국에서의 양명학상(像)으로부터는 크게 벗어난 학설이 되어 버렸다. 그런데 국내 학계의 일부 연구자들은 정인보가 일본 양명학의 영향을 받았다고 주장하는 경향도 있지만, 사실 정인보가 당시 일본의 양명학 연구에서 영향을 받아 『연론』의 집필을 기획했는지 어떤지는 분명하지 않다.

그렇더라도 당시 조선총독부의 관리하에 경학원(經學院)의 설치와 운영이 이뤄졌고, 이 경학원에서 강의되는 유학은 조선 전래의 성리학이 아니고 일본 근대에 유행한 실천철학으로서의 주자학과 양명학이었다는 점, 식민지 지배 체제하에서의 한국 근대기 사상계, 특히 유림(儒林)에서는 메이지유신과 일본 근대 유학(특히 양명학)에 대한 관심이 높았다는 점 등이 정인보에게도 영향을 끼쳤을 것이다. 다시 말해, 일본에서는 동아시아와 근대성 및 양명학에 대한 새로운 사유 방식이 유행했고,[2] 그 때문에 정인보도 그런 분위기에 일정의 영향을 받았으리라 사료된다.

이렇게 볼 때 정인보의 이 『연론』의 집필 목적은 분명히 드러난다. 그것은 과거 조선의 역사와 학문에 대한 반성을 통하여 이제는 새로운 학문 유파의 부흥(=양명학의 부흥)을 도모하고 국민 의식 혹은 민족의식을 고취시

2_동아시아의 근대성과 양명학에 관한 우수한 논고로서 荻生茂博(2008)과 같은 책이 있다. 이 책에서는 근세 일본 양명학에서 출발하여 근대성과 양명학의 관련성을 묻고 있다.

키기 위한 것이었다. 또 이런 반성의 배경에는 당시의 시대 상황, 즉 일본 제국주의의 지배하에 놓여 있다는 현실 인식이 자리하고 있었는데, 민족의식의 고취를 위해 양명학의 실천 정신이 필요한 시점이라고 그는 생각했던 것이다. 그것은 곧 한국 '근대 양명학'의 주창이자 모색이었고, 전근대 양명학과 구별하고자 하는 그의 학문적 목표이기도 했다.

사실 한국 철학사 혹은 한국 사상사 연구 분야에서 『연론』의 사상사적 의의에 관해서는 별다른 이견(異見) 없이 '한국 최초의 양명학사'라는 평가를 내리는 데 인색하지 않았다. "[『양명학연론』은] 1930년 중엽 신문 지상에 실리었던 논고로, 역시 같은 지상에 실리었던 『오천 년간 조선의 얼』(조선사연구 2책)과 일맥(一脈) 통하는 민족적 정신을 고취하는 것이다. …… 일반 지식층을 대상으로 한 간명(簡明)한 양명학 원론(原論)으로, 양명학사를 겸하고 있다"(홍이섭 1972, 251-252)고 평가한 홍이섭(洪以燮)의 말을 인용하지 않더라도 『연론』이 '양명학사'임은 두말할 필요도 없다. 또 근년 들어 『연론』을 현대 한국어로 번역하고 해설한 홍원식은 이 책을 '양명철학사' 내지는 '한국 철학 관련 국학 연구의 금자탑' 혹은 '조선 양명학에 대한 최초의 연구'라는 평가(홍원식 2004, 2-3)를 내리고 있다.

이 『연론』의 의의와 가치에 대해 그와 같은 선학(先學)의 지적이 없더라도, 이 책이 '한국 근대기 최초의 양명학사'라는 것은 부정할 수 없다. 그것은 이 책이 왕수인의 생애와 사상 및 주요 학설뿐 아니라, 중국 양명학 전개사의 중요 인물들, 즉 그 후학들에 대한 서술이 들어 있으며 특징적으로 조선 양명학의 전승과 전개 과정까지 기술하고 있다는 점에서 '근대기 최초의 양명학사'라는 것이다. 물론 일본 양명학의 탄생과 그 전개 과정은 다루고 있지 않지만, 당시의 동아시아 사상계의 상황을 볼 때 정인보가 중국 양명학의 전개와 조선 양명학의 전개 과정을 기술했다는 것은 학술사적으로 평가할 만하다(신현승 2008, 368-369). 특히 이 책에서 주목할 부분은 그가 한국 최초로 근대적 학문 방법에 의해 조선 양명학파의 인물들과 학문적 계보를 일목요연하게 정리하고 있다는 사실이다. 이것은 지금까지도 후학들이 조선 양명학을 연구할 때에 매우 중요한 자료로서 받아들여지고 있기도 하다.

한편 정인보의 조선 양명학파에 대한 분석과 논평은 『연론』의 본문 마지막에 배치된 제6장 "조선 양명학파"에 들어 있다. 제6장을 요약하면 조선 양명학파의 연원부터 이 학파의 인물 및 강화학파에 관한 기술을 그 내용으로 하고 있다. 그는 『연론』의 제6장 도입 부분에서 조선 양명학의 연원에 관하여 다음과 같이 단언하면서 전제를 깔고 있다.

> 조선에는 양명학파가 없었다. 양명학은 내려오면서 어떠한 이단(異端), 사설(邪說)같이 몰아 그 책이 책상위에 놓인 것만 보아도 벌써 난적(亂賊)의 성토(聲討)를 준비하게 되었나니 일·이학자 비록 양명의 학설에 독계(獨契)함이 있다 할지라도 밖으로는 드러내지 못하였다. 그런즉 양명학파 없었다함이 사실 아님이 아니다. 조선은 회암학파(晦庵學派)뿐이다. 여러 백 년 동안 누구를 물을 것 없이 그 학을 받들어야만 진신(進身), 취명(取名)의 길을 얻을 수가 있었나니, 전부인지라 따로 회암학파라는 이름까지도 없었다(鄭寅普 1972, 149).

여기에서 그는 『연론』의 제1장 "논술의 연기"에서처럼 주자학 일색의 조선의 학문 경향과 폐쇄성을 지적하면서 양명학에 관심을 가지고 공부를 했다 할지라도 밖으로 그것을 드러내지 못했다고 말한다. 그것은 양명학이 이단 혹은 사설로 인식되었기 때문이다. 그래서 조선의 학문은 오로지 주자학파뿐이었다고 강조한다. 이어서 그는 조선에서의 주자학의 폐단에 대해 언급하고 양명학파의 중요성에 대한 인식을 촉구한다.

> 그러나 학문이 명도(名塗)가 되면 허, 가의 폐(弊) 생기기 쉽되 이 학문이 명도는 커녕 거세(擧世) 배척(排斥)의 표적(標的)임에 불구하고 내 마음에 옳으니까 나는 이를 독수(獨修)한다 할진대 이야말로 진무가(眞無假)의 원혈맥(原血脈)이니 없었다는 양명학파 — 실상으로 가장 귀한 존재가 아닐는지는 누가 알랴(鄭寅普 1972, 148).

주자학의 폐단은 결국 '허와 가'의 폐단이라고 지적하면서, 그는 조선 양명학의 연원과 그 근대적 복원을 시도하기 위한 목표 의식을 전면에 내세우고 있다. 즉 조선에서 '양명학파의 존재가 실제로는 가장 귀중한 존재'라고 말하고 있는 것이다. 이런 사유 형태의 배경에는 조선 민족의 멸망 원인이 자리하고 있었다. 즉 학문 정신의 폐단이 민족의 멸망을 가져왔다는 인식인 것이다. 그리고 이 문장에 뒤이어 곧바로 조선 양명학파의 복원 작업에 착수한다. 다음 절에서 그의 조선 양명학파의 연원 탐구와 그 자신이 규정한 분류법에 대해 검토해 보기로 한다.

2. 조선 양명학파의 연원과 분류법

이제 정인보는 『연론』의 제6장 "조선 양명학파" 속에서 조선 양명학파의 원류를 탐색하면서 자기 나름대로의 기준을 세우고 세 가지 유형으로 분류하고 있다. 그는 다음과 같이 말한다.

> 이제 양명학파로서 밖으로 드러내지 못한 우리 전수(前修)를 찾아보면 참으로 요

요심심(寥寥甚甚)한데 그 중에도 대략 삼별(三別)할 수가 있나니 일(一)은 뚜렷한 저서(著書)가 있다든지 그렇지 아니하면 그 언론간(言論間)에라도 분명히 징거(徵據)할 만한 것이 있어 외간(外間)에서는 몰랐을지라도 양명학파라 하기에 의심 없는 이들이요, 일은 양명학을 비난한 말이 있는데 전후를 종합하여 보면 이는 궤사(詭辭)라 속으로는 양명학을 주장하던 것을 가릴 수 없는 이들이요, 일은 양명의 학을 일언반구 제급(提及)한 적이 없고 존봉(尊奉)함은 회암(晦庵)에 있다. 그러나 양명을 말하지 아니하되 그 생평(生平) 주장의 주뇌(主腦)되는 정신(精神)을 보면 두말할 것 없이 양명학임을 알 수 있는 이들이다(鄭寅普 1972, 148-149).

기존의 연구에서 지적되듯이 정인보의 이 같은 조선 양명학파의 계보, 즉 인물 분류를 중심으로 한 조선 양명학파 연구는 당시까지 그 존재마저 인정받지 못하고 있던 조선 양명학에 대한 최초의 연구 성과이다(홍원식 2004, 199). 여기에서의 연구 특징을 보면 그의 경우에는 어떤 인물의 학설보다도 학문적 태도와 양명학적 '실심'에 바탕을 둔 학문 정신 등을 더 중시하고 높이 평가하고 있다는 점이다. 이것이 또한 정인보가 이룩한 양명학 재구성의 가치이기도 하며, 여타의 근대 양명학 이해와는 구별되어야 할 특징이다. 즉 학문의 내실 혹은 내용적 측면에 의한 분류가 아니라, 그 외형적 측면을 형성하는 학문 태도와 정신을 평가의 잣대로 삼고 있다는 것이다.

그는 조선의 양명학자를 세 가지 유형으로 분류한다. 첫째 유형은 명백한 저서(著書)가 있든지, 아니면 그 인물의 언설(言說) 가운데 분명한 증거가 있어서 겉으로는 드러나지 않더라도 양명학파라고 규정할 수 있는 인물들이다. 둘째 유형은 양명학을 비난한 언설과 흔적이 있지만, 그 전체를 종합해 볼 때 이런 것들은 거짓으로 꾸민 말이고 마음속으로는 양명학을 주장한 인물들이다. 끝으로 셋째 유형은 양명학에 대해서는 언급하지 않으면서 주자학을 존숭하고 있지만, 그 평생 동안 주장한 학문 정신을 살펴볼 때 양명학자임을 쉽게 알 수 있는 인물이다. 이와 같이 정인보는 구체적 실증 자료에 입각하면서도 학문적 경향이 양명학의 정신과 유사한 인물들까지 포함하여 폭넓게 조선 양명학파의 인물군을 확대하여 파악하고 있는데, 이것이 그의 분류법의 한 특징이기도 하다. 이제 그는 이렇게 세 가지 유형으로 분류한 뒤, 첫 번째 유형에 해당하는 인물로 최명길(崔鳴吉)을 언급한다.

> 우선 제일류(第一類)에 속할 양명학파로 최지천(崔遲川, 명길, 선조 십구 년 병무 생, 인조 이십오 년 정해 졸)이 있었으니, 지천의 양명학을 독수(獨修)함은 전인(前人)인 도급(道及)한 적이 없고 지천 같이 사림(士林)의 비의(非議)를 맡아 가지고 듣는 이로서 만일 그 학(學)이 왕양명을 주장하였다 할 것 같으면 더더군다나 죄목(罪目)이 붙었을 것인데 도무지 아는 사람이 없었다(鄭寅普 1972, 149).

최명길(1586~1647)은 통설에 의하면 실질(實質)을 중시하는 양명학적 사고를 바탕으로 청조(淸朝) 군대의 침입 때 주전론(主戰論)에 반대하여 겉으로는 화약(和約)을 맺고 안으로는 군대를 양성하여 명조(明朝)와의 의리를 저버리지 않는다는 주화론(主和論)을 주장했던 인물로 인조 대(代) 후반에 국정을 담당하면서 정치·사회개혁을 추진한 인물로 유명하다. 정인보는 이렇게 최명길을 첫 번째 유형에 속하는 학자로 규정한 뒤, 최명길이 청조와의 화친을 주장한 것에 대해 자기의 마음속에서 자연스럽게 발현된 '양지'에 입각한 행동이었다고 옹호한다. 이 '양지'는 정인보가 반복해서 말하는 '실심'이었다고 할 수 있다. 이처럼 최명길을 현창하는 측면에서 볼 때, 정인보의 민족의식이 어떤 유형이었는지 알 수 있을 것이다. 즉 대개의

표 2

분류	분류 규정	인물
제1유형	저작, 문장을 통한 분명한 증거.	최명길, 장유, 정제두, 이광신, 김택수, 이진병, 정후일, 신작
제2유형	내심으로 동조. 내면적으로 양명학에 근접한 인물.	이광사, 이영익, 이충익
제3유형	주장(학설)의 핵심적 정신. 양명학 정신을 소유한 인물.	홍대용

경우, 당시 주전론을 강력히 주장했던 김상헌(金尙憲, 1570~1652)이 민족주의자로서의 위치가 강하지만, 정인보는 도리어 최명길을 현창하고 그 '실심'과 민족의식을 연결시키고 있는 것이다. 민족이 생존해 나갈 수 있는 길이 어떤 것인가를 최명길의 경우에서 찾고 있었던 것이다.

이어서 두 번째 유형과 세 번째 유형을 기술하고 있는데, 이런 그의 분류법에 따라서 『연론』의 제6장 "조선 양명학파"의 전체적 내용과 언급하고 있는 인물들을 종합적으로 정리해 보면 〈표 2〉가 될 것이다.

제1유형으로 분류한 학자에 정인보가 언급하는 인물은 최명길, 장유(張維, 1587~1638), 정제두(鄭齊斗, 1649~1736), 이광신(李匡臣) 등인데, 이런 견해는 근대기 이후의 한국 양명학계에서 통설로 받아들여지고 있다. 즉 통설에 의하면 조선 양명학은 허균(許筠, 1569~1618), 장유, 최명길 등에 의해 그 명맥이 이어져 오다가 하곡(霞谷) 정제두에 이르러 집대성되었다고 하는 것이다. 정제두는 이후에 조선 양명학을 대표하는 인물로 알려지면서 "조선 양명학의 집대성자" 혹은 "조선 최대(最大)의 양명학자"라 평가받게 되고 "강화 양명학파(강화학파)의 시조"라고까지 추앙받게 되었다. 여기에서의 '강화 양명학'이라는 명칭은 '강화도'(江華島)라는 지역을 구심점으로 하여 정제두가 발전시킨 양명학을 의미한다.

사실 한국의 양명학 연구사에서 '강화학파'라는 용어를 가장 먼저 사용하기 시작한 사람은 민영규(閔泳珪)이다. 그는 『양명학연론』(한국 최초의 양명학사)의 저자 정인보의 직전 제자로서 "이건창의 남천기(南遷記)"(『史學會誌』 20, 1971)라는 논문과 "위당(爲堂) 정인보 선생의 행장(行狀)에 나타난 몇 가지 문제"(『東方學誌』 13, 1972)라는 논문 속에서 이 용어를 최초로 사용하고 있다.[3] 조선 양명학파에 관한 최초의 논의가 정인보의 『양명학연론』이었다면, 그 연장선상에서 제자인 민영규는 한 발자국 더 나아가 '강화학파'라는 용어를 사용하면서 독자적인 조선 양명학파의 하나로서 '강화학'(江華學)을 재발견하고 구축하고자 했던 것이다.

한편 정인보는 최명길에 이어 조선 양명학파에 속하는 제1유형의 학자로서 장유에 대해 다음과 같은 논평을 가하고 있다.

> 지천의 지우(至友)요 또 동학(同學)인 한 분이 있으니 이는 장계곡(張谿谷)(維, 유)이다. 계곡이 군비(群非), 중공 중(衆攻中) 특별히 지천을 감탄(感歎)하여 정묘(丁卯) 진해교섭(鎭海交涉)을 말하되 …… 국조(國朝) 문장가 중 김농암(金農巖)(昌協, 창협) 이전(以前)은 계곡이 실로 유일한 정종(正宗)이라. 그러나 계곡은 문장가로서 지목할 이가 아니라 지천, 계곡이 다 양명학을 옳게 알아 탁연독수(卓然獨守)함이 있었는데 지천보다도 계곡은 저술(著述)에 특장(特長)이 있느니만큼 실제적 용공(用功)함을 문자로써 기록한 것이 얼마쯤 잔존하였다. 양명학을 선학(禪學)이라고 비의(非議)함을 변박(辯駁)하여 가로되 …… (鄭寅普 1972, 157-158).

3_이와 관련해서는 아래의 논문들도 여타의 이견 없이 언급하고 있다. 최재목, 2004, "江華 陽明學派 연구의 방향과 과제", 『陽明學』 第12号, 韓國陽明學會, p.56; 이희목, 2005, 『李建昌文學研究』, 성균관대학교 대동문화연구원, p.211; 朴連洙, 2006, "강화 하곡학파의 '實心'·'實學'", 『陽明學』 第16号, 韓國陽明學會, p.122 등을 참조.

정인보는 이 문장에서 최명길의 붕우(朋友)인 장유를 제1유형의 양명학자로 규정하고 있다. "지천을 감탄하여 정묘 진해교섭을 말하되……"라는 것은 장유가 그 자신의 저술인 『계곡만필』(谿谷漫筆)에서 정묘호란 당시 최명길이 진해루(鎭海樓)라는 곳에서 청조(淸朝) 군대와 교섭할 때의 상황을 말한다. 두말할 것도 없이 장유는 최명길이 청나라와 체결한 화친조약을 옹호하는데, 정인보는 이것을 최명길의 '본심'(本心)에 의한 용기 있는 행동이었다고 평가하고 있다. 정인보에 의하면 장유는 조선의 으뜸가는 문장가이자 최명길과 함께 양명학을 신봉한 인물로 묘사되고 있는데, 저술에 뛰어났던 인물이다.

또 양명학을 선학이라고 비판하는 것에 대해 『계곡만필』에 들어 있는 반박의 문장을 인용하면서 장유의 '치지'(致知)에 대한 견해는 중국 명대의 양명학자 나여방(羅汝芳)의 그것과 비슷하다는 결론을 내린다. 이 뒤에 이어지는 문장에서는 은미(隱微)함으로부터 "자기의 사사(私事)로운 욕망(欲望)"을 제거할 것을 주장한 장유의 문장을 다시 인용하고, 이것은 나여방의 '무욕론'(無欲論)·'신독론'(愼獨論)과 유사하며 또한 명말 청초의 이옹(李顒, 1627~1705)의 '지기론'(知幾論)과 비슷하다는 결론을 내리면서 양명학파에 포함시키고 있다.

더 나아가서 정인보는 장유가 『계곡만필』 속에서 주희의 『중용장구』(中庸章句)에 대한 평가의 문장을 인용하면서 장유가 제기한 의심은 "양명의 종지(宗旨)"를 그대로 전개한 것이라 하여 이것을 왕양명의 『대학문』(大學問)에서 '친민'(親民)을 해석한 것과 견줄 수 있는 훌륭한 해석(鄭寅普 1972, 159-161)이었다고 평가한다.

그런데 정인보는 최명길이 조선 유학사의 주자학 일색의 풍토 속에서 '사문난적'(斯文亂賊)의 양명학자로 낙인찍힌 것에 반하여, 장유만은 그렇지 않았다는 점을 출신 성분에서 찾고 있다. 즉 장유는 효종의 국구(國舅, 즉 장인)였고 현종(顯宗)과 숙종 이하의 모든 열조(列朝)가 모두 장유의 외가(外家)쪽 후손들이기에, 그 위치를 존중하여 '사문난적'으로 몰아붙이기가 어려웠다는 논리를 펼친다.

이와 같이 정인보의 조선 양명학파 분류에 있어서 특이한 점은 그동안 양명학파로 인정하기 어려웠던 인물, 즉 장유와 같은 인물을 조선 양명학파의 초기 인물군에 포함시키고 있다는 것이다. 또 그런 평가를 위해서 그 인물들의 언설이 담긴 문장을 증거자료로 제시하고 있다는 점도 특이하다. 장유의 경우에는 바로 『계곡만필』이 그것이다. 이제 정인보는 제1유형의 학자로서 초기의 최명길과 장유를 언급한 뒤, 본격적으로 조선 양명학파의 개조(開祖)라 할 수 있는 제1유형의 정제두 및 또 다른 인물들에 대해서 논평을 가하고 있는데, 거기에는 민족의식 고취의 중요한 핵심 개념인 '실심'이 이용되고 있고, 이를 통해 그 평론도 '실심지학'(實心之學)적 평론으로 나아갈 수밖에 없었던 것이다. 다음 절에서 그것을 고찰해 보기로 한다.

III. 정인보의 '실심지학적' 평론

1. 정제두와 그 문인들에 대한 평가

앞에서 언급했다시피, 정인보는 조선 양명학파의 분류법을 제시하고 그 유형을 세 가지로 구분했다. 여기에서는 정인보의 분류로서 제1유형에 속하는 양명학자이자 강화 양명학파(=강화학파)의 개창자로 평가받는 정제두와 그 문인들에 대해 살펴보기로 한다.

사실 정제두는 "조선 양명학파의 대종사(大宗師)"(이상호 2008, 15)라고 할 수 있다. 이 평가는 지금도 통용되는 것이며, 정인보 자신이 다음과 같이 발언한 것에서 유래한다. 그는 다음과 같이 말한다.

> 조선 양명학파로서는 하곡이 제일류 중으로도 가장 대종(大宗)이니 하곡의 저술은 완전히 양명학을 체구(體究)한 학설로서 책 수로만 수십에 달한다. …… 하곡은 아주 종박(綜博)한 학설을 세워 왕문(王門) 제자 중으로도 미치지 못할 대저(大著)를 남긴 이다(鄭寅普 1972, 163).

이 문장을 보면 정인보가 '대종'이라는 표현을 써 가면서 정제두를 조선 양명학파의 개조로 평가했다는 것을 쉽게 알 수 있다. 그것도 최명길이나 장유와는 달리 매우 깊고도 폭넓게 자신의 학설을 세워서 양명의 후학들도 따라오지 못할 정도로 많은 저작을 남겼다고 평가한다. 이 문장에 뒤이어 정인보는 조선 양명학파의 인물들 중에 가장 많은 지면을 할애하면서 정제두의 사상사적 위상을 조명하고 있는데, 우선 정제두의 사상 변천 과정을 언급, 그 학문의 입문기에는 주자학으로부터 시작하여 중년이 된 뒤 양명의 책을 읽고 깨달은 바가 있어 이후부터는 평생 동안 양명학에만 몰두했다고 서술하고 있다. 흥미로운 점은 다음의 문장이다.

> 양명 이후 양명학파의 저서로서 가장 종밀(綜密)하고 가장 절근(切近)하고 또 가장 상술(詳述) 세전(細傳)하여 심재(心齋)의 직지(直指)함이 있으되 서산(緖山)의 규구(規矩)를 겸하고 룡계(龍溪)의 초오(超悟)함이 있으되 염암(念菴)의 검핵(檢覈)을 합하기는 하곡이니 하곡은 오직 조선 양명학파의 대종(大宗)만이 아

니라……(鄭寅普 1972, 164).

이 문장을 보면 정제두의 저작이 중국을 포함한 양명학자들 전체 구성원 가운데 가장 양명의 본지(本旨)에 가깝다는 정인보의 극찬이 있음을 알 수 있다. 다시 말해 정제두의 사상 속에는 왕수인의 대표적 제자인 왕간(王艮)과 같이 마음의 본체를 중시하는 측면도 있고, 전덕홍(錢德洪)과 같이 규구(엄격한 법칙)도 가지고 있으며, 절동(浙東) 양명학 좌파의 대표자인 왕기(王畿)와 같이 깨달음을 강조하는 측면도 있고, 나홍선(羅洪先)의 공부(工夫) 중시라는 측면도 있다고 서술하고 있다.

이런 측면 때문에 정제두는 조선 양명학파만의 대종사가 아니라는 것이며, 이것을 반대로 말하면 동아시아 양명학의 '대종사'라는 의미로 귀결된다. 즉 동아시아 양명학사에서 정제두를 이처럼 현창하는 것은 조선 양명학에 대한 강한 자부심이 그의 의식 구조 밑바탕에 강하게 깔려 있었다는 것이다. 이만큼 정인보는 정제두를 조선 양명학파의 영역을 초월한 뛰어난 양명학자로서 높이 평가하고 있다. 그런데 이와 같이 중국 양명학파의 인물들과 비교하는 서술은 정인보의 조선 양명학파 연구의 주요한 한 특징이기도 하다. 다음의 인용문에서도 이런 특징은 쉽게 찾아볼 수 있다.

> 하곡의 생평 저술로 말하면 존언(存言) 삼 권은 양명 전습록(傳習錄)과 같은 것이요, 또 서(書) 칠 권, 성학설(聖學說) 일(一) 권, 논어해(論語解) 일 권, 대학설(大學說) 일 권, 중용해(中庸解) 일 권, 맹자설(孟子說) 일 권이 모두 양명의 본지(本旨)를 조술(祖述)한 것이라 그 당시에 있어 절근(切近)한 사이가 아니면 감히 말하지 못하였으나 자신(自信)함은 더욱이 굳건하였나니……(鄭寅普 1972, 166).

여기에서도 정제두의 저작인 『존언』 3권을 『전습록』에 비유하고, 이밖의 다른 저작들을 비평하면서 양명학의 본지를 조술했다고 평가한다. 그런데 정인보가 정제두의 학문에 공감한 것은 허학과 가학으로서의 주자학에 대한 강한 비판 의식이었다. 위에서도 서술했듯이 허학과 가학의 주자학 때문에 조선의 학문에 폐단이 있었고, 그로 인해 조선 민족이 멸망했다고 보는 것이 정인보의 기본 인식이었다.

정제두는 기존의 연구에서도 평가했듯이 진리와 진실성을 멀리 하는 공허하고 거짓된 학문이나 가식적인 삶을 비판했던 인물이다(朴連洙 2007, 27). 또 정인보는 스스로 강조했던 것이 '실심'이었는데, 정제두야말로 바로 '실심으로 학문을 한' 사람이라고 평가한다. 정인보의 표현을 빌리자면 "하곡은 말끝마다 허와 실의 구분을 강조하고 양지학(良知學)을 통해 실질적인 공부를 할 것을 환기시켰던"(鄭寅普 1972, 169) 인물인 것이다. 정제두를 언급한 정인보의 마지막 문장을 보면 그는 다음과 같이 말한다.

> 하곡이 일찍이 문호(門戶)를 표방하지 아니하였으므로 그 문인(門人)인 많지 아니한데 적막(寂寞)한 황빈(荒濱)에서 시대의 영명을 제쳐 버리고 거세비의(擧世非議)하는 이 학문을 탐색(探索)하는 일파(一派) — 무다(無多)한 만큼 더 귀중하다 할 것이다(鄭寅普 1972, 171).

이렇게 정인보는 정제두의 양명학을 계승한 문인들이 매우 적음을 지적하고 있는데, 그렇더라도 주자학이 조선의 사상계를 지배하고 있는 상황하에서 비판의 대상이 되었던 양명학을 홀로 굳건히 지킨 정제두와 소수의 문인들을 높이 평가하고 있다. 정인보는 이어서 그 문인들 중의 한 사람인 이광신(1700~44)에 대하여 다음과 같이 말한다.

> 다행히 문인(門人) 중 이항재(李恒齋)(匡臣, 광신) 이하 기인(幾人)이 사설(師

說)을 고수(孤守)하여 외파(外播)는 못하였으나 열렬한 자주(自主)함이 있었고 하곡 유저(遺著)도 원저(原著)대로 남아 조선 양명학의 광휘(光輝)를 영수(永垂)하게 되었다. …… 유년부터 성학(聖學)에 뜻을 두어 동지우(同志友) 민옥(閔鈺), 조진빈(趙震彬)과 서로 강마(講磨)하더니 그 뒤 강도(江都)(=강화도)에 가서 하곡의 양지학(良知學)을 듣고 황연(恍然)히 깨달음이 있어 『의주왕문답』(擬朱王問答)을 지어 속학(俗學)의 분운(紛紜)함을 변파(辨破)하였고 …… 이 제문(祭文)의 사의(辭意)를 세심(細尋)하여 보면 항재의 학(學)은 명말 유염대(劉念臺)와 근사(近似)할지언정 하곡의 안연(顔淵)은 아니다. 양가(兩家)를 보합(保合)하여 피차(彼此)를 동류(同流)케 함이야 좋지 아니한 의견이 아니로되 이렇게 말하면 가릴 수 없는 모순이 있으니 …… (鄭寅普 1972, 166, 171, 175, 176).

이 문장의 맨 처음에 놓여 있는 것은 정제두의 문인 가운데 이광신과 나머지 몇몇 제자들이 스승의 학설을 굳건히 지켰다는 의미인데, 비록 외부로 널리 펴져 나가지는 못했지만 그 내부에서는 강력하게 지켜졌다고 하는 것이 정인보의 설명이다. 그리고 정제두가 남긴 저작도 원래의 모습으로 남아서 조선 양명학의 빛나는 모습이 영원히 이어지게 되었다는 것이다. 그런데 재미있는 사실은 여기서도 정인보는 이광신을 중국 양명학파의 인물과 비교하는 방법을 채택하고 있다는 것이다. 즉 이광신의 견해가 명대 말기에 활약한 유종주(劉宗周, 1578~1645)의 교설(教說)과 유사함을 말하고 있는데, 이광신은 정제두의 뜻을 완전하게 이해한, 공자의 경우를 빗대어 말하면 안연(顔淵)과 같은 제자에는 미치지 못했다고 평가한다. 명대 말기 황종희의 스승으로 널리 알려진 주륙(朱陸) 절충론적 학풍의 소유자 유종주와 선진 시대의 안연을 끌어들여 그 두 사람에 빗대고 있는 것이다. 덧붙이면 유종주는 현대어로 말해 강한 민족주의 신념의 소유자였는데, 만주족 청나라에 의해 명나라가 망하자 식음을 끊고 명조(明朝)를 위해 순사(殉

死)한 유학자였다. 이처럼 정인보는 이광신의 학문 정신을 유종주와 비교하고 있는 것이다.

다음으로는 김택수(金澤秀)에 대해 논하고 있는데, 정인보는 다음과 같이 논평한다.

> 항재 동문으로 김택수라는 이가 있으니 이는 호(號)와 자(字)를 다 고색(考索)할 수 없고 또 그 향관(鄕貫)이 어디인지도 알 수 없으나 하곡 몰후(沒後)에 제문(祭文)한 것을 보면 직절(直截), 측창(惻愴)하여 참으로 하곡의 심혈(心血)을 접한 것 같다. …… 이제 하곡의 문인(門人)을 차제(次第)한다면 김씨(金氏)의 지위 실로 이씨(李氏)보다 지날 것이언만 …… (鄭寅普 1972, 175, 177).

김택수에 대해서는 정제두의 학문 정신을 가장 잘 받아들인 것 같다고 말하고 있는데, 정인보는 김택수가 쓴 제문(祭文)을 유일한 증거로서 인용하고, 정제두의 문인 가운데 김택수의 위치가 이광신보다도 높다고 평가한다. 하지만 그 이유에 대해서는 상세하고 구체적인 별도의 증거를 제시하고 있지 않은데, 단지 다음과 같은 평가를 내리고 있을 뿐이다. 즉 정인보는 다음과 같이 말한다.

> …… 항재는 오히려 지리(支離)한 듯하되 김씨(金氏)는 본심을 직지(直指)한 사람이라 양명의 문도(門徒)로 말하면 서산(緖山), 용계(龍溪)의 류아(流亞)이다. 대개 문자의해(文字義解)에 몰두한 사람은 자심상(自心上) 실공(實工)이 적어 해설이 치밀할수록 점점 더 직절(直截)하지 못하나 천품(天品)이 탁특(卓特)한 사람으로서 자심상에서 자증(自證)함이 있는 때에는 수어(數語)가 넘어가지 아니하여 벌써 진수(眞髓)를 건드리게 된다. 김씨는 이 후자에 속함이니 이야말로 문자(文字)의 허진(虛陳)이 아니다(鄭寅普 1972, 177).

여기에서 정인보는 이광신의 학문을 '지리'로서 규정하고, 김택수를 '본심'에 근거한 학문으로 왕수인의 직전 제자인 전덕홍이나 왕기와 같은 계열이라고 평가한다. 끝부분의 '문자의 허진'은 이광신을 의미하며, 김택수는 그런 경향의 소유자가 아니고 '자심'과 '자증'에 바탕을 둔 양명학자라는 것이 정인보의 논리였다. 사실 기존의 연구 성과에 의하면 정제두의 몰후 아들 정후일(鄭厚一)이 일찍 죽게 되자 이광사(李匡師)는 철저히 양명학적인 입장에서 하곡학(霞谷學)을 수용하고, 이광신은 주자학과 양명학을 절충하는 입장에서 하곡학을 수용한다. 이광신은 스승인 정제두의 철학도 주자학과 양명학을 겸비한 학문으로 평가하고, 자신도 주자학과 양명학을 절충하고자 시도한 인물(徐慶淑 2003, 76)이었다고 한다.

한편 제1유형에 포함시킨 이진병(李震炳)에 대해서 정인보는 한 편의 제문(祭文)만을 증거로 제시한 후 이 문장을 통해서 이진병의 학문적 깊이를 알 수 있다고 단언하면서 조선 양명학파의 제1유형에 포함시키고 있는데, 정인보 자신의 말대로 이진병에 대해서는 상세히 서술할 만한 자료가 없다. 따라서 정인보가 이진병을 조선 양명학파로 분류한 것은 구체적 실증 자료에 의한 것이기보다 심증적(心證的) 측면에 의한 것이었다고 보는 편이 나을 것이다. 끝으로 정인보가 분류한 제1유형의 양명학자로서 정후일과 신작(申綽)이 있는데, 이들에 관해서는 구체적 언급이 적었고, 단지 정제두를 기술한 부분에서 약간 언급하고 있을 뿐이다. 정인보는 이 둘에 대해 다음과 같이 적고 있다.

> 하곡의 자제 후일(厚一) 또한 독학자(篤學者)라, 특히 수학(數學)에 정(精)하여 하곡의 서(緖)를 전하였고 그 외손(外孫) 신석천(申石泉)[작(綽)]이 하곡의 실제 학풍을 박학(樸學)에 써서 불후(不朽)의 업을 이루었고……(鄭寅普 1972, 170).

이와 같이 짧은 논평뿐이다. 즉 정제두의 장자 정후일(1671~1741)은 수학에 정통했고, 부친의 학문을 후대에 전해 주었다는 일반적 기술이다. 또 외손인 신작에 대해서 정인보는 정제두의 실제(實際) 중시의 학풍을 박학(樸學)에 적용하여 불후의 업적을 남겼다고 평가한다. 사실 정제두로부터 장자 정후일에게 어떤 형태로 학문의 전수가 이뤄졌는가는 매우 흥미진진한 문제이지만, 아쉽게도 그 점에 관한 구체적 정보는 거의 남아 있지 않다(中純夫 2007, 60).

이상이 정인보가 분류한 조선 양명학파의 제1유형에 속하는 인물들이다. 이어서 정인보는 "내심(內心)으로 동조(同調)하면서 내면적으로 양명학에 근접한 인물군"을 조선 양명학파의 제2유형으로 꼽고 있는데, 그 인물들이 이광사(1705~77)와 이영익(李令翊) 그리고 이충익(李忠翊)이다. 이들은 전주(全州) 이씨 가문으로 정제두 가문과는 혈연과 지연으로 끈끈하게 얽혀 있던 인물들이다. 끝으로 제3유형으로서 홍대용(洪大容, 1731~83)을 언급하고 있는데, 정인보의 조선 양명학파 연구에서 가장 특이한 점이라 할 수 있으며, 홍대용을 마지막으로 하여 조선 양명학파에 대한 서술을 마감하고 있다. 다음 절에서 홍대용을 조선 양명학파의 제3유형에 포함시킨 정인보의 의도를 살펴본 후, 강화학파의 의의에 관해 고찰해 보기로 한다.

2. 민족주의 원류의 하나로서 강화학파의 의의

홍대용은 조선 후기 대표적인 북학파(北學派) 실학자의 한 사람으로 유명하며, '지전설'(地轉說)을 주장하는 등 조선 후기 과학사상의 발전에 선구적인 역할을 했던 인물이다. 정인보는 이런 홍대용을 조선 양명학파의 인물군, 즉 제3유형의 양명학자에 포함시키려는 시도를 하고 있는데, 그 주요한 증거이자 근거로서 제시하고 있는 것이 『의산문답』(醫山問答)이라는 책이다. 그는 다음과 같이 말한다.

> 제삼류(第三類)의 양명학파로는 홍담헌(洪湛軒) 대용(大容, 영조칠년 신해생, 정조칠년 계묘졸)을 추(推)할지니 담헌의 자는 덕보(德保)니 박연암(朴燕巖)(趾源, 지원), 이아정(李雅亭)(德懋, 덕무) 제공(諸公)의 가장 신복(信服)하는 석학자(碩學者)로 천문(天文) 역산학(曆算學)에 정예(精詣)가 있어 『천원해』(天元解) ……… 등 제작(諸作)이 다 고심(苦心) 정구(精究)한 유흔(遺痕)인데, 이는 오히려 그의 예사(藝事)이려니와 담헌 생평 학문의 대치(大致)는 『의산문답』이라는 문답체의 논술을 빌어 개견(概見)하였다(鄭寅普 1972, 183).

이것은 홍대용이 추구한 학문의 본지가 『의산문답』에 있다고 하는 기술이다. 그는 또 조선 양명학파 전개사에서 홍대용의 학문적 위상과 『의산문답』의 가치를 다음과 같이 말하고 있다.

> 대개 의산문답은 허, 실의 대토(對討)라. 허망(虛亡), 실존(實存)의 원리를 보보(步步) 추론하다가 화이의 변(辨)으로써 그 말(末)을 결(結)함은 담헌의 만필(漫筆)이 아니다. 도술(道術)의 혹(惑)이 심하매 자족(自族)을 외(外)로 생각하기에까지 미치는 것을 통한(痛恨)하는 일면 본심의 환기(喚起)를 이 한 일에서 비롯하여 자류(自類)를 주(主)하는 실학(實學)과 자토(自土)를 위(衛)하는 실정(實政)을 거(擧)하려 하는 심회(深懷)를 이에 붙임이니 누구나 조선 양명학파를 피색(披索)하여 보려면 담헌의 이 고심에서부터 경의를 표하여야 옳을 줄 안다. 학문의 분계(分界)는 허, 실뿐이라 하곡의 『존언』과 담헌의 『문답』이 모두 한 실자(實字)를 표갈(表揭)함이니 이 실로 후학(後學)의 착안할 곳이다(담헌서 참조)(鄭寅普 1972, 185).

정인보가 여기에서 홍대용을 조선 양명학파의 제3유형으로 분류하고 높이 평가하는 것은 『의산문답』의 내용 때문이다. 즉 허와 실을 비교하여 토론했다는 이유에서이다. 정인보는 본심, 실학, 실정, 실자 등의 용어를 사용하면서, 홍대용의 이 책이 바로 본심을 불러일으켜 우리 동족을 중심에 두는 실학과 우리 땅을 지키려는 실정을 만들려고 하는 깊은 생각에서 집필되었다고 말하고 있다. 또 학문은 허와 실의 경계가 있을 뿐이며, 정제두나 홍대용 모두 '실'(實)이라는 문자를 표방했기에 진정한 양명학이라는 결론을 내리고 있다. '허와 실'이라는 대립적 이항 구도를 전제한 뒤, 양명학자인지 아닌지를 구분하고 있는 것이다.

이와 같이 정인보는 조선 시대의 양명학파를 연구하면서 그 분류의 주요한 기준으로서 '실심'과 '실자'에 착안하고 '실학으로서의 양명학'의 가능성을 모색하고 있다. 또 '실심'에 의해 학문을 했는가에 따라서 양명학파에 포함시키는 시도까지 하고 있는 점이 특이하다. 그런 의미에서 볼 때 홍대용은 바로 실심에 의한 학문을 했다는 이유에서 조선 양명학파의 인물군에 포함되고 있는 것이다. 사실 망국의 시기에 살면서 정인보 자신이 갈망했던 학문은 양명학이었고, 이것이 그의 '실심지학'을 만드는 이론적 배경이 되었다. 결국 국망(國亡)과 양명학, 그것이 바로 정인보 학문 정신의 최대의 문제의식이었으며, 국가의 멸망이라는 난국을 타개하기 위한 그의 대안은 양명학을 바탕으로 한 '실심지학'이었던 것이다.

홍원식의 해제에 의하면 "정인보는 망국의 원인을 주자학에서 찾았으며, 실질적 행동 없이 이론만 왈가왈부하는 주자학이 조선을 병들게 했다고 보았다. 그래서 말보다는 행동, 과거(科擧)를 위한 학문보다는 실질적인 도덕 공부로 이행돼야 한다는 것이 그가 생각한 당위였다. 그가 양명학을 선택했던 이유는 바로 이것이며, 심즉리(心卽理)를 통한 실질적인 마음공부, 이것은 현실적으로 개개인의 양심을 회복시키는 중요한 이론적 매개가 된다. 특히 정인보는 맹자에 의해 제시된 '양지'를 중시했고, 인간의 양심에 대한 강한 믿음을 드러내었다. 따라서 그는 '양지'를 그대로 발현시켜 냄으로써 개개인의 양심을 회복시키기 위해 양명학을 선택했던 것이다"(홍원식 2004, 208). 그럼 강화 양명학파(=강화학파)가 형성된 시기는 언제이고 전개 상황은 어떠했을까.

대체로 강화학파의 형성 시기를 추정할 때 학파로서의 기초를 마련한 시기는 1711년 이후로 보는 것이 통설이다. 즉 정제두가 61세 되던 해(1711) 8월, 경기도 안산(安山)에서 강화도로 이주한 것을 계기로 많은 후학들을 양성하고 이후 '강화학파'가 형성되었다는 것이다(최재목·이상훈 2006, 97-98). 즉 강화도 이주 이후 정제두는 그곳에서 저술과 강학을 시작하는데, 이것을 계기로 강화학파가 본격적으로 형성된다. 기존의 연구 성과에 의거하여 사승관계라는 측면에서 볼 때, 강화학파의 대략적 흐름을 살펴보면 정제두 이후 그의 아들 정후일과 문인인 이광신, 이광사, 이광명(李匡明), 심육(沈錥), 윤순(尹淳), 이진병, 정준일(鄭俊一), 송덕연(宋德淵), 최상복(崔尙復), 이선협(李善協), 신대우(申大羽), 이광려(李匡呂), 성이관(成以觀), 오세태(吳世泰), 이선학(李善學), 김택수 등이 초기의 강화학파를 형성한 인물들이다. 이어서 이들의 학문은 가학(家學)으로 전승되어 정후일의 학문은 그 사위인 이광명과 그의 고손인 정문승(鄭文升)·정기석(鄭箕錫, 6대손)·정원하(鄭元夏, 7대손) 등으로 계속 이어졌으며, 신대우(1735~1809)의 심학(心學)도 가학의 형태로 그 아들인 신작·신현(申絢)에게 계승되었다.

그런데 강화학파의 가장 큰 핵심 인맥을 말할 때 빠뜨릴 수 없는 존재는 역시 전주 이씨 가문이다. 즉 이광신, 이광려, 이광사, 이광명 등이 그들이다. 이들의 학문 전승 관계를 살펴보면, 각각 이광려(1720~83)는 정동유

(鄭東愈)에게, 이광사는 그의 아들인 이긍익(李肯翊, 1736~1806)과 이영익(1740~80)에게, 이광명은 양아들인 이충익(1744~1816)과 손자인 이면백(李勉伯, 1767~1830), 증손인 이시원(李是遠, 1790~1866)·이지원(李止遠)에게 이어졌다. 이시원의 학문은 다시 아들 이상학(李象學)을 거쳐 손자인 이건창(1861~98)·이건승(李建昇)에게 전해졌고, 이지원의 학문은 그의 손자 이건방(1861~1939)을 거쳐 정인보에게, 정인보의 학문은 다시 연희전문학교의 제자인 민영규에게 이어졌다. 특히 이광명(1701~78)이 강화도 사곡(沙谷)에 정착하고 정제두에게 수학하면서부터 양명학은 강화도에 거주하던 전주 이씨 일문(一門)의 가학이 되었고, 이를 일러 강화학파(江華學派)라고 한다.[4] 그리고 강화학 200년은 근대기에 접어들자 정인보의 『연론』에 의해 근대 용어로 집대성되는 한편, 근대적 사상으로 변모했다고 볼 수 있다. 이 '강화학파'는 정인보 외에 김택영(金澤榮)·박은식(朴殷植)·신채호(申采浩) 등 한말(韓末) 일제하의 민족운동가·사상가들에게도 적지 않은 영향을 주었음은 두말할 필요도 없다.

그런데 이 가운데 박은식의 양명학에 대한 이해와 인식은 정인보의 그것과 매우 유사했는데, 그는 한국 근대기 양명학 전개사에서 양명학의 실천정신을 부각시킨 대표적 지식인이었다. 그는 주자학이 새로운 사회적 변화에 능동적으로 대처하지 못하는 근본적인 원인을 학문적 경직성으로 파악했고, 조선 후기 주자학의 주요 쟁점이었던 예송논쟁(禮訟論爭)과 사문난

4_강화학파의 전승 관계와 관련해서는 이하의 논고를 참조. 최재목·이상훈, 2006, "'강화양명학' 연구를 위한 기초자료 정리", 『陽明學』 第16号, 韓國陽明學會, pp.98-99; 유준기, 1994, 『韓國近代儒敎改革運動史』, 도서출판 삼문, pp.238-239; 崔在穆, 2004, "江華 陽明學派 연구의 방향과 과제", 『陽明學』 第12号, 韓國陽明學會, p.55; 이희목, 2005, 『李建昌 文學硏究』, 성균관대학교 대동문화연구원, p.211 등.

적을 주자학파의 폐단으로 지적하고 주자학이 경직되면서 현실 변화에 적극 대처하는 활발한 사상으로 거듭나지 못했다고 비판했다(박정심 2006, 279). 즉 박은식은 근대적 시각에서 양명학을 재조명하면서 양명학이 지니고 있는 개혁과 실천 지향적 정신으로 당시 한국 사회가 지니고 있던 역사에 대한 폐쇄성을 극복하고, 이를 통해 민중의 사기를 북돋아 망국의 위기에 놓인 조국을 구하려는 노력에 힘썼다(朱七星 외 1998, 282). 이처럼 박은식도 정인보의 양명학 부흥 의도와 맥락을 같이하는 입장을 취했고, 민족주의적 입장에 서서 양명학을 실천·행동의 학문으로 이해했던 것이다.

이런 점에서 볼 때 강화학파는 한국 근대 민족주의의 원류 가운데 하나라고 할 수 있다. 이들 강화학파는 '당색'(黨色)상으로는 모두 '소론'(少論)으로서 이들 가운데 특히 이광명·이광사 집안은 1755년 나주괘서사건[羅州掛書事件, 혹은 을해역옥(乙亥逆獄)] 등과 같은 사건에서 '노론'(老論) 집권층에게 큰 피해를 당했다. 이런 정치적 입지는 이들이 주자학과 다른 사상적 경향을 더욱 발전시키는 데 일조했다고 평가해 볼 수 있다.

이와 같이 정제두를 개조로 하는 강화학파의 학통(學統)은 전주 이씨 가문의 주도적 역할과 그 후학들의 노력에 의해 한국 근대기까지 끊이지 않고 그 명맥을 유지해 왔던 것이다. 전주 이씨 가문의 강화학파 학문 전승관계를 표로 나타내면 〈표 3〉과 같이 정리될 것이다.

여기에서는 강화학파에 속한 각각의 인물들과 그 학문의 구체적 내용을 살펴보지는 않겠지만 그 대략적 성격을 간략히 기술해 보면, 강화학파의 다양한 인물들은 중국 양명학과 일본 양명학의 전개 양상과는 그 색깔을 달리하는 측면이 있다. 즉 이들에 의해 이뤄진 학문·학술의 구체적 내용은 철학 사상으로서의 심학에만 머무르지 않고 인문학의 각 분야에 관심을 기울이면서 사학·어학·문학·서화(書畵)·실학 등 다양한 방면에서 뚜렷

표 3

개조(開祖)	1대	2대	3대
하곡 정제두	이광려	정동유	
	이광사	이긍익, 이영익	
	이광명	이충익, 이면백, 이시원, 이지원	(이시원계)이상학, 이건창, 이건승 (이지원계)이건방, 정인보→민영규

한 족적을 남기고 있다는 것이다. 특히 강화학파의 가장 큰 특징은 중국과 일본 양명학자들에 비해 문학과 문예 방면에서 이룩한 풍부한 성과이다. 그리하여 정제두 사후 강화학파에서는 다양한 인물군이 등장했고, 그 성과도 평가할 만한 것이 몇 가지 있었다고 할 수 있다. 그것을 잠시 언급하면 첫째 강화학파에서는 우리 역사와 언어에 대한 새로운 관심과 이에 대한 치밀한 연구 경향이 나타났다. 둘째로 강화학파 내에 노장사상 및 불교에 대한 연구도 진행되었다. 셋째로 강화학파는 19세기 초에 이르러 유교 경학 연구를 체계적으로 진행하는 경향 및 정약용의 학문을 흡수하려는 시도가 나타났다.

첫째의 사례인 이긍익의 『연려실기술』(燃藜室記述), 이시원의 『국조문헌』(國朝文獻), 이건창의 『당의통략』(黨議通略) 등은 지금도 사료적 가치가 매우 높은 중요한 역사서이며, 이광사의 『오음정서』(五音正序), 유희(柳僖)의 『언문지』(言文志) 등은 우리 언어에 대한 과학적 연구 성과이다. 또 이광사의 경우는 '원교체'(圓嶠體, 원교는 이광사의 호)라는 자신만의 독특한 서체(書體)를 창안하기도 했는데, 이것은 중국적인 것에 심취한 김정희(金正喜)의 '추사체'(秋史體)와 대조를 이루었다는 평가를 받고 있다.

둘째의 예를 들면, 이충익은 『초원담로』(椒園談老)라는 저술을 지었으며, 정인보가 조선 양명학파의 제1유형에 편입시킨 신작에게도 노자(老子)

에 대한 연구서가 있었다. 또 이충익의 경우는 불교를 깊이 연구하여 『진언집』(眞言集)이라는 저서를 남기기도 했다. 셋째의 구체적 사례로서 언급할 수 있는 인물은 신작인데, 그는 『시차고』(詩次故)·『역차고』(易次故)·『서차고』(書次故)라는 저술을 지었다. 이것은 산일(散佚)된 유교 경전 주석을 체계적으로 집일(集佚)한 것으로 대체로 중국 한대(漢代) 경학의 입장에 서 있다. 이렇게 볼 때 강화학파는 단지 양명학에만 머무른 것이 아니라, 시대가 흐름에 따라 변화와 발전이 있었음을 알 수 있다. 한편 신작은 정약용과 깊은 학문적 교류를 했으며 이 인연을 계기로 이상학이 정약용의 학문에 대한 연구를 한다. 뒤에 이건방이 정약용의 『경세유표』(經世遺表)에 서문(序文)을 쓰고, 정인보가 『여유당전서』(與猶堂全書)를 간행한 것 등은 우연한 일이 아니었다. 정약용의 학문은 많은 부분이 강화학파에게 수용되어 이들을 통해 근대의 우리에게 전해졌으며 '강화학' 자체도 정약용의 학문과 결합하는 가운데 민중적 성격을 더욱 발전시킬 수 있었다.[5] 이렇게 결합된 학문이 바로 일제시대 정인보와 같은 민족주의자들의 이념을 형성하는 데 있어서 사상적 토대로 작용했다고 볼 수 있다.

결론적으로 볼 때 조선 양명학은 사상적 헤게모니를 장악한 주자학 세력의 지속적인 견제 속에서 그 명맥만을 유지해 오다가 하곡 정제두라는 인물에 의해서 집대성되었다. 그는 "주자학의 학설이 어찌 훌륭하지 않겠는가. …… 오늘날 배우는 자들은 그 근본을 잃어버리고 오늘날의 학설만을 주장한다. 이것은 주희를 배우는 것이 아니라 주희의 이름만 빌린 것이요, 주희의 이름을 빌린 것일 뿐만 아니라, 주희의 학설을 억지로 꾸며 대

5_앞의 주에 있는 논문 등을 참조.

어 자신의 뜻을 이루고, 주희의 위엄을 등에 업고 사사로움을 이룬 것이다"[6]라고 하여 당시 주자학 주도의 학술계와 주자학자들의 병폐를 비판했다. 그 후 붕당정치와 주자학적 교조주의에 회의와 실망을 느껴 관직을 포기하고 학문 연구에만 몰두했다고 한다. 만년에는 강화도로 주거를 옮기고 그곳에서 후학들을 양성하면서 양명학 연구에 몰두했는데, 마침내는 하나의 학파가 생겨나게 되었다. 그것이 바로 '강화학파'였고, 정제두의 몰후 그의 학문은 가학으로 전해지면서 양명학적 학통이 단절됨 없이 이어졌다. 이것이 조선 양명학파의 가장 큰 흐름이자 특징이기도 했다.

정인보는 이와 같은 강화학파를 현창하면서 민족주의의 표본으로 삼고자 했던 것이고, 우리 민족의 나아갈 바를 강화학파의 실심과 실학의 학문 정신에서 찾고자 했던 것이다.

IV. 맺음말

양명학은 중국 본토에서 명대 중기에 발흥하여 주자학적 세계관을 대체하면서 새로운 사회질서관의 탐색을 도모했음에도 불구하고, 조선에서만큼은 그 영향력이 현저히 떨어졌음은 부정할 수 없는 사실이다. 더구나 일본의 경우에는 막(幕) 말기(末期)의 사무라이와 지식층에게 널리 퍼져, 새로운 패러다임의 사회질서관의 하나이자 메이지유신의 정신적 토대가 됨

6_『하곡집』(霞谷集) "재언"(在言) 하(下)에 있는 문장. 朱七星 외(1998)에서 재인용.

으로써 당시의 학술 사조를 지배하는 키워드가 되었는데, 유독 조선조에서 만큼은 전혀 영향력을 발휘하지 못했다는 사실이 역사의 아이러니라 하지 않을 수 없다.

그만큼 양명학은 조선조에서 사문난적으로 몰릴 정도로 각광을 받지 못했다. 하지만 양명학이 각광받지 못했다 해서 양명학파가 없었다고는 할 수 없다. 주자학자들에 의해 이단으로 몰렸던 양명학은 멸시와 좌절의 과정을 겪으면서도 면면히 역사 속에서 살아 움직였다. 그리고 근대기에 이르러 일본 제국주의의 지배 체제하에서 정인보라는 인물이 조선 양명학파의 사상적 흐름을 이어받아 근대적 학문 방법에 의해 양명학을 재인식하고, 조선 양명학파의 원류와 인물들을 되살리고자 양명학 연구를 시작하여 그 연구 성과를 동아일보에 연재한다. 이 책이 바로 한국 최초의 '양명학사'라 할 수 있는 정인보의 『양명학연론』이다. 그래서 이 논고에서는 이 책에 대략적인 초점을 맞추면서 특히 정인보의 조선 양명학파 연구에 있어서의 주요 특징과 분류법을 소개하고, 조선 양명학파의 인물군을 그 자신이 어떻게 평가했는지 또 그 평가의 기준은 무엇이었는지를 고찰하고자 했다. 따라서 본고의 초점은 더 상세하게 말하면 『연론』의 제6장 "조선 양명학파"에 맞추어져 있다. 또 정제두에서 시작되는 소위 강화학파의 전체적 흐름에 대해서도 본문의 끝부분에서 미약하게나마 다루었다. 흔히 강화학파의 학문적 경향은 양명학으로 이해되지만, 강화학파의 전개 과정에서 볼 때 꼭 그렇지만은 않았다는 것이다. 정제두의 후학들, 즉 강화학파에 포함되는 인물군은 다양한 분야에 관심을 기울이면서 한국 인문학의 발전에 일정의 공헌을 했다는 점을 밝혀 놓았다.

정인보의 조선 양명학파 연구는 그 분류 기준이 자신이 애용하던 '실심'(實心)과 '실자'(實字)에 있었고, 그 점에 착안하여 '실학으로서의 양명학'

의 가능성을 모색하고 있다는 점도 이미 본문 속에서 지적했다. 또 '실심'에 의해 학문을 했는가의 여부에 따라 양명학파에 포함하기도 하고 안 하기도 했다는 것을 본문 속에서 구체적 논증을 통해 분석했다. 여기에는 민족적 위기의 시대에 실천하고 행동하는 지식인의 출현을 갈망한 정인보의 소망이 담겨 있었다고 할 수 있으며, 그의 학문 정신과 민족의식이 양명학에 바탕을 두고 있다는 것도 여실히 드러나고 있다. 그리고 '지행합일'의 전제 조건에는 '실심에 바탕을 둔 실행(實行)'이라는 것이 있었음을 간파할 수 있었다. 정인보는 그처럼 실심에 의한 학문을 실학이자 양명학으로 간주했고, 실천적 양명학을 대중들에게 '민족주의 의식의 고취' 일환으로서 알리고자 했던 것이다. 정인보의 이와 같은 노력은 한국의 근대성과 민족주의 및 양명학과의 관련성을 찾아내고자 하는 하나의 시도였다고 볼 수 있다.

6장

야나기타 쿠니오의 '일국민속학'과 문화 내셔널리즘

임경택

I. 머리말: 내셔널리즘론의 맥락에서 본 '일국민속학'

1875년 메이지 정부가 출범했던 초기에 태어난 야나기타 쿠니오(柳田國男, 이하 야나기타라 칭함)는 1962년 패전 후 일본이 고도의 경제성장기에 진입하던 시기까지 약 87년간, 정부의 관료로서 그리고 당대의 지식인으로서 활발한 활동을 전개했다. 그가 남긴 업적의 영역은 일본 종교사에서 국어학·국문학 및 민속학에 이르기까지 매우 다양한 분야에 걸쳐 있다. 그중

• 이 글은 2005년 『日本思想』 8호에 실린 "야나기타 쿠니오의 '일국민속학'과 문화 내셔널리즘: 단일민족론의 민속학적 형성과 전개"를 중심으로 하고, 2004년 『정신문화연구』 27권 3호에 실린 "야나기타 쿠니오(柳田國男)의 '일국(一國)민속학'과 식민주의에 관한 일 고찰"의 일부를 추가하여 수정한 것이다.

에서도 '야나기타 민속학'이라 불리는 영역은 그가 전 생애에 걸쳐서 구축해 온 분야이며, 결국 다른 모든 분야는 이 민속학의 체계를 세우기 위한 것이었다. 그가 보여 준 "민속 연구를 통해 현실 문제의 해결에 복무하려는 실천적 자세"(남근우 2002, 205)로 인해 그의 민속학은 "경세제민의 학"이라 불리며 지금까지도 그 실학적 지향성을 높이 평가받고 있으며, 또한 오늘날의 일본인론, 일본문화론, 일본학 등도 야나기타의 학문과 깊은 연관을 맺고 있다. 이와 같이 일본 민속학의 시조라 불리는 야나기타에 관한 연구는 이루 다 셀 수 없을 정도로 많지만, 대부분이 내재적 연구 즉 야나기타의 업적 안에서만 이뤄져 온 경향이 있어 야나기타의 사상이 당시의 일본 민족론의 맥락 안에서 어떤 위치를 차지하는가에 대한 분석은 미미하게 이뤄진 것이 사실이다. 그는 당시의 일본 제국의 논단에서 주를 이뤘던 민족론의 대세와는 달리, 혼합민족론에서 단일민족론으로 전향한 논자이다. 동시에 그의 사상은 아시아와 서구의 갈등 구조 안에서 "일본의 자화상을 어떻게 그려 낼 것인가라는 문제가 집약되어 나타나는 모델케이스"(小熊英二 1995, 205)로서도 중요한 의미를 지니고 있다. 이와 같은 기존의 상황을 고려하여, 이 글은 야나기타의 민속학적 저술을 일본 국내의 상황과 연관시켜 문화 내셔널리즘(nationalism)이라는 차원에서 전면적인 재검토를 행하는 것을 주요한 목적으로 삼고 있다.

야나기타의 생애를 근대 일본 내셔널리즘의 궤적 안에서 재구성해 본다면 다음과 같이 말할 수 있을 것이다. 그의 청년기는 유럽 사상에 대항하여 국가적 정체성의 확립을 목표로 하던, 메이지 시기의 내셔널리즘이 대두한 시기였다. 그 후 그의 장년기와 노년기에 걸친 시기에는 쇼와(昭和) 시대의 울트라 내셔널리즘이 풍미했다. 그리고 만년의 일본 사회는 패전으로 인해 미증유의 위기적인 상황에 직면하고 있던 시기였다. 야나기타가 일국민속학을 제창한 것은 전술한 울트라 내셔널리즘이 풍미하던 시기로서, 당시의 일본 사회는 경제적, 정치적 혹은 사상적으로 매우 어려운 상황에 봉착해 있었다.

구체적으로, "1929년 10월에 일어난 세계공황은 일본 경제에도 큰 타격을 주었고, 이듬해 3월 주가가 폭락하여 국내시장의 축소, 실질임금의 저하, 농촌의 쌀값 하락 등으로 인해 사회 불안이 초래되었다. 또한 1931년 9월의 만주사변을 전후하여 일본 국내에서는 우경화가 급속하게 진전되었고, 그 이듬해 8월 일본 문부성은 사상 통제의 거점으로서 '국민정신문화연구소'(國民精神文化硏究所)를 설립했다. 4년 후인 1935년에는 '천황기관설'(天皇機關說)[1]에 대항하여 통치권의 주체가 천황에게 있다고 주장하는 '국체명징운동'(國體明徵運動)이 활발하게 일어났다. 언론계도 일본 정신의 함양을 도모하는, 국가주의와 국수주의를 기조로 하는 서적들을 잇달아 간행했다. 1937년이 되자 문부성에서 국가 이데올로기의 지침이 제시된 『국체의 본의』(國体の本義)가 간행되었고, 중일전쟁이 발발했다. 1938년 4월에는 전시체제로 이행하기 위한 〈국가총동원법〉(國家總動員法)이 제정되었고 1940년 7월에는 "기초국책요강"(基礎國策要綱, 대동아신질서·국방국가건설방침)이 결정되었다. 그리하여 1941년 12월에는 제2차 세계대전에 전면적으로 돌입하게 되었던 것이다. 즉, 그가 제창한 '일국민속학'은 공동체로서의 일본 국가 전체에 위기적인 상황이 초래되었다고 의식되는 때였다는 점이 주목"(임경택 2004, 71)되는 것이다.

이런 시기에 야나기타는 유럽의 제 학문들로부터 계발의 자극을 받으

1_옐리네크의 국가법인설에 근거하여, 통치권은 법인인 국가에 있으며, 천황은 그 최고 기관으로서 통치권을 행사하는 것으로 간주하여, 천황주권설과 대립한 것을 가리킨다.

면서도 그것을 직수입하는 것을 의식적으로 피하고, 국내에서 연구자 집단을 조직하는 한편, 실증적 연구를 축적시킴으로써 하나의 독립된 학문 영역으로서 '일국민속학'을 창출하기 위해 노력했다. 그 안에는 '국민적' 정체성(national identity)의 근거를 추구하고자 했던 야나기타의 절실한 희망이 담겨 있는 것이었다. 패전 후 발표한 "현대 과학이라는 것"(現代科學といふこと)의 제1장이 '일국민속학'이라는 제목하에 그 시점과 방법, 대상 등의 방법론적 문제가 체계적으로 상술되어 있어서 야나기타가 일국민속학에 대해 가지고 있던 결의의 일단을 엿볼 수 있다. 야나기타의 학문은 이론 체계보다는 실증성이나 가설의 구축을 특색으로 하고 있다. 그럼에도 불구하고 그가 거북스러워했던 이론 체계의 분야에 몰입하여 일국민속학의 이론적 골격을 제시한 『민간전승론』(民間伝承論)을 저술한 것은, 야나기타가 일국민속학의 체계화를 가장 긴박한 과제로 여겼기 때문이라고 추측된다. 따라서 이런 그의 입장을 문화 내셔널리즘이라 규정하여도 무방할 것이다.

내셔널리즘에는 정치 내셔널리즘[2] 외에도 문화 내셔널리즘이라는 또 다른 범주가 존재한다. 문화 내셔널리즘의 문제에 관해서는 어니스트 겔너(Ernest Gellner)를 비롯한 여러 학자들[3]의 논의가 주목을 받아 왔는데, 이것을 정체성(identity)과 연관시켜 본격적으로 검토한 것은 사회학자인 J. 허친슨(Hutchinson, J.)이었다. 아일랜드의 국민국가 형성론의 일환으로 '문화 내셔널리즘'을 전개시켜 온 그의 주장에 따르면 문화 내셔널리즘은 아일랜드

2_내셔널리즘을 정치적 단위와 국가적 단위가 일치해야만 한다고 주장하는 정치적 원리라고 규정한 겔너의 정의와, 자치와 통일 그리고 내셔널 아이덴티티(national identity)라는 목표를 달성하고 유지하기 위한 이데올로기적 운동이라고 규정한 스미스(Smith, A.)의 정의가 여기에 속할 것이다.

3_Khon(1946); Patten(1999) 등이 있다.

의 민속학자나 역사가, 예술가, 저널리스트 등이 중심이 되어 일어난 풀뿌리 운동으로서 국민국가 형성에 중요한 역할을 했다고 한다. 그리고 그들의 문화 내셔널리즘의 목적이 역사적 공동체로서의 네이션(nation)을 도덕적으로 재생시키는 데 있었다고 역설하고 있다(Hutchinson 1987, 1-29). 이런 허친슨의 논의 가운데에서 주목을 끄는 것은, 문화 내셔널리즘의 출현이 역사적 공동체로서의 네이션이 봉착하게 된 문화적 정체성의 위기와 관련되어 있다고 한 점이다. 허친슨은 문화 내셔널리즘을 사회의 위기 상황에 재현되는 재생 운동이라고 규정하고(Hutchinson 1987, 40), 문화 내셔널리즘이 집합적 정체성의 새로운 근거를 구축하게 되는 것은 당해 사회가 전통주의자와 근대주의자로 양극화되는 위기적 상황에 처하게 될 때라고 지적했는데(Hutchinson 1992, 101-117), 이는 야나기타의 일국민속학 창출의 계기를 생각하는 데 있어서 매우 중요한 시사를 담고 있다고 할 수 있다.

한편, 일본의 학계에서도 문화 내셔널리즘의 문제를 다뤄 왔었는데, 인류학자인 아오키 타모츠(青木保)는 텐노(天皇)의 존재가 일본인의 정체성의 중요한 부분을 차지하고 있다고 지적하고, 현대 일본인의 문화적 기억이나 문화적 정체성의 대부분이 '만들어진 전통'이라고 주장하고 있다.[4] 하루미 베푸(Harumi Befu)는 일본인론을 내셔널리즘의 한 유형으로 보고, 소극적 내셔널리즘의 표상으로 파악하고 있다.[5] 요시노 코사쿠(吉野耕作)는 1970년대에서 80년대에 걸쳐 나타나는 일본인론 안의 문화 내셔널리즘을, 기존의 국가를 기반으로 국가 정체성을 유지하고자 하는 내셔널리즘의 한 유형

4_青木保(1993, 4-18). 여기에서 그는 주로 쇼와텐노(昭和天皇)의 병환과 죽음, 헤이세이텐노(平成天皇)의 즉위 등과 관계된 일련의 의례 과정을 분석하고 있다.

5_Befu(1993, 107-135)를 참조.

으로 규정하고, 문화 내셔널리즘은 국가의 문화적 정체성이 결여되어 있거나 부적절하거나 위협받을 때 그 정체성을 창조·유지·강화하는 활동이라고 규정했다(吉野耕作 1997). 이런 일련의 논의에서도 지적되는 것처럼 문화 내셔널리즘이란 문화적 정체성을 기본적인 속성으로 하는 개념이고, 그 정체성이 현재화(顯在化)하는 것은 허친슨의 지적대로 공동체로서의 국가/민족(nation)에 위기적인 상황이 도래했다고 의식될 때이다. 요시노가 규정한 문화적 정체성의 결여, 부적절, 위협은 바로 문화적 정체성의 위기의식의 표상이라고 해도 좋을 것이다.

야나기타가 창출한 일국민속학은 이런 문화적 정체성의 위기의식과 깊은 관련이 있는 학문 영역이다. 1934년에 발표한 『민간전승론』에서 야나기타는 민간전승의 학문을 '일국민속학'이라고 부르고 있는데, 당시에 그는 일본이 '일민족 일언어 일국가'라는 국민국가의 이념을 구현하고 있다는 확신을 가지고 있었던 듯하다. 왜냐하면, 그는 근대 일본이 '일국 일언어 일종족'인 까닭에 국내의 자료 정리가 매우 용이하고, 일본에 일국민속학이 성립될 가능성이 존재하는 이유의 하나가 '인종·언어의 관계'라고 주장하고 있기 때문이다. 또한 동서의 구별도 그다지 없고, 나라 전체를 '하나의 공동체'로 생각할 수 있으며, 이 국토 안에 '하나의 종족(種族)'이 퍼져 있는 것은 매우 비범한 현상으로서 '통합성(unity)의 문제'를 연구하는 데 가장 적합한 나라라고 할 수 있다고 했다. 그리고 무엇보다, 『민간전승론』에서 일본에는 조선이나 중국, 아이누의 문화가 유입되어 '문화의 이분자(異分子)'가 있다고 인식하면서도, 동시에 '단일민족'이나 '단일공동체', '단일문화'라는 시각을 강하게 주장한 것은 야나기타의 사상 안에 배태되어 온 문화 내셔널리즘에 연유하고 있다고 해야 한다. 『민간전승론』의 말미에서 야나기타는 자신의 문화 내셔널리즘을 다음과 같이 분명히 보여 주고 있다.

> 실제 오늘날은 학문상의 중요한 전환기인데, 라이[6]의 일본 외사(外史) 혹은 노리나가 대인[7]의 국학에 의해 그 당시의 학문이 변화를 겪게 되었던 것과 같은 의미로, 중요한 학문적 전환이 지금 요망되고 있는 것이다. 우리들의 학문은 바로 이 전화의 계기를 이루는 것이라 할 수 있다. 이를 '신국학'이라 불러도 거리낄 것이 없는, 나라에 필요한 신흥 학문이다(필자 옮김).

이와 같이 '신국학'이라고까지 주장한 야나기타의 '일국민속학'의 사상적 특색은 크게 네 가지로 요약할 수 있을 것이다. 첫째, 일국(一國, 즉 일본)의 '주요 종족'에 그 대상을 한정하고 있다는 점이다. 둘째, 향토를 부분으로 하는 '하나의 공동체'로서의 일본 사회를 대상으로 하고 있다는 점이다. 셋째, 야나기타 자신은 일국민속학을 "자민족 동종족의 자기 성찰"로 간주하고, "국토 안에 하나의 종족이 널리 퍼져 있다"고 인식했다는 점이다. 넷째, 그가 사용하는 '고유'라는 개념은 집합적 자의식으로서의 국가적 정체성 안에 뿌리를 내리고 있다는 점이다. 더욱이 야나기타는 인류 사회의 민족들이 공통의 '민속진화'의 경로를 가지고 있다는 진화주의를 전제로 하여 비교 연구('비교민속학')를 주장하기도 했지만 '일국민속학'의 완성을 우선적 과제로 설정하게 되는 과정을 겪기도 한다.

이하 본 글에서는 이런 특색을 중심으로 하여 야나기타가 일국민속학을 전개해 가는 과정을 살펴보고, 비교 연구의 지향성을 배제하고 내서널

6_에도 후기의 유학자이며 시인이자 역사가인 라이 산요(頼山陽, 1780~1832)를 가리킨다. 그의 일본 외사는 막번 시대 말기의 존양파들에게 널리 읽혀져 큰 영향을 미쳤다.

7_에도 시대 중기의 국학자로서 일본 국학 4대인의 한명인 모토오리 노리나가(本居宣長, 1730~1801)를 가리킨다. 『고사기』(古事記)의 실증적 연구를 통해 고대 정신을 극대화하고 일본 정신을 명확히 하는 한편, 외래 사상 특히 유교를 배척하고 복고사상을 설파하여 국학의 사상적인 기초를 닦았다.

리즘의 재건에 매진하게 되는 과정을 분석함으로써 야나기타의 '일국민속학'이 지닌 문화 내셔널리즘적인 성격을 보다 구체적으로 일본 사회의 맥락 안에서 규명해 보고자 한다.

II. 야나기타의 국가관: 메이지시대의 '가족국가관'과 야나기타의 국가·향토

야나기타는 초기 저작인 『농정학』(農政學, 1904)과 『농업정책학』(農業政策學, 1909)에서 국민을 현재와 과거, 미래의 연속체로 인식하고 있다.[8] 일본식 가족제도인 '이에'(家)의 은유로 국가와 국민을 인식하는 것은 당시의 일본 사회에서는 당연한 것이었다. 즉, 일본 사회에서는 근세 이후 '이에'가 가풍이나 조상이라는 상징을 수반하고, 이런 종류의 상징은 이에의 구성원의 교체와는 직접적인 관계없이, 과거에서 현재 그리고 미래의 세대를 초월하여 존속하는 것이라고 여겨지고 있었다. 이에의 연속성이란 바로 이런 인식에 근거하여 생겨난 관념인 것이다. 1898년에 시행된 구(舊) 민법의 가족법은 이런 이에의 연속성을 법적으로 보강한 것이었다. 야나기타는 연속체로서의 이에가 개인과 국가를 결합시켜 주는 매개체가 된다는 것

8_『농업정책학』에서 다음과 같이 주장하고 있다. "국가는 현재 생활하고 있는 국민으로만 구성된다고 말하기 어렵다. 사거한 우리들의 선조도 국민이 될 수 있다는 희망을 가져야 하고, 또한 국가는 영원한 것으로서 장래에 태어날 우리들의 자손도 국민이 되니, 그 이익을 보호해 주어야 한다"(293쪽).

을 강조하는데, 이는 그가 이에를 국가나 국민의 구성단위이자 일본인의 정체성의 근거로 간주하고, 개인과 조상의 관계가 개인과 국가와의 관계로 치환된다고 인식하고 있음을 보여 주고 있다. 여기에서 우리는 야나기타의 가족국가관의 일단을 엿볼 수 있으며, 일국민속학을 관통하는 야나기타의 역사적 연속관이 싹트고 있음을 알 수 있다.[9]

가족국가관이 창출되었을 당시의 일본 사회는 자본주의의 비약적 발전에 의해 급격한 변화를 겪고 있었다. 가족국가관은 이런 사회 상황—특히 농촌 인구의 유출과 도시화—하에서 메이지 정부가 국민에게 집합체로서의 이미지를 부여하고, '동일한 일본인'이라는 일체감과 연대감을 양성하기 위하여 창출한 것이라고 하는데, 이 조작적 이데올로기가 창출된 보다 근본적인 이유는 향토나 '이에'와의 연결성을 상실한 사람들의 안전감을 국가가 이에를 대신하여 보장하는 형태를 취하고, 민중들로부터 체제에 대한 신뢰와 복종을 끌어내기 위한 것이었다.

가족국가관은 '이에'와 조상숭배라는 두 가지 제도에 근거한 이데올로기이다. 그리고 이 이데올로기는 두 가지 측면을 가지고 있다. 첫째, 근세 이래 제도화된 이에를 재해석하여 텐노와 국민의 관계를 본가와 분가의 유추로 파악하고 있다는 점이고, 둘째, 이에의 선조 관념을 확대해석하여 텐노가(家)의 신화적 조상의 산하에 이에의 조상들을 수렴시켜 국가적 규모의 장대한 선조의 위계질서를 구축했다는 것이다. 이런 정부 주도의 조작적 이데올로기는 1945년의 패전에 의해 국가체제에 변혁이 일어날 때까

9_'이에'의 연속성의 문제는 『시골 대 도회지의 문제』(田舍對都會の問題, 1907) 이후, 『명치대정사세상편』(明治大正史世相篇, 1931), 『일본농민사』(日本農民史, 1931)를 거쳐, 전쟁 말기에 집필한 『선조이야기』(先祖の話, 1946)에까지 이어지고 있다.

지, 반세기 이상 일본 사회에서 국가 원리로서 주도적인 역할을 수행하여 왔다.

내셔널리즘이 환기시키는 가장 근원적인 감정은 앤서니 스미스(Anthony Smith)가 지적하는 것처럼 가족의 감정일 것이다. 따라서 가족의 은유는 필수적인 것이고, 민족의 구성원은 모어를 사용하는 모국, 혹은 조국의 형제자매로 묘사된다. 그 결과, 민족이라는 가족은 강한 충성심과 강렬한 애착을 불러일으키게 되는 것이다(Smith 1994, 358-365). 메이지 시대의 가족국가관도 이와 마찬가지로 직계가족의 형태를 지닌 이에의 은유로서 단일 민족국가의 구도를 만들고자 한 조작적 이데올로기에 다름없었던 것이다.

제국 헌법이 반포된 이듬해인 1890년 10월 국민 도덕의 방향이 명시된 〈교육칙어〉(教育勅語)가 공포되어 학교교육의 기본방침이 제시되었다. 〈교육칙어〉에는 '신민'이 지켜야 할 덕목으로서 "부모에게 효도하고 형제간에 우애 있고, 부부간에 화목하고 벗들 간에는 신뢰를 가지고, 스스로 공손하고 검소하며 세상 사람들에게 박애를 펼치고, 배움에 힘쓰며 기술을 익힘으로써 지능을 계발하여, 그로써 덕과 기를 완성"하는 것을 들고 있다. 그리고 메이지 정부의 이노우에는 이 덕목들을 해설한 『칙어연의』(勅語衍義, 1891)에서 '일국은 일가를 확충한 것'이라 하여 이에를 기반으로 한 국가상을 제시하고 있다. 즉 이에가 국가의 기본적인 구성단위임을 명시함으로써 국가의 기초에 제도로서의 '이에'가 존재하고 있다는 사실을 지적하고 있는 것이다.

이런 일련의 가족국가론을 일민족 국가론의 맥락에서 파악한 것은 헌법학자 호즈미 야쓰카(穗積八束)였다. 호즈미는 명치 민법이 시행되던 해에 "이에의 법리적 이념"("家"の法理的理念)을 발표했는데, 거기에서 그는 민법의 중심이 조상 제사가 행해지는 '이에'에 있으며, 이런 '이에' 관념의 연원은 바로 그 조상숭배에 있다고 했다. 또한, '이에'를 확대한 것이 국가, 국가를 축소한 것이 '이에'이며, 따라서 그 '이에'를 명확히 하면 국체(國體)도 저절로 명확해진다고 했다. 즉 이노우에와 마찬가지로 이에를 기반으로 하는 국가상을 구상하고 있으며, 동시에 텐노와 국민을 공통 출계로 하는 단일민족국가관을 주장하고 있는 것이다.

야나기타는 1897년에 동경제국대학 법과대학에 입학하여 1900년에 졸업했는데, 그가 재학 중이던 시기의 법과대학장은 전술한 호즈미였고, 법학자인 그의 형 호즈미 노부시게(穗積陳重)도 교수로 재직하고 있었다. 야나기타가 이에와 조상을 불가분의 관계로 간주하고, 이에를 국가나 국민의 기초에 두었던 것은 이 두 사람의 법학자로부터 받은 영향이 상당히 컸다고 여겨진다.[10] 호즈미 노부시게에 의하면, 일본의 조상숭배는 유사 이래 고유의 종교 형태로서 세 가지로 나눠진다. 황실의 시조에 대한 국민의 제사, 우지(氏)의 조상에 대한 제사의 흔적이라 할 수 있는 토지의 수호신에 대한 제사, 이에의 조상에 대한 제사이다. 그중에서 황실의 시조에 대한 제사를 가장 중시하여 '국민적 제사'라고 불렀고, "국민이 이세 신궁을 숭경하는 것은 그 곳에 아마테라스오미카미(天照大神)가 모셔져 있기 때문이 아니라, 그 아마테라스가 전 국민의 조상이라 간주되기 때문이다. 일본 국민은 일대 가족(one vast family)을 형성하고, 황실은 그 종가(宗家, Principal Family), 신민은 그 분가라는 관계에 있다고 생각된다"고 했다(Hozumi 1940, 99-100).

이들의 영향을 받은 야나기타는 이에에서 일본인의 정체성의 근거를 찾고, 선조를 이에의 연속성의 상징으로 간주하고, 이에의 존재를 자각하

10_야나기타는 『고향칠십년』(故鄕七十年, 1959)에서, 졸업 후에도 호즈미 노부시게를 방문하였다고 기록하고 있다.

는 것을 개인과 국가와의 연쇄라고 해석함으로써, 일본을 황실을 중심으로 한 단일민족국가라고 생각했던 듯하다. "조상이 수백 대 동안 항상 일본의 황실을 받들어 봉공하며 살아왔다는 자각이야말로 가장 명백하게 충군애국심의 근저를 만들어 낼 것이다"라고 한 그의 말이 그 증거가 된다. 이런 단일민족국가관은 후에 야나기타가 창출한 일국민속학으로 이어지며, 일국민속학이 단일민족학이라 불리게 된 근거도 여기 있는 것이다. 후에 『민속학 이야기』(民俗學の話, 1941)에서도 궁중의 제사와 무라(村)의 마츠리가 유사하다고 지적하면서 가족의 연장이 국가가 된다고 주장하고 있는 야나기타는 동시대의 문화 내셔널리스트와 마찬가지로 황실을 숭배하는 가족국가론자의 한 사람이었다.

한편, 이에에 기초한 연속체로서의 국가관과 아울러 야나기타가 특히 강조한 것은 향토라는 단위였다. 그는 국가 혹은 쿠니(クニ, 國)와 국민의 연결을 강화하는 매개항으로서 생각한 것이 향토였다. 일찍이 1910년에 니토베 이나조(新渡戶稻造)가 주재한 '향토회'에 출석하였고, 1913년에 잡지 『향토 연구』(鄕土硏究)를 창간했던 야나기타는 "향토라는 것"(鄕土といふこと, 1928)에서 "향토라는 말의 느낌이 고향·시골 혹은 지방 등의 말과는 달리, 일종의 강한 개념이 들어 있는 것 같아서 이 말을 채택했다"[11]고 술회했고, "향토 연구의 장래"(鄕土硏究の將來, 1931)에서는 일본이 "작은 향토의 집합"[12]이라는 것에 주의를 환기시키고 있다. 그는 당시에 향토를 일본의 부분 사회라고 생각하고, 향토에서의 연구를 출발점으로 하여 일본인의 생활 연구를 의도하고 있었던 것으로 여겨진다. 향토는 향토인 자신의 자기

11_『定本柳田國男集』 第24卷, p.49.
12_『定本柳田國男集』 第25卷, p.132.

내부 성찰의 장이면서, 동시에 일본이라는 대향토 안의 한 부분에 지나지 않는다는 관념을 지닌 야나기타의 향토 연구는 1920년대 후반부터 1930년대 전반에 걸쳐 전개되었다. 그것이 『민간전승론』을 거쳐 일국민속학으로 결실을 맺게 된다. 이 때 유의해야 할 점은 야나기타가 향토 연구의 대상을 일정한 토지에 한정시킬 것을 제1조건으로 하여, 향토인에 의한 향토 연구를 향토 연구의 본래의 목적으로 간주하고, 이것을 민간전승의 학문을 과학화하는 방법이라고 인식했다는 점이다. 한편, 『민간전승론』이 간행된 이듬해인 1935년에 일국민속학의 전국 조직인 '민간전승의 회'(民間伝承の會)가 발족한다. 야나기타는 이제 문화적 정체성의 기반으로서 일국민속학 운동을 전국적으로 전개하기 위하여 일국민속학의 대상을 설정하고 그 방법을 확립할 필요성을 절실히 느끼게 된다. 그중에서도 일국민속학의 대상과 방법을 명시한 이른바 민간전승의 '3분류안'의 작성은 그에게 최초로 부과된 중요한 작업의 하나였다. 그는 1930년에 '동경인류학회'에서 행한 "사회인류학의 방법과 분류"(社會人類學の方法と分類)라는 강연에서 처음으로 3분류안을 제시했고,[13] 그 후 수정을 거쳐 『민간전승론』에서는 '눈에 비치는 자료'를 통한 유형무화 혹은 생활기술지, 생활 제상(諸相)의 연구, '귀에 들리는 언어 자료'를 통한 언어예술 혹은 구승 문예의 연구, '심의 감각에 호소하는 자료'에 근거한 연구라고 설정했고, 특히 세 번째의 연구를 '동향인(同鄕人)의 학'이라 규정하고, 이 동향인의 학이 향토 연구의 근간을 이루고 있다고 했다.

이런 향토관을 지닌 야나기타는 당시에 관이 주도하던 향토 운동에 대

13_이때 제시된 3분류안은, '눈에 비치는' 생활양식, '귀로 들을 수 있는' 생활 해설, '감각에 호소하는' 생활 관념이었다(『柳田國男全集』 28, pp.274-275).

해서 비판적인 견해를 보여 준다. 토노(遠野)에서 행한 강연 '동북 연구자에게 바란다'(東北研究者に望む, 1926)에서 명치 초기의 '지방개량운동'[14]을 예로 들어 "내무성의 사적명승천연기념물보존협회와 같은 것은 오로지 수단에만 사로잡혀 주요한 결론을 도출해 내는 것을 잊고 있다"[15]고 비판하고, 사적의 보존은 결국 향토를 위해, 그 향토에 대해 아는 것만을 독립된 하나의 사업으로 삼은 것이므로 찬동할 수 없다고 했다. 그리고 이 지방개량운동을 모델로 하여 시작된 '농산어촌경제갱생운동'[16]과 그에 호응하여 일어난 '향토교육운동'[17]에 대해서도 "개개의 향토를 연구한 업적을 가지고, 그것을 바로 각자 거주지의 보통교육 특히 유소년자의 지덕의 양성에 사용할 수 있다고 하는 낙관, 내지는 조급한 계획"[18]이라고 비판하고 있다.

14_러일전쟁의 전비 부담으로 피폐해진 정촌(町村)의 재정을 재건하고, '행정촌'을 강화하기 위하여 공유림의 통합이나 신사의 합사, 소학교의 통합, 생활 관습의 개량 등이 추진되었으며, 그 외에도 공덕심이나 향토애의 함양이 중시되었고, 그 시책으로 향토지의 편찬, 사적의 보존, 향토실(향토박물관)의 설치, 향토 위인의 현양 등이 장려되었다.

15_『柳田國男全集』 27, pp.118-119.

16_1929년의 세계공황의 영향으로 사회불안이 가중되고, 만주사변을 전후하여 사상 통제가 이뤄지던 상황하에서 농림성이 주도하여 농산어촌의 경제와 사회의 구조를 쇄신하기 위하여 추진한 운동이다. 무엇보다도 '인보공조'(隣保共助)의 정신을 적극적으로 활용하여 경제생활에 반영하고자 했다. 각 부현지사는 경제갱생촌을 지정하고, 자력갱생 신념의 확립과 생산능력의 확충, 자급 생활의 충실, 경제조직의 개선, 협동 조직의 정비라는 목표를 내세운 경제갱생계획서를 작성하게 했고, 향토애의 함양과 농민의 자립갱생, 중견 농민의 육성에 진력했다. 그런데 이 운동을 추진한 농림성 사무차관 이시구로(石黑忠篤)와 경제갱생부장 시모히라(下平權一)는 야나기타와 함께 니토베가 주재했던 '향토회'의 구성원이었다.

17_1930년에 '향토교육연맹'이 조직되어, 그 기관지인 『향토-연구와 교육』(鄕土-研究と教育)이 창간되었다. 그 잡지는 후에 『향토과학』, 『향토교육』으로 개칭된다. 문부성도 1932년에 '향토교육강습회'를 개최하고, 야마나시(山梨) 현에서 '종합향토연구'의 실험을 행하는 등, 향토교육운동을 추진했다. 이는 명치 초기의 지방개량운동과 연동하여 일어난 것으로 보는 것이 타당할 듯하다.

야나기타가 이런 향토관을 가지게 된 것은, 정작 자신의 고향을 상실했던 그가 추상적인 일본 혹은 일본 국가에 고향의 이미지를 연장 확대시켜 그것을 영원히 자기 것으로 만들려는 강렬한 욕망을 지니고 있었기 때문이라 생각된다. 또한 향토나 고향은 일본어로 '쿠니'라고 불리는데, 이 '쿠니'는 태어난 고향이라는 한정된 토지뿐만 아니라 그 토지를 둘러싸고 있는 보다 큰 국토까지도 의미한다. 이와 같은 '쿠니'의 확대는 정치·경제·기술·교통 등의 발전과, 그에 수반되어 나타나는 인간관계의 확대와 불가분의 관계를 지니고 있다. 미약하기는 하지만 '쿠니'라는 개념에 확대된 향토 의식으로서의 네이션이 의식되고 있는 것처럼, 향토와 '쿠니'와 네이션이라는 개념은 미묘하게 서로 얽혀 있다. 이런 향토 개념과 더불어 '향토애'라는 것이, 좁은 토지와 결부된 생득적이라고도 할 수 있는 근원적인 감정으로서 종종 'patriotism'과 관련시켜 언급된다. 이 'patriotism'은 보통 애국심이라든지 애국주의로 번역되는데, 여기에 국(國)이라는 말이 개재됨으로써 그 감정은 국가나 국민을 매개로 하는 감정으로 전환된다. 그리하여 patriotism은 향토애의 동심원적 연장선상에 자리매김해 국가와 향토를 연속시키는 역할을 하게 되는 것이다.[19]

이와 같이, 『민간전승론』 간행 후 야나기타가 연구의 대상을 작은 향토에서 그것들의 집합으로서 '일본이라는 대향토'로 확대시킨 것은 그의 학문 노정에 있어서 대전환을 의미했다. 『국사와 민속학』(國史と民俗學, 1944)에

18_"향토과학에 관하여"(鄕土科學に就いて), 『柳田國男全集』 28, pp.414-420.

19_1890년을 전후하여 각지에 '동향'(同鄕)을 연결의 끈으로 삼는 조직이 탄생하고, 그 기관지로서 '애국심'과 '애향심'의 일체화를 주장하는 기사가 많아지는 것이 그 증거라고 할 수 있을 것이다.

수록된 "향토 연구와 향토 교육"(郷土研究と郷土教育, 1933)에서 야나기타가 개개의 향토 생활을 아는 것은 수단에 지나지 않는다고 단언하고 자신들은 향토를 연구하는 것이 아니라 향토에서 "일본인의 생활 특히 이 민족의 일단으로서의 과거의 경력"을 연구하고자 한다고 했던 것도, 그리고 향토 연구에서 출발한 일국민속학을 '국민생활지', '국민총체의생활지', '국민생활변천지'라고 불렀던 것도 야나기타의 사상 안에 단일민족사관과 일본 문화의 동질관이 정착했기 때문일 것이다.

III. '일국민속학'의 창출 과정과 이념 및 방법 : 혼합민족설에서 단일민족설로

1. 일국민속학의 형성과 정착

야나기타의 일국민속학은 기존의 문헌 사학에 대한 비판이 중요한 특색이라 할 수 있다. 일국민속학을 구상하던 당시의 야나기타는 문헌 사학이 등한시해 온 '잔존문화'로서의 'folklore'[20]에 주목함으로써 일본의 '평민

20_'folklore'는 일반적으로 민속이라는 말로 번역이 되는데, 메이지 시대 초기의 일본에서 민속이라는 말은 정부가 인민들을 통치하는 정책의 일환으로 민정 파악을 하기 위하여 사용한 '민정풍속'(民情風俗)의 약어로, 지금과 같은 민간 습속의 의미를 지닌 것이 아니라 매우 정치성을 띤 말이었다. 그런 이유로 인해 야나기타도 당시에는 민속이라는 말의 사용을 회피하였고, 그런 정치성이 희박해졌다고 판단되었을 때 — 연대상으로는 1920년대 후반에 해당한다 — 비로소 사용하기 시작하였으므로, 본 글에서도 그 시기에 맞춰 'folklore'라는

의 역사' 혹은 '상민 대중의 역사'를 밝힐 수 있다고 확신하고 있었다. 즉, 메이지유신 이후 근대화 과정에서 새로운 제도나 지식이 도입되어, 민간에 전승되어 온 'folklore'가 서서히 소멸되고 있었지만, 일본에서는 매일의 생활 속 사실들이 현재에도 과거를 이야기해 주고 있다고 생각하고 이것을 잔류 혹은 지속이라고 생각했던 것이다. 야나기타가 정독한 진화주의 인류학자 에드워드 타일러(Edward B. Tyler)의 애니미즘론 등은 바로 이 유제(survival) 개념에 기초하여 구축된 이론이었고, 야나기타도 그의 영향을 받았던 것이라 생각한다.

또한 야나기타는 타일러의 유제 개념을 문명사회에 적용한 앨리스 곰(Alice B. Gomme)의 이론에도 영향을 받는데, 곰의 이론이란 'folklore'에는 하나의 문화 단계에서 보다 높은 단계로의 발전이 없다고 하는 것이다. 야나기타가 기존의 문헌 사학에 대항하여 일국민속학을 정의하기를 "folklore를 일차 자료로 하는 사외사(史外史)"라고 부르고, 일국민속학을 광의의 역사학이라고 간주한 것도 바로 이 곰의 영향이라 할 수 있을 것이다. 한편, 프랑스의 민속학자로부터도 영향을 받고 있는데, 가와다 준조(川田順造)는 구두 전승이나 행위 전승 등의 지방 문화의 채집과 집성 운동의 중심인물이었던 폴 세비요(Paul Sébillot)를 들고 있다.[21] 야나기타가 일국민속학을 구상하던 당시, 그의 서명이나 학회명, 기관지명에 사용했던 '민간전승'은 세비요의 학문의 핵심어인 'traditions populaires'의 번역어이다. 또한 방법적인 면에서도 탈중앙·탈문자기록을 지향한다는 점에서 공통된 면을 보이

용어를 그대로 사용하기로 한다.

21_'야나기타 문고 장서 목록'에 세비요의 주 저서인 『프랑스 민속학』(*Le Folklore de France*) 전4권(1904~07)이 수장되어 있다.

고 있다(川田順造 1993, 15-21). 그리고 아놀드 반 게넵(Arnold van Gennep)과도 공통된 면을 보인다. 첫째, 반 게넵이 민속학을 유럽 농민의 민족지라고 규정하고, 민속과 역사의 관계를 중시하여 민속학의 목적을 농민 생활의 흔적을 찾는 것이라고 생각한 점이고, 둘째는 게넵이 folklore에는 현재의 사실뿐 아니라 과거의 사실이나 미래의 가능성도 포함되고, 이것을 분석하는 방법으로서 언어학과 비교법에 주목했다는 점이다. 즉 야나기타가 일국민속학을 농민을 중심으로 하는 '국민생활지' 혹은 '국민생활변천지'로 간주하고, 민속 어휘 중심의 연구나 자료 수집과 분류를 중시하여 국내의 민속 사상의 비교를 촉진한 것은 반 게넵의 시점 및 방법과 공통된 것이다.

이와 같이 야나기타의 일국민속학의 시점과 방법에는 영국의 타일러나 곰, 프랑스의 세비요나 반 게넵의 영향을 인정할 수 있지만, 그 이념의 측면에서는 독일 민속학과 상통하는 것이 상당히 존재한다. 영국 민속학이나 프랑스 민속학이 탄생하던 무렵에 양국은 이미 국민국가가 창출되고 중앙집권도 정비되어 있었지만, 후발국인 독일에서 국민국가가 창출되는 것은 19세기 후반이었다. 당시의 독일은 그때까지 분립되어 있던 제 민족을 정치적으로 통일하고, '일민족 일언어 일국가'를 실현하는 것을 급선무라고 여기고 있었던 시기였다. 독일 민속학은 이런 정치적, 사회적 상황하에서 단일민족학(Volkskunde)으로서 탄생했다. 단일민족학으로서 독일 민속학은 19세기 초두 이래, 민족의식의 각성과 성장과 더불어 네이션(=민족)의 고유문화에 대한 동경과 현창을 필수 조건으로 삼고 있었다. 그런 의미에서 독일민속학은 본래 자민족의 연구에 주안점에 둔 학문이었고, 그 바탕에는 민족적인 정념(情念)이 흐르고 있었다(岡正雄 1979, 51-60). 야나기타가 창출한 일국민속학에도 독일 민속학과 공통된 측면이 있다. 첫째, 야나기타가 일국민속학을 '자국민 동종족의 자기 성찰' 혹은 '스스로를 알기 위한 학문'

이라고 규정한 점이다. 둘째, 야나기타가 연구 대상을 한 나라(일본) 안의 '주요 종족'에 한정하고, 전시(戰時) 중부터 패전 후에 이르기까지 '고유 신앙'의 문제에 몰두한 점이다. 셋째, 일본인의 국가적, 민족적 정체성(natioal identity)을 추구하고자 하는 정념이다.

이런 배경을 가지고 야나기타가 새롭게 만들고자 했던 신흥학문 — 일국민속학 — 은 우여곡절을 겪으면서 정착하게 된다. 〈표 1〉은 일국민속학이라는 용어가 성립하기까지 야나기타가 겪은 고심의 행로를 보여 준다.

표에서도 볼 수 있듯이, 민속학과 민족학 혹은 토속학 등의 이름으로 연구 대상의 한정에 대해 많은 고민을 하는데, 기본적으로 folklore는 내부로부터의 조사를 기반으로 몇몇 선진국에서 스스로를 알기 위해 실천하는 학문이고, ethnology는 외부로부터의 조사를 기반으로 세계의 많은 민족이 선진 개화한 나라의 사람들에게 자신들을 알리기 위한 학문이라고 인식하고 있었다. 따라서 민간전승의 채집과 토속 조사의 차이는 전자가 각각의 나라들을 대상으로 하고 후자는 다른 인종들을 대상으로 한다는 것과, 전자가 정밀하고 미세한 내부의 심리적 현상마저 조사할 수 있는 데 비해 후자는 대략적인 견문 정도만을 기대할 수 있다는 것을 전제로 하고 있다. 야나기타는 『국사와 민속학』(國史と民俗學)의 자서(自序, 1943)에서 번역어의 정정 이유에 대해 다음과 같이 밝히고 있다. "민속학과 민족학이라는 두 학문의 접속에 대해 초기에는 매우 용이한 것이라고 낙관했다." 그런데 "두 학문의 거리가 멀어지고 민속학은 한 민족의 내부 생활에, 민족학은 일본 이외의 여러 민족의 문제에 집중함으로써 분업 상태가 계속되어 왔다. 그래서 그것들을 각각 일국민속학과 비교민속학으로 부르면 될 것이라고 생각했는데, 민족학 쪽에서 '관립연구소'와 공인의 학회[22]가 생겨남으로써 그것을 움직이는 것은 불가능해졌기" 때문에 과거에 민속학이라 부르던 것을

표 1 | 민속학, 민족학 용어의 번역과 성립 과정

	연대	용어				
		folklore	Volkskunde	Völkerkunde	Ethnology	Ethnography
잡지 『민속』 (일본 민속학회)	1912	민속학	민속학			
『청년과 학문』	1928	민속학			토속학	
"Ethnology란 무엇인가"	1928				장래에 국민적으로 되어야 한다.	
"동북과 향토 연구"	1930		자국민속학 혹은 national ethnology	諸國 민속학	민속학	민속지
"향토 연구의 장래"	1931		일국민속지학	비교민속지학	민속학	민속지
『민간전승론』	1934	민간전승			토속학	토속지 혹은 토속지학
『민간전승론』 이후		민간전승	일국민속지학	만국민속지학	토속학	토속지
'일본민족학회' 발족 후	1935	민속학	민속학		민족학	
『국사와 민속학』	1944	민속학	일국민족지학	비교민족지학	민족학 혹은 비교민족학, 토속학	토속지

민족학이라 부르게 되었다고 했다. 그리하여 일본에서 민속학과 민족학이라는 두 개의 '민조쿠가쿠'(ミンゾクガク)는 결별하여 오늘에 이르고 있다.

그런데, 메이지 시대의 내셔널리즘적인 사조 내에서 1890년을 전후하여 종족이나 인종, 민족이라는 말이 사용되기 시작되었다. 메이지 초기 후쿠자와 유키치(福澤諭吉, 1834~1901)는 『문명론의 개략』(文明論之概略, 1875)에서 nationality를 '국체'(國體)로 번역하고, "국체란, 한 종족의 인민들이 서로 모여 우락(憂樂)을 같이 하고 타국인에 대해 자타의 구별을 만들어, 화복(禍福) 모두 스스로 담당하여 독립한 것을 말한다"(福澤諭吉 1995, 40-41)고 하여 민족에 해당하는 집단에 대해 종족이라는 용어를 사용했다. 또한,

22_관립연구소란 1942년에 문부성 직할 연구소로 설치가 결정된 국립 '민족연구소'(1945년 폐지)이고, 공인의 학회란 '일본민족학회'를 가리킨다.

1889년에 잡지 『일본』을 창간했던 쿠가 가츠난(陸羯南, 1857~1907)은 nationality를 '국민주의'라 번역했고, 국가는 그 국민주의를 기초로 하는 정치적 단위로 간주했으며, 문화를 "국민 특유의 성격을 형성하는 언어, 풍속, 혈통, 습관"이라고 규정한 다음, 국민주의를 "일국 고유의 성격과 아주 긴밀한 관계를 가지고 있는, 문화에 도움이 되는 것"이라고 주장했는데(陸羯南 1888, 395-401), 그도 또한 후쿠자와와 마찬가지로 종족이라는 용어를 사용하고 있다. 당시에 민족이라는 관념을 명확히 사용한 것은 야나기타에게도 영향을 끼쳤던 호즈미(穗積八束)였다고 한다. 야나기타의 개념은 이런 메이지 시대 내셔널리스트들의 견해를 계승하고 있는데, 그는 1926년부터 1930년에 걸쳐 종족, 인종, 민족이라는 용어를 가장 많이 사용하고 있다.[23] 이 시기는 야나기타가 일국민속학의 기초를 다지기 위하여 유럽의 인류 과학 분야의 문헌을 섭렵하고 잡지 『민족』을 창간했던 시기와 중첩된다. 야나기타는 일반적으로 개념 규정을 명확히 하지 않고 사용하는 경향이 있으며, 따라서 이 용어들도 예외는 아니지만, 전반적으로 초기에는 종족과 인종을 동일한 의미로 사용하다가 점차 종족을 문화적 개념으로, 인종을 생물학적 개념으로 사용하고, 종족을 민족의 하위개념으로 사용하고 있는 경향을 보이고 있다.

2. 혼합민족설과 단일민족설의 사이에서

야나기타의 주요 관심사가 상민의 생활사를 통해 일본 문화의 전통을

23_『定本』의 색인에 따르면, 이 시기에 '종족'은 13회, '인종'은 23회, '민족'은 49회 사용하고 있다.

규명하는 데 있었지만, 그가 처음부터 상민의 생활사에 집중했던 것은 아니었다. 당초에 그는 산의 세계 혹은 야마비토(山人)의 세계에 관심을 가지고 있었다. 야나기타의 초기 3부작은[24] 산을 중심으로 하는 세계에 대하여 서술하고 있다. 그의 주장은 명백했다. 야마비토가 실재한 인간이며, 과거에 번성했던 일본열도 선주민의 후예들이었는데, 도작민(稻作民)들에게 쫓겨 오늘날에는 그 세력이 극도로 약화되어 절멸의 위기에 처해 있다는 것이었다. 즉 일본열도가 단일민족이 아니라 복수의 민족으로 이뤄졌다고 상정하고 있었다. 야나기타가 이와 같은 일본 민족의 단계적 구성에 대해 언급한 것은 1917년에 일본역사지리학회에서 행한 강연을 정리한 "야마비토코"(山人考)였다. 그는 "현재의 일본 국민이 다수의 종족으로 혼성되어 있다고 하는 것은 …… 이제는 움직일 수 없는 통설이 되었다"고 전제하고, 고대 일본의 종족으로서 여러 지역의 풍토기에 등장하는 츠치쿠모(土蜘蛛), 『일본서기』의 기록에 나타나는 쿠즈(國栖 혹은 國巣)를 대표적으로 들고 있다. 또한 이런 소수집단들이 통합되어 단일민족화 했다고 상정했고 그 흔적을 산카(サンカ), 샤쿠지케즈리(杓子削り), 오우미(近江)의 오구라(小椋)씨 등에서 찾고 있다. 이와 같이 지배 민족에게 패한 선주민족이 산으로 쫓겨가 타민족이 되었다는 설은 일찍이 쿠메(久米邦武)가 제창한 것으로서, 야나기타의 야마비토론은 당시의 인류학이나 역사학의 논리를 수용한 결과였으며, 『인류학잡지』에 아이누의 풍속에 관한 글을 투고하기도 했다.

1926년에 발표된 『산의 인생』(山の人生)은 야마비토 연구의 집대성이라고도 할 수 있는 것인데, 여기에서는 그 이전(1910년대)에 볼 수 있었던

24_『後狩詞記』(1909), 『石神問答』(1910), 『遠野物語』(1910)을 가리킨다.

'야마비토=선주민'이라는 강력한 주장이 상당히 후퇴하고 있음을 느낄 수 있다. 깊은 산중에 야마비토와 같은 괴이한 종족이 거주하고 있을 가능성을 버리지는 않고 있지만, 산(山)의 존재가 이제는 '사토의 사람들(里人, 평지인)'의 마음에 비춰진 그림자가 되고, 그들의 마음 내부로부터 야마비토를 보고자 하는 시각이 크게 대두되었다. 일본열도의 복수민족설, 복합문화설도 시야의 바깥으로 벗어나고 있었다. 야마비토에서 상민으로 야나기타의 자세가 전환되었던 것이다. 이런 전환은 단순히 야마비토 연구의 종언이라고 하기보다는 야나기타가 일국민속학을 형성하기 위하여 국가 측에 가담할 수 있는 것, 혹은 그 가능성을 가진 것들만을 더 많이 채집하기 위한 선택이었을 가능성이 매우 높다고 여겨진다. 그리하여『민간전승론』을 발표하던 시기부터 일국민속학의 창출을 목표로 삼아 시점을 대폭적으로 전환하여 '주요 종족'을 중심으로 하는 일본 민족의 단계(單系)구성론 혹은 단일민족론으로 옮겨 가, 전시 중에 발표한 "역사 교육에 관한 이야기"(歷史教育の話)에서 "동일한 나라이고 동일한 민족이라는 것이 이미 옛날부터의 상태이다"라고 했다.

그런데 야나기타가 야마비토들에게서 가장 오래된 일본인의 생활문화의 흔적과 심의 현상의 유제를 찾아내고자 했던 시도가 결정적인 전환점을 맞이하게 되는 것은 1921년에 겪게 된 두 가지 경험을 통해서였다. 오키나와로의 여행과, 국제연맹 위임통치위원으로서 스위스의 제네바에 부임하여 '남양군도'의 통치 형태 결정에 참가한 것이다. 오키나와의 발견은 본격적인 일국민속학적 연구의 계기가 되었으며 동시에 그의 연구 영역에서 야마비토가 사라져 간 계기이기도 했다. 그는 오키나와가 일본의 오래된 전승을 전해 주는 보고(寶庫)라는 자각을 했고, 이때부터 그는 일본열도 문화의 기층(基層)적 성격을 오키나와에서 발견하고자 했으며, 그것(오키나와)을 포함하여 일본 전체의 동질성을 강조하기 시작했다. 그는 오키나와에 농민과 어민은 있어도 표박(漂迫) 생활을 하는 사람은 없고, 고대의 생활 관습과 신앙이 농후하게 전해지고 있다고 지적하면서 오키나와의 사람들도 상민의 범주에 포함시켰다. 이처럼 오키나와의 발견은 야나기타의 일국민속학에 지대한 영향을 미친 중요한 사건이었다. 한편, 국제연맹 위임통치위원으로서의 경험도 무시할 수 없는 중요한 계기가 되었다. 야나기타 자신도 스위스에서 위임통치위원으로서 행한 여러 가지 일로부터 얻게 된 것은 '섬이라는 것이 지닌 문화 사상의 의의'를 통감한 것이라고 술회했다. 이 시점부터 야나기타는 일본을 남양의 섬들이나 오키나와와 마찬가지로 세계의 중앙인 유럽 대륙의 국가들로부터 소외된 '섬'으로 묘사하고 있다. 과거에 산이 차지하고 있던 위치는 섬으로 대치되고, 늘 중앙이기만 했던 일본과 야나기타 자신이 제네바의 경험[25]을 거치면서 일본은 내부에 '산'을 포함한 제국이 아니라, 구미 제국들에 압도당하는 작은 섬으로 여겨지게 되었던 것이다. 요약하면, 야마비토론을 전개하던 시기의 야나기타는 전술한 바와 같이 일본인을 다양한 혼합 민족이라고 생각했으나, 오키나와를 발견하고 제네바에서 유럽인들과 접한 후에는 일본인을 단일한 존재로서 묘사하게 되는 시각을 체득하게 되는 것이다. 이와 같이 '남도'를 지향[26]하는 동시에 등장하는 개념이 상민으로서 그의 민속학은 아래로부터의 국민 통합

25_제네바에서의 경험 중 가장 충격적인 영향을 미친 것은 무엇보다도 '백인'들에 의한 인종차별이었음은 그 후에 발표된 여러 문장들을 통해서 분명히 알 수 있다.

26_야나기타가 남도를 지향하게 되는 데에는 제네바에서의 경험 외에, 미국의 일(日)계 이민 배척 문제도 일정한 영향을 미치고 있다고 여겨진다. 아사히신문의 논설 담당 시절에 그는 일계 이민 문제를 반복해서 논하고 있는데, 이 일계 이민 문제는 일본이 구미로부터 차별받으며, 국제적으로 열위에 처해 있음을 상기시켜 주는 사건이었다.

을 주장하게 된다.

IV. 민족적 정체성과 고유 신앙

1. 민족의식으로서의 '고유' 개념에 대하여

전술한 스미스에 의하면 민족적 정체성(national identity)은 '역사', '운명', '공동체', '동포애' 등을 핵심 개념으로 하고 있으며, 그중에서 역사, 운명, 공동체는 문화적 정체성의 핵심 개념이기도 하다(スミス 1998, 272-274). 그는 문화적 정체성이란 어느 한 문화적 단위 안에 그 구성원들 각각의 세대가 연속성의 자각을 가지고 있는 점, 역사상 그 이전의 사건이나 시기에 대한 기억을 공유하고 있는 점, 그리고 그 단위나 집단의 운명에 대해 각각의 세대가 받아들이고 있는 개념이 존재하는 점과 관련이 있다고 했으며(スミス 1998, 59), 네이션과 문화를 치환 가능한 개념으로 간주하여 'national identity'와 'cultural identity'를 유사한 개념으로 사용했다. 그리하여 집합적 자의식인 민족적 정체성(national identity)은 역사적 연속성의 의식과 과거 기억의 공유 등을 근거로 하고 있고, 사회의 역사적 기반이 동요할 때 위기 상황이 초래된다고 주장했다.

야나기타의 일국민속학도 이와 같은 일본인의 집합적 자의식(=민족적 정체성)의 위기의식과 깊은 관련이 있다. 관동대지진의 소식을 접하고 유럽에서 귀국한 야나기타는 "하루라도 빨리 운동을 일으켜, 본류의 학문을 위해 분연히 일어설 결심을 했다"고 한다. 이 본류의 학문이야말로 일국민속학이며, 그 운동이란 일국민속학을 보급하기 위한 민속학 운동이었음은 말할 나위도 없다. 또한 1945년의 패전도 야나기타에게 있어서는 민족적 정체성의 위기의식을 불러일으키는 계기가 되었다. 이듬해 잡지 『전망』(展望)에 기고한 "희담일록"(喜談日錄)에서 패전 후에 도움이 될 만한 과제로써 '국민의 고유 신앙' '사람의 마음을 진정시켜 주는 문학' '국어의 보통교육'을 들고 있다. 그중에서도 고유 신앙을 "아주 먼 옛날부터 있었음이 분명한 것"이라고 전제하고, 일본 문화의 역사적 연속성을 재확인하고 그 왜곡된 모습을 시정할 필요성을 주장했으며, 이런 위기의식에서 『신국학담』(新國學談)의 삼부작인 『사이지츠코』(祭日考, 1946), 『야마미야코』(山宮考, 1947), 『우지가미와 우지코』(氏神と氏子, 1947)를 집필했다.

이와 같이 고유 신앙의 문제는 야나기타의 일국민속학 안에서 주요한 핵심 개념으로서 특정한 시기에 집중적으로 논의되고 있는 주제이다. 야나기타가 '고유'라는 용어를 집중적으로 사용하는 것은 전시 중과 패전 후 즉 1940년대 전반부터 후반에 걸친 시기이다.[27] 그가 사용한 고유라는 용어는 '고유 신앙' '고유의 신앙' '고유 종교' 외에 '고유의 일본인의 생활' '고유의 일본어' '고유의 문화' '고유의 국풍' '고유의 전승' '고유의 제도' '고유의 사상' 등의 용례를 보여 준다. 또한 특이한 것은 이 시기에 '국민'이라는 단어가 고유와 거의 동일한 빈도로 사용되고 있다는 사실이다. 그가 주장한 '국민의 고유 신앙'이란 과제는 이런 맥락에서 이해돼야 할 것이다.

야나기타는 고유 신앙 중에서도 특히 영산 신앙(靈山信仰)에 주목하고

27_앞서와 같이 『定本』의 색인을 살펴보면, '고유'라는 용어가 1931~35년에는 22회, 1936~40년에는 29회, 1941~45년에는 43회, 1946~50년에는 50회씩 사용되고 있다.

있다. 이것은 전쟁 말기에 집필되어 패전 후에 발표된 『선조이야기』(先祖の話)에서 다루고 있는데, "영산의 숭배는 일본에서는 불교의 도래보다도 더 오래된 것이다. 불교는 오히려 이 고유의 신앙을 자신을 선전하는 데 이용했다고 생각한다"[28]고 했으며, 죽은 자가 간다는 영산으로서 우소리잔(宇曾利山, 青森縣), 타테야마(立山, 富山縣), 시키미야마(櫁山, 三重縣 熊野)를 들고 있다. 요약하면 전쟁 전에는 고유 신앙을 외부에서 배워 온 흔적이 없는, 옛날부터 전해 오는 하나의 민족 신앙이라고 파악했던 야나기타는 전시 중이던 1942년에 『일본의 마츠리』(日本の祭)에서, 나라의 전체적인 경과를 살펴보기 위해서 고유 신앙 연구가 필요하다고 역설했다. 또한 그는 마츠리를 통해서 일본 고유의 신앙이 지녔던 옛 모습과 그것이 변하여 지금의 모습을 갖추게 된 실정을 알 수 있다고 했다. 즉 마츠리의 본질은 "신의 곁에 있는" 것이라 생각했고, 그 신(神)이란 "조령들의 힘의 융합"이라고 해석함으로써, 우지가미(氏神)와 조령이 불가분의 관계를 맺고 있다는 점을 시사하고 있다. 그리고 패전 후에는 고유 신앙을 역사적 경험에 근거한 무의식의 전승이라고 해석하고, 이른바 고유 신앙은 어느 민족에서나 가슴에서 가슴으로 전해지는 전승이라고 규정했다. 패전 후에 민속학자들의 협력을 얻어 편집한 『일본인』(日本人, 1954)에서 야나기타는 "이에의 관념"(家の觀念)이라는 논문을 통해 제도로서의 이에 문제를 다룸으로써, 민족적 정체성의 위기 상황에서 그 정체성의 근거지를 이에에서 찾고자 했다. 앞서 언급한 『선조이야기』는 결국 이런 이에와 조상의 관계를 주제로 한 고유신앙론이라 할 수 있을 것이다.

28_"蝸牛考", 『柳田國男全集』 5, p.122.

2. 국가신도[29]와 고유 신앙 연구

전술한 바와 같은 이에와 선조에 관한 내용은 또한 신도의 해명과 더불어 야나기타 민속학이 주요한 목표로 삼았던 일반 민중의 신앙 심의(心意)의 세계를 밝히는 두 기둥으로 간주되어 왔다. 그는 종래의 일본신도 연구가들이 문자나 문헌에 의존하는 경우가 많았고, 모든 곳에 존재하는 민중의 신에 대한 일상적 생각이나 그 신들에 대한 관심이 희박했다고 지적하면서, 민속학의 역할에 대해서 다음과 같이 강조하고 있다.

> 민속학은 오히려 신도사 연구를 지향하는 학문, 혹은 신도사도 또한 민속학의 중요한 항목의 하나입니다. …… 민속학 내에서 어떤 형태의 분업이 이뤄지더라도, 근원적 문제의 하나인 집(이에)과 조상 제사라는 것만은 모든 연구자들의 관심이 집중돼야 할 것입니다. 그것이 일본의 경우에는 신도사의 연구가 되는 것이므로 이것을 민속학의 영역에서 제외시킨다면 납득할 수 없는 사람이 당연히 많을 것입니다.[30]

즉, 그는 일상생활 가운데에서 민중의 생활 현상으로서 신과의 교류를 보고자 했던 것이다. 마을 사람 개개인의 정신생활이 모든 면에서 우지가미와의 관계에서 성립되었다고 주장했다. 어떤 일상에서도 마을 사람들은 우지가미와 함께 있다고 보았던 것이다.

29_국가신도(國家神道)는 메이지유신부터 제2차 세계대전 패전 시까지 국가 이데올로기의 기초가 된 종교이다. 종교와 정치와 교육을 일치시켜, 그것을 종교적 기초로 하여 국민도덕의 기본으로 삼았다. 결국 천황 숭배의 사상이라 할 수 있다.

30_"神道と民俗學", 『定本柳田國男集』 第10卷, p.195.

> 태어나 30일째의 하츠데(初出)날에는 우부스나가미(産土神)를 참배하지 않는 사람이 한 사람도 없고, 7세가 되면 켓사이(潔齋: 목욕재계와 유사한 의식)를 시켜, 새로이 우지코가 되게 하는 곳도 많습니다. 해외여행의 출발과 도착 시에도, 도시의 한복판에서도 우지가미를 모신 신사의 제전이 행해집니다. 평소에 소원을 빌지 않던 사람도 생명의 도움을 받았을 때는 모두 우지가미사마(氏神樣)에게 감사의 참배를 합니다. …… 몇 대인지 셀 수도 없는 선조 때부터, 사람들은 태어나서 신사에 첫 선을 뵈고 나면,[31] 매일 같이 신사의 경내에서 놀아 왔습니다. 부모나 조부모 이외에 아이들의 성장 과정을, 그리고 그 아이들이 마음속에 어떤 소원을 품고 있는지를 우지가미만큼 잘 알고 있는 분은 없다고 생각합니다. 그러므로 매년 행해지는 마츠리 때에도 다른 특별한 기원을 바치는 법이 없습니다. 비록 오늘날에 이르러서는 기본 뜻을 망각하고 다른 곳의 신불(神佛)에 대해 열렬한 기도를 바치는 사람이 있기는 하지만, 그렇다고 해서 우리들 일본인의 신앙의 근간이 되는 것, 즉 우지가미와 우지코가 맺어 온 오랜 세월의 연고는 아직도 전복되지는 않고 있습니다.[32]

우지가미 신앙은 각각의 지방, 향토의 고유 신앙의 원형으로서 민중 안에 존속해 왔다. 그런데 메이지 국가는 국가신도 체제하에서 이런 지방의 신사를 합병하고자 했고, 그 합병의 주요 대상은 촌사(村社)·향사(鄕社) 혹은 무격사(無格社)와 같이 민중과 가장 깊이 연결되어 있던 신사들이었다. 1906년경부터 실제적인 통합의 움직임이 일어나는데, 당시 내무성이 주장한 표면적인 이유는 신사의 수를 줄임으로써 신사 설비의 충실, 지방 주민의 신사 경비 부담의 경감, 경신(敬神)의 고양 등이었다. 이런 표면적 이유

31_일본에서 아이가 태어나면 처음으로 우지가미 신사에 참배하는 하츠미야마이리(初宮參り)를 의미한다.

32_앞의 글, p.201.

의 뒤에는 러일전쟁 후에 발생한 국가로부터 멀어져 가는 개인들에 대한 대응이라는 목표가 도사리고 있었다. 사적인 생활 자세의 확대는 메이지 국가로서는 지극히 우려되는 상황이었고, 방치해 두면 국가의 와해를 초래할지도 모르는 위험성을 내포하고 있다고 보고, 모든 개인을 국가적인 인간으로 만들려고 했다. 즉 국민 통치에 불안을 느낀 국가가 제사권을 장악하여 민중의 일상에 밀착되어 있는 신앙의 뿌리를 국가가 마련한 그릇 안으로 옮겨 심고자 했던 것이다. 이는 곧 민중의 생사(生死)에 대한 생각을 국가가 직접 장악하겠다는 의미를 가지고 있는 것이었다.

그 땅, 그 숲, 그 신사가 아니면 맛볼 수 없는 종교적 습속의 일상성을 파괴하고, 합리화 혹은 근대화의 미명하에 이 합병 정책을 강행하고자 했던 메이지 국가에 대해 야나기타는 어떤 생각을 가지고 있었을까? 토착신, 민중의 정신생활을 포섭하고 있던 것을 파괴하고, 촌락 공동체 전체를 장악하고자 했던 국가의 의도를 그는 간파하고 있었다. 그리하여 정확한 조사와 검토를 통해 민중의 신앙 실태를 충분히 파악한 연후에 행정지도를 해야 한다고 주장했다. 이와 같이 야나기타는 우지가미 신앙을 일본인의 고유의 신앙이라고 했고, 국가 측에서 제시하는 교의적인 것과는 구별했다.

그런데 야나기타가 국가신도와 우지가미 신앙을 대치시키기만 한 것은 아니었다. 그는 우지가미 신앙을 그가 제창한 국민 사회, 내셔널한 것들의 공통항으로서 보편화하고자 하는 기대감과 희망을 피력함으로써 민중들의 고유 신앙이 야나기타류의 내셔널리즘을 형성하는 데 중요한 점으로 간주했다. 하지만 야나기타는 개별 촌락의 우지가미 신앙이 있는 그대로의 형태로 민족적인 자각을 낳을 것이라고 생각하지 않았다. 그 지역 고유의 우지가미 신앙은 그 자체로서 지역적인 폐쇄성을 지닌 것이므로, 그 신앙이 일본 민족에게는 고유한 것이고 그런 까닭에 본질적으로 일본 전국에 공통된 것이라는 사실을 국민 한 사람 한 사람에게 자각시킴으로써 폐쇄적인 소집단적 종교의식을 민족적인 수준의 국민 의식으로 전화시키려고 했던 것이다. 다시 말하면, 야나기타는 국가가 만들어 내는 국민국가 형성을 위한 신도가 아니라, 국민의 내면적 자각에 기초한 공동 의식으로서의 신도를 의식하고 있었던 것이다. 역시 야나기타에게는 하나의 전제가 되는 국민 통일상, 국민 통일 감정의 이미지가 있어서 거기에 모든 것을 수렴시키고자 하는 작위성이 있었다고 할 수 있는데, 결국 공동체 안에 국가의 논리를 거절하고 타파하고자 하는 부분이 있음을 알면서도 야나기타는 그 부분을 못 본 척하거나 은폐하고 있었다고밖에 할 수 없을 것이다.

V. '비교민속학'의 심의와 아시아 인식

전술한 바와 같이, 1920년대 중반에 일본의 상민을 대상으로 연구 방향을 전환한 야나기타는 『청년과 학문』에서 "민속학(folklore)은 본래 각국 독립(national)의 학문"이라고 했다.[33] 그 학문적 특징을 설명하는 과정에서 오늘날 문화인류학으로 불리는 학문 분야와의 상이점을 분명히 하고 있다. 야나기타에 의하면, 사람들의 풍속이나 습관 등을 기록하는 학문은 일찍이 유럽 국가들이 식민지의 '토인'을 연구하는 학문으로서 시작되었는데, 그 자신은 그런 학문이 인종적 편견을 포함하고 있을 뿐만 아니라 현지 문화

33_『定本柳田國男集』 第25卷, p.253.

의 이해에도 한계가 있다는 이유로 매우 비판적인 자세를 취했다. 이런 서구식 학문 방법의 대안으로 그가 제시한 것은 자국의 학자에 의해 자국의 풍속을 조사하는 것이었다. 그것을 담당할 사람은 한편으로 자국의 언어와 풍습에 통달하고 또 한편으로는 유럽의 학문적 수법에 정통한 사람이어야 한다고 규정했다. 즉, 영국인이 인도를, 일본인이 만주를 조사하는 것은 문화인류학/민족학이고, 영국인이 영국을, 일본인이 일본을 조사하는 것이 민속학이며, 그것이야말로 "각국 독립의 학문"이 된다는 것이다.

이 무렵 야나기타가 생각하고 있던 민속학의 사회적 의의는 크게 보아 인종차별의 철폐와 내셔널리즘의 재건이라는 두 가지를 들 수가 있을 것이다. 전자는 국제연맹의 위임통치위원으로서 제네바에서 자신이 직접 겪은 '백인'으로부터의 차별과 미국의 일계 이민 배척 문제로부터 촉발된 의식으로서, 유색인종인 일본인 자신의 손으로 정확한 자국 조사와 비교 연구를 행하여 결과를 제시함으로써 인종 편견을 시정하고자 했던 것이다. 이를 위해 그는 "인류학의 비교 연구를 성행시켜, 일본인 안에서 좋은 학자를 양성하여 백인들의 호기심에 대해 새로운 지식을 제공"하고, 한 걸음 더 나아가 "서로 협동하여 인종차별론의 당부(當否)를 생각하도록 하자"[34] 고 했다. 후자의 배경에는 제1차 세계대전 후의 경제 불황과 1925년 보통선거법의 시행이라는 사회적 상황이 존재하고 있다. 야나기타는 경제 불황이 공동체 의식을 해체하고 무규범과 혼란이 만연하는 결과를 초래할 것이라고 우려하면서 그 결과로 사회 내에 아노미적 현상을 일으키는 젊은이가 출현하게 되어 타인에 대한 배려가 부족한 사회가 발생하게 될 것이라고 경고했다.

34_『定本柳田國男集』第25卷, pp.104-106.

또한 보통선거의 실시는 중우정치(衆愚政治)를 초래할지도 모르며, 국민의 맹동(盲動)이 두렵다고 했다. 즉 일본인이라는 공동체 의식과 공공성을 형성하지 않는 한 국가에 혼란이 발생할 것이라고 생각했다. 보통선거가 실시되기 이전에는 상민이 정치 생활의 권외에 존재했기 때문에 천황과 관료의 명령을 따르는 수동적인 일본인 의식만으로도 충분했지만, 그들의 표가 정치를 좌우하게 되는 단계에서는 그것만으로는 부족하게 된다고 보았다. 그런 관점에서 볼 때, 지배계급이 남긴 문서를 바탕으로 역사를 탐구하는 역사학은 상민들의 역사를 다루고 있지 않은 까닭에 그들로 하여금 주체적인 일본인의 역사를 연구하는 문화인류학의 연구 방법을 응용하여 상민들의 역사를 탐구하는 학문이 필요하다고 했는데 그 학문이야말로 다름 아닌 '새로운 수법에 의한 역사 연구'인 민속학이라고 주장했던 것이다.

이런 관점에서 야나기타는 비교의 관점을 역설하고 있는데, 그의 비교민속학이란 과연 어떤 것이었던가? 결론부터 얘기하자면, 야나기타의 비교민속학은 시대의 흐름과 함께 변해 왔다. 크게 세 시기로 대별할 수 있는데, 꿈 혹은 장래의 즐거운 가능성으로서 비교민속학을 상정했던 시기, 당시의 조선이나 대만에서 실제로 민속 연구가 행해지게 되어 야나기타의 방법을 사용하더라도 비교민속학이 가능하다고 생각하여 야나기타 자신도 그것을 조선이나 대만의 연구자들에게 권장하던 시기로서 이는 곧 일본의 식민지 시대와 중첩되어 그 배경이 매우 복잡한 시기, 패전 후의 『바닷길』(海上の道)의 시기가 그것들이다. 여기에서는 앞의 두 시기만을 다루도록 하겠다.

첫 번째 시기는 『청년과 학문』(1928)과 『민간전승론』(1934)이 출판되었던 시기로서 야나기타는 세계의 여러 민족을 시야에 두고 있다. 그는 『청년과 학문』에서 다음과 같이 말했다.

일본에 대해 어느 정도 해명했다고 판단하고 나니, 이웃에는 중국(支那)이 있고, 말라위와 인도 등 삼세에 걸친 대문제가 남아 있다. 그 사이사이를 꿰매어 보면 남아시아의 넓은 산지에는 의식(衣食) 중 주요한 부분에서 우리와 약간 유사한 샨족이 살고, 카친족이 있고 그 외에도 미야오, 리, 롤로 등 이름조차 열거하기 힘들 정도로 여러 종족이 있다. 돌아서서 남쪽으로 바닷길을 따라가면 대만, 루손과 그 앞에 펼쳐진 많은 섬과 주민들, 특히 미크로네시아의 젊은 동생들, 그리고 그와 이웃해 있는 멜라네시아·파푸아에 구별할 수 없는 종류가 존재하고 있는데, 그 모두가 일본의 학문이 명료해진다면 조금이라도 자신들이 왜 이렇게도 가난하고 불쌍한지에 대해 감춰진 원인을 알게 될 것이라고 생각하고 기다리고 있는 모습을 볼 수 있다.

여기에서는 야나기타가 생각하는 학문이 일본 내에서뿐만 아니라 널리 해외의 민족에게도 공헌해야 한다고 생각하는 일종의 '꿈'이 담겨져 있다. 즉, 이 단계에서는 비교민속학의 방법론에까지 생각을 진전시킬 만큼 구체성을 갖추고 있지는 않다. 그 후, 야나기타는 『민간전승론』의 "세계 민족학의 실현을 위해"(世界民俗學の實現へ)라는 절에서 그 가능성과 문제점을 구체적으로 서술하고 있다.

이 준비를 한 연후에 일국민속학이 각국에 성립되고, 국제적으로도 비교·종합이 가능하게 되어 그 결과가 다른 어떤 민족에게도 해당되게 되면, 세계 민속학의 서광이 보이기 시작했다고 말할 수 있을 것이다. 그러나 비교법의 은혜는 그 화려한 꿈을 실현시키기에는 아직 충분한 자료가 쌓이지 않았다고 할 수밖에 없다.

그렇다면, 그가 말한 '준비'란 무엇을 의미하는 것인가. 야나기타는 토속학(ethnology)의 비판을 통해 그 이미지를 분명히 하고 있다. 즉, 토속학을 연구하는 사람들은 이것저것 꿰어 맞춘 증거를 가지고 가능한 한 하나의 결론은 도출하려는 풍조가 있다고 비판하고, 그들에게는 단지 면밀하지도 않은 견문밖에 기대할 게 없다고 했다. 그에 대해 민간전승(현재의 민속학)은 자신들이 살고 있는 각국의 내부를 조사 대상으로 하고 있기 때문에, 아주 정밀하게 미세한 내부 심리적 현상까지도 조사를 할 수 있다고 했다. 각국의 민속학이 이와 같이, 자기 나라의 정밀하고 미세한 내부 심리를 충분히 경험적인 자료를 통해 제시할 수 있을 정도의 준비, 바로 이것이 그가 말하는 '준비'인 것이다. 이런 '준비'를 하기 위해서 가장 중요한 것은 자료의 집적으로서, 그다지 면밀하지도 않은 논리를 만들기보다는 다음 세대를 위한 자료를 모아야만 한다는 것이 야나기타의 주장인 것이다.

나아가 야나기타는 민간전승의 자료를 세 가지로 분류하고 있다. 제1부는 '생활 외형'(생활기술지)이다. 눈으로 보면서 채집할 수 있는 것으로, 여행자에게도 가능한 채집이며, 이것은 '생활기술지'라고 불러도 좋은 것인데, 여태까지의 토속지(ethnography)는 주로 여기에 속한다고 할 수 있다. 제2부는 '생활 해설'(언어예술)이다. 청각과 시각에 의거하여 가능한 채집으로, 사람에 따라 채집의 가능성 여부가 달라지며, 언어 지식을 통해 배울 수 있다. 일체의 언어예술은 여기에 속한다. 제3부는 민간전승의 골자라고도 할 수 있는 '생활 의식'으로, 마음에 의한 채집이다. 동향인에 의해 비로소 채집이 가능한 것인데, 극소수의 예외를 제외하고는 외부인에 의해서는 도저히 참여할 수 없는 것이다. 따라서 향토인에 의한 지방 연구가 필요해지는 까닭이기도 하다고 야나기타는 주장한다. 상민의 마음(일본인의 정신)을 민간전승을 통해 이해하고자 한다면, 우선 이런 여러 가지의 외형으로부터 진입하여, 이윽고 그 해설이라고도 할 수 있는 언어예술을 이해하고, 마지막으로는 의식 그 자체, 상민의 심의(心意)의 핵심에 도달해야 하는데, 그것은 여행자나 방문자와 같은 외부자로서는 이룰 수 없는 것이라고 했다.

이와 같이, 야나기타는 비교 연구를 주장했는데, 그것이 가능할 수 있는 전제는 인류 사회에는 민족이 달라도 공통의 '민속 진화'의 경로가 있어서 "한 나라에서 이미 소실된 것은 다른 나라에서 동일한 사정하에 보존되어 있다"는 진화주의이다. 야나기타는 두 가지를 목표로 삼았다. 하나는 지금까지 무서운 야만인들만이 행해 왔다고 규정된 풍습이 과거에는 백인들의 나라에서도 널리 행해졌다는 것을 백인들에게 알림으로써 인종 편견을 중화시키고자 하는 것이었고, 또 다른 하나는 구미의 국가들에 비해 근대화로 인한 문화의 소실이 그다지 진행되지 않는 일본이, (유럽 학자들이) 시골의 빈농가에서 노인들을 통해 발견한 아주 작은 사실을 귀중히 여기는 것에 비해 자료를 쉽게 모을 수가 있으므로, 백인들에 대해 학문적인 우위를 점할 수 있는 것이라 여겼던 것이다.

그러나 바로 이점에 야나기타의 비교 연구의 딜레마가 배태되어 있다. 즉, 비교 연구를 위해서는 인류 보편의 기반이 필요하지만, 그것을 도입하게 되면 '각국 독립'이라는 민속학의 정체성이 손상되기 때문이다. 결국, 1930년대에 들어서면서 야나기타는 우선 일본에 있어서 '일국민속학'을 완성해야만 한다고 규정하고, '비교민속학'은 먼 장래의 과제로 치부함으로써 비교 연구를 포기하게 되는 것이다. 이처럼 비교 연구의 지향성이 배제되고 내셔널리즘의 재건이라는 부분만이 남게 되면서, 그가 주장하는 '일국민속학' 혹은 '신국학'이 성립하게 되었다고 볼 수 있는 것이다.

VI. 결론: 야나기타의 '일국민속학'과 '상상의 공동체' 일본의 완성

야나기타 민속학이 '일국민속학'의 확립으로 급속도로 전환해 가는 필연성은 전술한 것처럼 바로 1920년대에 잉태되어 있었다. 야나기타는 『민간전승론』의 제1장 "일국민속학"에서 다음과 같이 설명하고 있다.

> 우리들의 민간전승론이, 이 광의의 인류학 안에 현재 얼마만큼의 영역을 가지고 있을까, 또한 어디까지 그 역할을 다하면 될까 하는 것은 불행하게도 지금은 서로 다른 문제이다. 우리들은 착실한 걸음으로 전진하기 위해, 우선 특히 일국민속학의 확립을 기하고, 그에 따라 장래에 세계 민속학의 소지를 마련하고자 할 것이다. 이제 막 그 서막에 들어섰는데도 벌써 방해물과 만나고 있다.

이와 같이, 야나기타의 일국민속학은 단순히 일국 완결형의 자문화 연구를 목적으로 한 연구 영역이 아니었다. 거기에는 자국민 동종족의 자기 성찰을 이념으로 하는 문화 내셔널리즘이 저변을 이루고 있고, 그 연장선상에 세계 민속학이 구상되고 있었던 것이다.

그는 여기에서 민족학과 민속학을 명확히 구별하는데, 민속학은 자국민 동종족의 자기 성찰의 학문인데 반하여, 민족지 혹은 민족학은 선진국 학자에 의한 이민족의 관찰과 기술이라고 규정했다. 야나기타가 서구의 민족학이 무비판적으로 일본 학계에 도입되는 경향에 대해 저항하고, 긴장하고, 대치하는 가운데 내셔널한(national, 국민적) 재야의 학으로서 일국민속학을 형성해 가는 이 과정이야말로 매우 중요하다고 할 수 있겠다. 야나기타는 민간전승의 연구를 통해 내셔널한 것들을 추구함으로써 인류의 제 과학과 공통된 보편성에 이를 수 있다고 확신했다. 그런 의미에서 야나기타는 민족(ethnos)의 근저에 인류(anthropos)를 항상 의식하고 있었던 일본인이었던 것이다. 이 문제와 관련하여, 패전 후 일본 민속학을 비판하던 이시다 에이치로(石田英一郎)에 대해 다음과 같은 이의를 제기하고 있다.

> 학문의 기저에 인류를 상정하지 않으면 안 된다는 것은 민족학만이 아니라, 앞으로 문화 계통의 모든 학문의 문제이다. 그것을 민족학만으로 해결할 테니 맡겨두라고 하는 것에 대해 납득할 수 없다. 일본의 역사를 생각할 때, 인류를 생각하지 않은 것이 최근 여러 가지 불행한 정세를 초래한 원인이 되었다. 향토의 좁은 구역에서 민속 생활을 연구하는 경우에도 역시 민족을 인류의 입장까지 확대해서 생각하지 않으면 안 된다. 그것을 민족학만의 특징으로 하는 것에는 이의를 달지 않을 수 없다.

그는 『민간전승론』에서 인류학을 광의로 해석하여, 체질을 연구하는 것과 정신(문화)을 연구하는 것으로 이분하고 있었다. 민간전승의 연구가 후자에 해당하는 것은 말할 필요도 없다. 한편, 야나기타가 주장한 민속학은 역사적인 문서를 중심으로 하는 역사학 특히 일본 사학과도 다른 것을 목표로 삼고 있었다. 기록에 남아 있지 않은 인간의 역사를 연구하고자 했으므로 민간에 전해 오고 그것이 반복적으로 이어져 온 민간전승을 자료로 삼았던 것이며, 이 전승을 고문서와 대응시키고자 했다. 고문서는 도시의 인텔리들이 기록한 것이므로, 농민이나 어민들의 생활 기록이야말로 일본인의 생활이며 일본 문화가 아닌가 하는 것이 야나기타가 일본 민속학의 방향 설정에 있어서 기본적으로 취한 자세였다.

하지만, 무엇보다도 중요한 일국민속학의 특색은 근대 일본을 '일국 일언어 일종족'의 국가로 간주하여, 이 나라에서는 동서의 구별이 없고 나라 전체가 '하나의 공동체'라고 했다는 사실과, 그리고 이런 인식에 기초하여 이 새로운 학문 영역을 '자국민 동종족의 자기 성찰'로 간주했다는 것이다. 이와 같은 단일민족론은 1930년대의 야나기타의 사상에 아주 깊이 정착해 있었고, 그 결과 nation으로서의 민족 이외의 주변 사람들과 그들의 민속 문화가 일국민속학의 틀로부터 배제되는 것이다. 실제로 1930년대 전반이 되면, 그의 일국민속학에서는 이런 사람들의 민속 문화에 대한 문제가 다뤄지지 않게 된다. 이와 같이 소수자(minority) 연구자에서 다수자(majority) 연구로의 전환을 내셔널리즘의 맥락에서 평가한다면, ethnos로서의 민족 연구에서 nation으로서의 민족 연구로 그 축이 옮겨 갔다고 할 수 있을 것이다. 일국민속학의 창출 이래 야나기타의 저작에 민족이라는 말을 대신하여 상민이나 국민이라는 말의 사용 빈도가 높아지는 것도 이와 무관하지는 않을 것이다. 나아가, 야나기타는 '일국민속학'을 '국민생활지', '국민총체의 생활지', '국민생활변천지' 등으로도 불렀다. 이는 국민이라는 용어가 '일국민속학'의 주요 개념어가 되었다는 것을 의미하며, 그것이 일본의 국민 문화 형성과도 깊은 관련을 맺고 있음을 시사해 주고 있다.

야나기타가 제시한 일국민속학을 문화 내셔널리즘의 측면에서 살펴보는 데 있어서 중요한 것은, 그것이 '대일본제국'의 통치 논리를 어떻게 정당화하고, 민속 혹은 고유 신앙, 민간전승 등 다양한 명목으로 민중 사이에 침투했으며, 그것이 다시 어떤 경로를 거쳐 식민지로 전이되었느냐의 문제라 생각된다. 천황제 중심의 단일민족사관에 입각한 야나기타의 일국민속학은 식민지의 민중들에게 국민으로서의 자격은 부여하지 않은 채 도덕적이고 정신적인 의무만을 강조한 흔적이 곳곳에 나타난다. 그런 의미에서 야나기타의 조령 신앙은 멸사순국의 이데올로기를 조장하는 데 지대한 역할을 할 수 있게 되었던 것이다.

그리고 야나기타의 식민주의는 야나기타가 제창한 대동아 민속학의 틀 안에 구상화되어 있는 야나기타 민속학과, 동아시아 민속학 간의 관계에서도 찾아볼 수 있을 것이다. 가와무라는 야나기타의 식민주의가 식민지의 그림자를 민속학의 세계 안에서 사라지게 했다고 비판했다. 하지만 그의 비판은 그것이 왜 그렇게 사라져 버렸는지에 대한 설명에 이르게 되면 논지가 흐려지고 있다. 야나기타는 왜 식민지에 대한 시선을 돌려 버렸을까? 야나기타의 비교민속학이 스스로의 근본적인 딜레마에 빠져 결국은 인종차별 문제를 포기하지 않을 수 없었다는 것은 앞서 지적한 대로이다. 『청년과 학문』을 집필했던 당시에는 그도 다음과 같이 일본인에 의한 인종차별을 비판하고 있었다.

> 외국 여행을 해보면, 동양의 연안에서는 종종 실로 불유쾌한 광경을 목격한다. 그것에 익숙해져서 아무 것도 느낄 수 없게 된 사람이 재류 일본인 중에 아주 많이 있는데, 그중에는 백인들의 흉내를 내는 자도 있다.

그러나 1930년대가 되면 이러한 지적은 거의 볼 수가 없게 된다. 또한 『청년과 학문』에서는 중국과 인도에서 '각국 독립'의 학문이 발생하고 있는 것에 대해 매우 호의적으로 기술하고 있지만, 당시에 싹트고 있던 조선 민속학에 대해서는 일체의 언급이 없다. 그 이유는 매우 분명하다고 할 수 있을 것이다. 야나기타의 민속학이 내셔널리즘의 재건과 '각국 독립'의 지향성을 지니고 있던 것이었으므로, 그것을 그대로 도입하게 되면 조선 민속학은 조선의 내셔널리즘과 일본으로부터의 독립운동의 발화점이 될 것이기 때문이다. 즉, 그가 그토록 차별감을 느꼈던 '백인'들을 향해 들었던 칼이, 그대로 '대일본제국'을 향한 칼이 되어 돌아오게 되는 것이었다. 내셔널리즘의 본질은 자국 혹은 자민족에 대해 자부심과 긍지를 가지는 것을 당연하게 여기면서도 이웃 나라 민족들의 동일한 주장은 인정하지 않는 것이다. 또한 그는 일본 조사가 끝난 민속학자는 아시아의 각 지역에 진출해야 한다고 주장했는데, 이런 방식은 자칫하면 그가 가장 비판해 왔던 백인들의 조사와 동일한 형태가 될 위험성이 도사리고 있다는 사실을 누구나 인정할 것이다. 초기에 인종차별 철폐를 목표로 삼았던 '야나기타 민속학'

의 구상은, 야나기타가 이와 같이 조선과 대만으로부터 눈을 돌리는 시점에서 사실상 포기되었다고 보지 않을 수 없다. 결국 그는 일본이라는 한 나라 안으로만 스스로의 시선을 폐쇄시킬 수밖에 없었다는 것이다.

결론적으로 국민들이 살아가는 터전으로서의 국가에 대해 야나기타는 어떤 생각을 가지고 있었느냐는 생각을 하지 않을 수 없다. 그의 국가관은 충분히 주목할 만한 가치가 있는데 국가와 국민을 과거와 현재, 미래의 연속체로 인식하고 있었다는 점이다. 약간은 특이한 이해라고 평가하는 학자도 있지만, 이에(家)의 은유를 통해 국가와 국민을 파악하고 있던 야나기타로서는 아주 자연스러운 인식이었다. 국가와 국민은 이에를 단위로 하는 집합체로서, 그 이에는 적어도 근세 이후에는 현재의 성원뿐만 아니라 과거에 생존했던 사자(死者)와 장래에 구성원이 될 자손들에 의해 구성되는 연속체로 간주했기 때문이다. 그는 연속체로서의 이에가 개인과 국가의 결합을 매개하고 있다는 것을 강조하면서, 이에를 국가와 국민의 구성단위로 간주하여, 그 이에를 일본인의 정체성의 근거라 했고, 개인과 조상의 관계가 개인과 국가의 관계로 치환될 수 있다고 인식했다. 여기에서 그가 지니고 있었던 가족국가관의 일면을 엿볼 수가 있으며, 개인(현재)과 조상(과거), 자손(미래)의 연속성을 강조하는 과정에서 일국민속학을 관통하는 역사적 연속관이 싹트게 되었다는 것을 지적해 두지 않을 수 없다.

이에 기초한 연속체로서의 국가관과 아울러 야나기타가 특히 강조한 것은 향토라는 단위였다. 그는 향토 역시 국가와 국민의 연결을 강화하는 매개체로서 간주했다. 그는 이 향토라는 말의 "느낌이 고향이나 시골 혹은 지방이라는 말과는 별로는 일종의 강한 개념을 부여하고 있는 것 같아서 채택했다"고 하면서, 일본을 '작은 향토의 집합'이라고 주의를 환기시키고 있다. 한편, 일본 국내에서는 '위로부터의 운동'으로서 만주사변을 전후하여 '농산어촌 경제갱생운동'이 추진되고 이와 연동하여 '향토교육운동'이 장려되었다. 야나기타는 이런 운동들에 대해 일관되게 비판적인 입장을 취하는데, 이는 야나기타에게 있어서 향토란 '향토인 자신들이 자기 내부의 성찰을 행하는 장'이고 동시에 '일본이라는 대향토'의 일부분에 지나지 않는다는 그의 독특한 향토관에서 유래한 것이며, 이 향토관에 기초하여 그의 일국민속학이 완성되는 것이다. 그는 향토 연구의 대상을 일정한 토지 안에 한정시킬 것을 제1조건으로 전제했고, 향토인에 의한 향토 연구를 향토 연구의 본래의 목적으로 간주하며, 이것이야말로 "민간전승의 학문을 과학화하는 방법"이라고 인식하고 있었던 것이다.

『민간전승론』을 간행한 후, 야나기타가 연구의 대상을 작은 향토에서 그것들의 집합체인 '일본이라는 대향토'로 확대한 것은, 그의 학문에 있어서 아주 중대한 전환을 의미한다. 『국사와 민속학』(國史と民俗學)에서 야나기타가 개개의 향토 생활을 아는 것은 수단에 지나지 않는다고 단정하고, "자신들은 향토를 연구하려고 한 것이 아니라", 향토에서 "일본인의 생활, 특히 한 덩어리로서의 이 민족 과거의 경력"을 연구하려고 했다고 진술하고 있는 것이나, 또한 향토 연구에서 출발한 일국민속학을 '국민생활지' '국민총체의생활지' '국민생활변천지' 등으로 불렀던 것 등, 이 모든 것이 야나기타의 사상 안에 단일민족사관과 일본 문화의 동질관이 정착했기 때문이라 여겨진다. 또한, "조상이 수백 대를 이어오는 동안 항상 일본의 황실을 받들어 봉공하고 숨 쉬며 살아 왔다는 자각은 가장 명백히 충군애국심의 근저를 만든다"고 한 야나기타의 단일민족국가관은 바로 일국민속학으로 이어졌다. 일국민속학이 '단일민족학'이라고 불리는 근거도 여기에 있다. 이처럼 그의 일국민속학 안에는 일본 이외의 주변 민족들이 들어설 수 있는 여지가 전혀 마련되지 않았던 것이다.

7장

궈모뤄에서의 근대 의식과 유가 사상의 융합

이욱연

I. 중국 근대 반전통주의와 궈모뤄

중국의 근대 계몽운동은 '총체적인 반전통주의'(totalistic anti-traditionalism)(임육생 1990, 42-47)에서 출발했다. 특정한 전통이 아니라 전통이 하나의 총체로서 부정의 대상이 된 가운데 근대 계몽운동이 전개된 것이다. 전통이 총제적인 부정의 대상이 된 것은, 아편전쟁(1840) 이후 민족 위기가 거듭되면서 중국 지식인들은 당시의 위기를 일종의 중화 문명 자체에서 기인한 문명론적 위기라고 느꼈고, 중국 전통과 서구 근대를 대립시켜, 중국 전통

• 이 글은 2011년 5월 『중국문학』 제67집(한국중국어문학회)에 실린 「곽말약의 근대의식과 유가의식」을 수정, 보완해 실은 것이다.

의 전면적 부정과 서구 근대의 전면적 수용에서 중국 위기 탈출의 해법을 찾은 때문이다. 반전통주의가 민족주의 동기에서 탄생한 것이다. 민족주의가 일반적으로 자국의 전통문화의 유산을 긍정적으로 평가하는 것과 달리 중국에서는 중국을 민족 위기에 직면하게 만든 궁극적 원인이 중국 전통 때문이라고 여겼기 때문에 반전통주의와 민족주의가 결합한 것이다(모리스 마이스너 2004, 5).

중국에서 반전통주의와 민족주의가 결합한 대표적인 계몽운동이 신문화운동(1915~21)이다. 신문화운동은 중국 근대문학과 근대사상의 기원이다. 중국 근대문학은 신문화운동의 산물이기도 하고, 루쉰(魯迅), 마오둔(茅盾)처럼 중국 근대문학을 창시한 대표적인 작가들은 신문화운동의 주요 멤버들이기도 했다. 그런데 중국 최초의 근대 시집을 내고 중국 근대시를 대표하는 시인인 궈모뤄(1892~1978)를 루쉰이나 마오둔 등 신문화운동에 핵심적으로 참여한 문인들과 비교할 때, 주목할 만한 이동(異同)이 발견된다. 그 이동은 단순히 궈모뤄가 신문화운동이 한창이던 시기에 일본에 체류했던 관계로 "1915~21년에 일어난 신문화운동에 참여하지 않았다"(李今 1991, 204)는 차원에서 기인하는 것이 아니다. 신문화운동의 핵심 사상이 반전통과 서구 근대 계몽주의에 있다고 할 때, 궈모뤄와 신문화운동 사이에는 공통점과 더불어 차이점도 존재했기 때문이다. 궈모뤄가 신문화운동의 핵심 가치인 개성 해방사상과 개인주의를 적극 주창했다는 점에서 그는 의심할 여지없는 신문화운동의 동반자이지만, 그는 신문화운동의 주요 사상적 경향과 다른 사상적 지향을 지녔던 신문화운동의 이단이기도 한 양면성을 지니고 있다. 예를 들어, 궈모뤄의 초기 시와 사상에서 주도적 지위를 차지하고 있는 개인주의, 개성 해방 의식은 신문화운동의 핵심 주장이기도 하다. 하지만 신문화운동의 주역들이 '총체적인 반전통주의' 흐름 속에서 공자와 유가 사상에 대해 전면 부정의 태도를 취한 점에 비추어 보자면 궈모뤄는 신문화운동의 이단이다. "궈모뤄와 유가 문화 사이의 관계는 상당히 긴밀하며, 그런 선명한 관계는 궈모뤄를 5·4 시기 다른 문화 혁신자들과 구별되게 하는 독특한 점"(李怡 1994, 4)인 것이다. 궈모뤄는 신문화운동의 주도적 흐름과 달리 공자를 천재라고 여기는 등, 공자와 유가에 대해 매우 긍정적인 태도를 취했다. "전면적인 전통 부정이라는 극단적 편향 흐름에서 볼 때 유독 궈모뤄만이 선명하게 전통문화를 찬미하는 깃발"(曾加榮 2006, 124)을 들었던 것이다.

궈모뤄는 서구 근대사상을 수입하면서 한편으로 전통 사상, 특히 유가 사상을 재발견했고 그의 근대 의식은 서구 근대사상과 전통 사상이 결합하여 형성되었다. 궈모뤄의 케이스는 서구 근대사상이 수입되면서 중국 전통 사상이 폐기되고 양자가 긴장과 대립의 관계를 형성했던 중국 계몽주의의 일반적 흐름과 달리, 서구 근대사상의 수입으로 전통 사상이 재발견되고 양자가 조화를 이루는 사례라고 할 수 있다. 일반적으로 1920년대 궈모뤄의 근대 의식은 서구 근대사상의 접수로 추동되어 이 과정에서 중국 전통 사상, 특히 유가 사상을 재발견하고, 이 양자가 상호작용하면서 형성되는 경로를 보여 주었다. 통상 1924년을 기준으로 궈모뤄의 사상과 문학을 전기와 후기로 나누는데, 전기의 경우는 범신론이라는 서구 근대사상과 유가 사상이 그런 방식으로 결합했고, 후기의 경우는 마르크스주의라는 서구 근대사상과 유가 사상이 그렇게 결합했다.

그런데 중요한 것은, 궈모뤄가 신문화운동 시기의 다른 지식인이나 문학인들과 달리 전통 의식이 강했다는 사실을 확인하는 일이 아니라 궈모뤄의 근대 의식에서 중국 전통 의식이 어떤 작용을 했느냐는 점을 구명하는 일일 것이다. 궈모뤄는 개인의 자유와 개성을 중요시하는 개인주의 자아관에서, 민족과 계급을 위해 개인의 희생을 강조하는 집단주의 자아관으로 극적인 사상적 전환을 보인 인물이어서 그동안 궈모뤄 연구의 주요 쟁점 가운데 하나는 그 극적 전환의 배경을 구명하는 것이었다. 기존 연구의 경우, 사상 전환 과정에서 궈모뤄의 혁명적 애국주의나 마르크스주의, 민족주의 등 그 배경을 주로 지적해 왔다. 하지만 궈모뤄 근대 의식이 전통 의식과의 결합 속에서 형성되었다면, 그 전환 과정에서도 전통 의식이 작용하고 있다고 보아야 마땅하고, 어떤 전통 의식이 어떻게 작용했는지를 연구하는 것이 궈모뤄가 개인주의 자아관에서 집단주의 자아관으로 전환하게 되는 배경을 구명하는 데 반드시 필요한 작업이 아닐 수 없다.

이 연구는 바로 이런 차원에서 그의 자아관을 중심으로 궈모뤄의 근대 의식과 전통 의식 사이의 관계를 구명하기 위한 것이다. 이를 통해 궈모뤄가 초기의 개인주의 자아관에서 후기의 집단주의 자아관으로 전환하는 데 마르크스주의나 민족주의만이 아니라 유가의 전통적 자아관이 큰 역할을 했다는 점을 지적할 것이다. 이 연구는 궈모뤄 연구 차원에서 보자면 그의 근대 의식과 전통 의식 사이의 관계를 구명하는 데 의미가 있을 것이고, 좀 더 시각을 넓혀 보면 중국 근현대에서 어떻게 '개인'이 실종되고 민족이나 계급과 같은 집단주의 가치관과 집단주의 자아관이 자기화되었는지 그 과정을 다양하게 밝혀내어, 중국 근대 지성사를 보다 깊이 이해하는 데 학문적으로 기여할 수 있을 것이다.

II. 개인주의 자아관의 특징과 기원

중국 근대 계몽운동의 상징인 신문화운동 시기에 가장 유행한 사고방식은 '중국/서구'를 이분법적으로 대비시킨 가운데, 서구에 있는 것과 중국에 없는 것을 대비시키는 것이었다. 중국 낙후의 원인을 서구에는 있지만 중국에는 없는 것에서 찾고 중국에 없는 것을 서구에게 배우겠다는 생각이었다. 서구에 있고 중국에 없는 것을 이식하는 서구 근대의 학습에서 중국 근대 위기 탈출의 전망을 찾는 '전면적인 서구화'(全盤西化)를 추구했던 것이다. 중국 근대 지식인들에게 유행했던 이런 중/서 이분법적 대립 구도에서, 서구에 비해 중국에 가장 결여된 것으로 거론되었던 것이 개인주의였다. 서구 근대의 활력이 개인주의에 있는 반면, 중국 전통 사상에서 가장 결핍되어 있는 것이 개인주의라고 판단한 것이다. 신문화운동의 리더인 천두슈(陳獨秀)가 중국 전통의 가족 본위주의를 서구와 같은 개인 본위주의로 바꾸어야 한다고 한 것은 이 때문이다(陳獨秀 1993, 165). 작가 마오둔이 훗날(1931) 5·4 당시를 회고하면서, "사람의 발견, 즉 개성 발전과 개인주의가 5·4 신문화운동의 주요 목표였다"(茅盾 1991, 266)라고 말한 것은 당시 지적 풍토에 대한 여실한 정리이다.

신문화운동의 이런 기본 성격에 비추어 보자면, 궈모뤄는 신문화운동의 개인주의와 개성 해방정신을 가장 여실히 대변하고 있는 작가 가운데 한 사람이다. 원이두어(聞一多)가 궈모뤄를 두고, "(중국) 현대의 첫 시인"(聞一多 1992, 44)이라고 평가하고, 저우양(周揚)이 궈모뤄는 형식에서 전통시의 형식을 완전히 탈피했고, 내용에서 자아를 표현하고, 개성을 주장하고, '사람에 대한 자각'을 완성했다고 보는 것도(周揚 1992, 370) 이와 관련되어 있다. 궈모뤄가 마르크스주의자가 되기 이전인 전기 궈모뤄의 개인의식의 첫 번째 특징은 '나는 나다'는 인식인데, 이런 인식에서 '나'는 다른 무엇이 '나'의 존재 의미를 부여하는 존재가 아니라 '나'의 의미는 '나'로부터 나온다는 인식을 토대로 하고 있다. 그런 개인의식, 개인주의 사상을 상징하는 것이 바로 다음의 시다.

> 나는 천구(天狗)!
> 나는 달을 삼키고
> 나는 해를 삼키고
> 나는 모든 별을 삼키고
> 나는 온 우주를 삼킨다.
> 나는 바로 나다!
>
> 나는 달의 빛,
> 나는 해의 빛,
> 나는 모든 별의 빛,
> 나는 X광선의 빛,
> 나는 전 우주 Energy의 총량이다!
>
> 나는 날 듯 달린다.
> 나는 미친 듯 외친다.
> 나는 불탄다.
> 나는 불꽃처럼 타오른다!
> 나는 바다처럼 미친 듯 외친다!
> 나는 전기처럼 날 듯 뛴다!
> 나는 날듯 뛴다.
> 나는 날듯 뛴다.
> 나는 날듯 뛴다.

나는 나의 가죽을 벗긴다.
나는 나의 고기를 먹는다.
나는 나의 피를 빤다.
나는 나의 염통과 간을 먹는다.
나는 나의 신경 위에서 날 듯 달린다.
나는 나의 척수에서 날 듯 달린다.
나는 나의 뇌수에서 날 듯 달린다.
나는 바로 나다!
나의 나가 터지려 한다!

_"천구"[1]

"천구"는 궈모뤄 개인 차원에서 보나 중국 현대 시사의 차원에서 보나 궈모뤄의 시 가운데 가장 중요한 시이다. '나'라는 단어가 39번이나 등장하여 중국 시에서 '나'라는 단어가 가장 많이 등장하는(Leo 1973, 110) 이 시가 갖는 의미는 독일 중문학자 쿠빈(Wolfgang Kubin)의 지적대로, "중국에 새로운 자아를 창조, 발명해 주었다"(顧彬 2008, 117)는 데 있다. "나는 …이다"가 반복되고 있는 이 시는 전통적 자아관과 구별되는, 중국에 일찍이 없었던 새로운 자아의 탄생을 선언했다는 점에서 중요한 의미가 있다. 전통적으로 '나'의 배후에서 아버지, 어머니, 선생, 가문 등이 '나'를 규정해 왔지

1_"天狗", 郭沫若著作編輯出版委員會編, 『郭沫若全集』 1卷, 北京:人民文學出版社, 1982, p.54. 이하 이 책에서 인용은 책명과 면수만 밝힌다.
"我是一條天狗呀!/我把月來吞了/我把日來吞了/我把一切的星球來吞了/我把全宇宙來吞了/我便是我了!//我是月底光/我是日底光/我是一切星球底光/我是X光線底光/我是全宇宙底Energy底總量!//我飛奔/我狂叫/我燃燒/我如烈火一樣地燃燒!/我如大海一樣址狂叫!//我如電氣一樣地飛跑!/我飛跑/我飛跑/我飛跑/我剝我的皮/我食我的肉/我吸我的血/我嚙我的心肝/我在我神經上飛跑/我在我脊髓上飛跑/我在我腦筋上飛跑//我便是我呀!/我的我要爆了!"

만, 이제 아무 것도 필요하지 않게 되었고, 새로운 자아는 새로운 태양과 새로운 달 등 모든 것을 창조할 수 있다(顧彬 2008, 117). 중국 전통에서 '나는 누구인가?'라는 물음에 대한 답은 "나는 아버지의 아들이고, 아들의 아버지이며, 동생의 형이고, 아내의 남편이다"는 차원에서 찾아진다(李澤厚 1987, 318). 하지만 이 시에서 '나'는 다른 누구의 '나'도, 다른 무엇의 '나'도 아니라 "나의 나"가 된 것이다. 궈모뤄의 이 시는 자신의 의미가 나에게서 나오는 근대적 '자기규정적 주체'(self-defining subject)의 탄생을 선언한 시라는 점에서 의미가 있고, 전통적 인간관과 구별되는 새로운 자아의 탄생을 선언한다는 점에서 철저히 반전통적이다.

궈모뤄 개인의식의 두 번째 특징은 이런 '나는 나다'라는 인식에서 한 걸음 더 나아가 '나'는 더없이 전능한 힘을 지니고 있다고, 마치 신과 같은 무한한 능력을 지니고 있다고 여기는 '나는 신의 표현이다'라는 인식이다. 앞의 시 "천구"의 '나'는 온 우주 에너지를 자기 안에 가지고 있는 존재이다. '나'는 태양과 달 등, 온 우주를 삼킨 뒤 이제 우주의 주재자가 되고, 신이 된 것이다. "피라미드"(1920)란 시에서, "창조여! 창조여! 노력하여 창조하자! 사람의 창조력의 권위는 신과 같으니"[2]라고 하면서 인간과 신을 동등하게 보고 있기도 하다. 궈모뤄가 '나는 신의 표현이다'고 인식하는 것은 그의 범신론 사상 때문이다. 그의 범신론 사상은 다음 두 문장에 집약되어 있다.

> 범신은 무신이다. 모든 자연은 다 신의 표현이다. 나 역시 신의 표현이고, 내가 바로 신이다. 모든 자연은 다 신의 표현이다.[3]

2_"金字塔", 『全集』 1卷, p.106.

3_"少年維特之煩惱"序引", 『創造』 季刊 1卷 1期(創刊號).

모든 산천초목은 다 신의 화신이다. 사람도 신과 동체이다.[4]

범신론 사상과 관련해 궈모뤄는, 오직 하나뿐인 유일신을 부정하면서 범신은 무신이며, 자아와 자연 모두 신의 표현으로 신과 같은 속성을 지니고 있다고 보았다. 여기서 신과 나, 자연은 하나이고 동일한 속성을 지니게 된다. 그래서 그는 "내가 곧 신이고, 모든 자연은 나의 표현이다"고 말하는 것이다. 그는 "매화나무 아래서 취해 노래하다"라는 시에서, "매화여! 매화여!/ 나 그대를 찬미하오! 나 그대를 찬미하오!"[5]라고 매화를 찬미한 뒤 "나는 나 자신을 찬미하오!/ 나는 자아 표현인 이 우주 본체를 찬미하오!"라고 '나 자신'과 '우주'를 찬미하는데, 이런 영웅주의,[6] 자연숭배, 낡은 세계를 파괴하고 새로운 세계를 건설하려는 창조적 욕망 등은 기본적으로 범신론 사상의 영향이라고 할 수 있다.

1924년 이전 궈모뤄 전기 자아관의 핵심은 '나는 나다'와 '나는 신의 표현이다'로 요약할 수 있는데, 이런 자아관의 토대는 범신론이었다. 궈모뤄는 1915년을 전후하여 범신론에 경도되는데, 그의 범신론은 궈모뤄 초기 문학과 사상에서 가장 중요한 위치를 차지했다. 그런데 주목할 것은, 범신론에 흥미를 갖게 되면서 중국 전통 사상, 특히 장자와 공자에 대한 관심도

4_"中國文化之傳統精神", 黃侯興校, 『文藝論集匯校本』, 長沙:湖南人民出版社, 1984, p.10. 이하 이 책에서 인용은 『匯校本』으로 약칭하고 페이지만 밝힌다.

5_"梅花樹下醉歌", 『全集』 1卷, p.95: "梅花! 梅花!/我讚美你! 我讚美你! …… 我贊美我自己! 我贊美這自我表現的全宇宙的本体!"

6_궈모뤄는 자신의 범신론과 영웅주의 성향에 대해 이렇게 말했다. "내게 당시(5·4 시기)에 범신론적 경향이 있었고, 이 점은 아주 쉽게 사람들에게 영웅주의로 오해되었다"(郭沫若 1983, 218).

늘어나고, 범신론적 관점에서 이들 사상을 재발견하게 된다는 점이다. 궈모뤄는 1914년 1월에 일본에 가서 9년 동안 유학 생활을 한다. 일본 유학을 간 직후 주로 타고르, 하이네, 휘트먼, 괴테, 스피노자, 니체 등 서구 철학자들의 주요 저작과 문학가들의 작품을 탐독하게 된다. 그의 범신론 사상은 이런 독서를 기반으로 형성되는데, 이런 서양철학과 문학작품에 대한 독서와 더불어 왕양명의 저작을 중심으로 하여 유가와 도가 서적 역시 새로 읽게 된다. 궈모뤄가 장자와 공자, 왕양명의 사상에 관심을 갖기 시작한 때는 1916년 가을로, 타고르와 우파니샤드 철학, 스피노자, 괴테를 통해 그의 범신론 사상이 형성되던 무렵이었다. 궈모뤄는 범신론 사상과 이 시기 자신의 독서에 대해 이렇게 술회한 바 있다.

> 타고르의 작품을 즐겼고 괴테의 작품을 즐겼기 때문에 철학상의 범신론 사상에 접근하게 되었다. 원래 나에게 범신론적 경향이 다소 있었기 때문에 그런 경향이 있는 시인들을 특히 좋아했는지도 모른다. 타고르 시로 인해 고대 인도의 "우파니샤드"의 사상에 접근하게 되었고, 괴테로 인해 스피노자를 알게 되었고, 스피노자의 저서 『윤리학』, 『윤리학과 정치』, 『이지 세계의 개조』 같은 것들을 직간접으로 많이 읽었다. 외국의 범신론 사상과 접근해 가면서 소년 시절에 좋아했던 『장자』를 재발견했다. 중학 시절부터 나는 『장자』를 즐겨 읽었지만, 단지 그 글의 분방함을 즐겼을 뿐, 그 글에 담긴 사상은 잘 알지 못했다. 그런데 국외의 사상과 대조해 보고는 실로 '하루아침에 훤히 트이는' 정도에 이르게 되었다(郭沫若 1933, 76-77).

그가 "세 사람의 범신론자"란 시에서, 장자를 두고서 "나는 우리나라 장자를 사랑한다 / 내가 그의 범신론을 사랑해서다"[7]라고 평가하는 것은 이런 맥락에서였다. 그는 스피노자와 장자를 범신론 차원에서 연결시키고,

범신론의 신 관념과 중국 전통 사상의 '도'(道) 관념도 서로 연결시킨다. 그는 "도는 우주의 실체이고, 우주 만물이 나고 사라지는 것은 모두 도의 작용이다"[8]라고 말하고, "우주의 모든 것이 도의 표상이고, '나'도 도의 표상이다. '나'와 도는 둘이 아니다"[9]라고 말했다. 요컨대, "모든 자연은 신의 표현이다. '나'도 신의 표현일 따름이다"는 그의 범신론적 인식에서 '신'이 '도'로 대체된 것이다. 그가 "공자는 본체가 바로 신이라고 여긴" 사람이고, "천지 만물을 일체로 본 사람"[10]이며, "공자의 인생철학은 개인을 본위로 한다"[11]고 평가한 것은 이 때문이다. 이 맥락에서 공자는 이제 범신론자이다. 이렇게 보자면, 궈모뤄의 초기 자아관에는 범신론과 중국 전통 사상, 특히 유가 사상이 결합되어 있으며, "궈모뤄의 개성주의 사상은 중국 전통문화에 대한 독특한 이해와 계승이 중요한 원천 가운데 하나인 것이다"(閻煥東 1990, 14).

궈모뤄의 '나는 신의 표현이다'라는 자아 인식은 범신론적 자아관에서 나왔다. 이런 범신론적 자아관은 서구 범신론 사상과 중국 전통 사상에 대한 독자적 해석이 결합된 것이다. 당시 궈모뤄가 주로 읽은 책의 차원에서 보면 괴테와 스피노자, 휘트먼, 타고르 등의 서구 저작과 왕양명의 저작을 함께 독서한 때문으로, 궈모뤄가 서구 근대사상인 범신론과 중국 전통 사상을 결합시켜 자기 나름의 자아관을 수립함으로써 가능했다. 물론 당시 궈모뤄의 범신론 사상이 서구의 범신론을 올바로 이해한 것인지, 그리고

7_"三個汎神論者", 『全集』 1卷, p.73.

8_"中國文化之傳統精神", 『匯校本』, p.11.

9_"惠施的性格與思想", 『匯校本』, p.52.

10_"中國文化之傳統精神", 『匯校本』, p.12.

11_"論中德文化書", 『全集』 15卷, p.156.

왕양명 사상을 제대로 해석하는지의 문제를 따로 따져 볼 수도 있을 것이다. 하지만 중국 근대 지성사와 근대 문학사의 차원에서 볼 때, 이보다 더 의미 있는 것은 궈모뤄의 독자적인 범신론 사상이 그가 당시 어떤 중국 작가보다도 강렬한 개성 해방사상과 개인주의 의식을 지니고 자아의 무한한 힘에 대해 신뢰를 갖도록 하는 사상 기반이 되었고, 이로 인해 그의 사상과 문학이 다른 지식인이나 작가와 구별되는 특별한 개성을 지닐 수 있었다는 점이다. 그의 '나는 신의 표현이다'는 자아 인식에 힘입어 우주의 주재자이자 창조자이고 영웅주의의 화신인 새로운 자아가 탄생한 것이다. 그의 대표 시집 『여신』(女神)에서의 시적 자아가 바로 그런데, 태양과 별을 삼키는 우주의 주재자로,[12] 모든 우상을 파괴하고 '나'를 숭배하는 영웅으로,[13] 낡은 세계를 파괴하고 "천지를 개벽한 반고"와 같은 창조의 힘을 지닌 창조주이자,[14] "하늘의 태양도 내게 고개를 숙이"는 존재로,[15] "새로운 광명"과 "새로운 온기" "새로운 태양"을 창조하는 "여신"으로[16] 각기 변주되면서 그의 범신론적 자아가 등장했던 것이다. 요약하자면, 궈모뤄 초기 개인주의 자아관은 범신론에서 출발하여 중국 전통 사상, 특히 유가를 재발견하는 과정을 통해 형성되었고, 이를 통해 '나는 나의 나다'와 '나는 신이다'는 자아관이 탄생한 것이다.

12_"天狗", 『全集』 1卷, p.54.
13_"我是個偶像崇拜者", 『全集』 1卷, p.99.
14_"創造者", 『創造』 季刊, 1卷 1號, p.2.
15_"金字塔", 『全集』 1卷, p.107.
16_"女神的再生", 『全集』 1卷, p.8.

III. 집단주의 자아관의 특징과 기원

궈모뤄는 1924년 4월과 5월 사이에 일본 마르크스주의 학자인 가와카미 하지메(河上肇)가 쓴 『사회조직과 사회혁명』을 번역한다. 이 책의 번역은 그의 개인사에서 매우 큰 의미를 갖고 있다. 자살을 생각할 정도로 극단적인 절망감에 빠져 있던 그를 구원해 주었을 뿐만 아니라 마르크스주의자로의 사상 전환을 가져다주었기 때문이다.

> 이 책을 번역하고 난 뒤, 일생의 전환기가 왔다. 나를 반수면 상태에서 불러 깨운 것이 그 책이며, 나를 갈림길의 방황에서 이끌어 낸 것이 그 책이며, 나를 죽음의 어두운 그림자 속에서 구출한 것이 그 책이다. 나는 작가에게 아주 고맙고, 마르크스와 레닌에게 아주 고맙다.[17]

그는 "나는 이제 마르크스주의의 철저한 신도가 되었다"면서, "마르크스주의는 우리가 처한 이 시대의 유일한 진리다"[18]라고 말한다. 마르크스주의자로 사상 전환이 일어난 것이다. 궈모뤄가 마르크스주의자로 전환하게 된 데에는 민족주의 동기가 크게 작용했다. 궈모뤄는 1차 세계대전이 끝난 이후 제국주의가 중국 침략을 본격화하고 이로 인해 중국 민족 공업이 도탄에 빠지는 상황 속에서 제국주의를 타도하지 않으면 중국 근대화는 불가능하다고 생각했다. 그의 다음과 같은 회고는 그런 인식을 상징한다.

> 유럽 전쟁(1차 대전-인용자) 기간 동안에 중국의 자본주의는 해마다 계속되는 내

17_"孤鴻-致成仿吾的一封信", 『全集』 16卷, p.10.

18_위의 책, p.8.

란의 피해를 받았지만, 그래도 새싹들이 싱싱하게 자라나는 것을 볼 수 있었다. 상하이와 텐진에서는 한때 방직공장들이 우후죽순처럼 많이 생겨났다. 그러나 유럽 대전이 끝난 뒤 유럽 자본주의 세력이 다시 권토중래하여 막 자라나기 시작한 그 죽순들을 거의 전부 뽑아 기름 가마에 넣어 버렸다. 각성한 사람들은 그 무형의 제국주의에 저항하지 않으면 민족 자본주의마저도 발전시킬 수 없다는 것을 깨닫게 되었다(郭沫若 1933, 263).

그는 제국주의가 중국의 발전을 가로막고 있다고 생각했으며, 그래서 "제국주의는 참으로 오늘날 대적(大敵)이다. 우리가 스스로를 구하려면 그것을 타도하지 않으면 안 된다"(王錦厚 1988, 134)고 여긴 것이다. 1924년 이전 궈모뤄가 부모에 의한 혼인과 예교 사회에 대한 저항에 관심을 집중했다면, 1~2년 사이의 전환 이후 그의 당시 사상에는 국가와 민족 이익(집단의 이익)과 민족주의(집단주의) 사상이 주도적 지위를 차지하게 된 것이다(陳小明 2005, 27-30). 궈모뤄의 사고에서 민족주의가 주도적 지위를 차지하게 된 데에는 개인사적 차원에서 그가 중국인으로서 일본에서 굴욕을 겪은 점 등도 크게 작용했다.[19] 그의 민족의식은 일본에서 형성되었고, 그것이 마르크스주의와 결합하면서 민족주의가 그의 사고의 중심에 자리 잡게 되는 것이다. 그리고 그의 마르크스주의가 중국의 근대화를 제국주의가 가로막고 있다는 인식에 토대를 두고 있다는 점에서 보면, 그의 마르크스주의는 근대화 이데올로기이자 민족주의 이데올로기의 성격을 지닌다. 궈모뤄가 "우리가 지금 갈 수 있는 유일한 길은 국제 자본가들을 우리 시장에서 몰아내는 것"이며, "우리가 영원히 노예가 되고 싶지 않다면, 영원히 세계

19_궈모뤄는 자신이 일본에서 '시나징'(支那人)으로서 겪은 굴욕의 체험을 여러 글에서 적고 있다. 대표적인 굴욕적 체험에 대해서는 "孤鴻-致成仿吾的一封信", 『全集』 16卷, p.15 참조.

자본주의 국가의 부용이 되고 싶지 않다면, 우리 중국인들에게는 오직 이 길을 가는 것밖에 남지 않았다. 즉 사회주의의 길, 노농러시아의 길을 가는 것이다"(龔繼民·方仁念 1982, 164)라고 말한 것은 그런 맥락에서였다.

그가 마르크스주의자, 민족주의자가 되면서 그의 초기 사상과 문학에 나타나는 개성 존중, 개성 해방 사상에도 변화가 일어났다. 그는 사상 전환이 일어난 이후 1925년에 쓴 글에서 자신의 사상과 생활이 완전히 바뀌었다고 술회하고 있다.

> 나의 사상, 나의 생활, 나의 태도는 최근 1~2년 사이에 완전히 바뀌었다고 말할 수 있다.
> 나는 종전에 개성을 존중하고 자유를 숭배하는 사람이었다. 하지만 최근 1~2년 사이에 수평선 아래 비참한 사회를 얼마간 접촉하고 나서, 대다수 사람들이 완전히 자기 의지와 달리 자유를 잃고 개성을 상실하고 있는 시대에 소수의 사람들이 개성을 주장하고 자유를 주장하는 것은 잘못된 일이라는 생각하게 되었다. ……
> 개성을 발전시키려면, 모두가 같이 개성을 발전시켜야 한다. 자유를 향수하려면 모두가 같이 자유를 향수하여야 한다.
> 하지만 대중이 개성을 발전시키지 못하고 자유를 향수하지 못하는 때에, 소수 선각자들은 자기의 개성을 희생하고 자기의 자유를 희생하여 대중을 위해 사명을 다하고, 대중의 개성과 자유를 쟁취하여야 한다.
> '내가 지옥에 들어가지 않는데, 누가 지옥에 들어가겠는가?'라는 말은 바로 이런 뜻이다.
> 이 점이 바로 내 새로운 사상의 출발점이고, 이점이 바로 새로운 문예의 생명이다.[20]

궈모뤄는 마르크스주의자가 되기 이전의 자신의 사상에 대해 "나는 초

20_"文藝論集序", 『全集』 15卷, p.146.

기에 개성 해방을 주장했고, …… 사상적으로는 개성의 발전을 추구했다. …… 나는 당시 개성의 발전을 요구했고, 자유를 요구했다"(郭沫若 1933, 265-267)고 말했는데, 이런 초기의 개성 해방 주장과 마르크스주의자가 된 후 개성과 자유에 대한 발언은 많은 차이를 지니고 있다. 그는 "현대사회에 개성 같은 것은 없고, 자유 같은 것은 없다. 무슨 개성을 이야기하고 자유를 이야기하는 사람들은 제3계급(즉 자산계급) 입장에서 말하는 것이다"[21]라고도 했다. 그는 이제 과거처럼 '나는 다른 무엇의, 다른 누구의 나가 아니라 나의 나다'라거나 '나는 신의 표현이다'라고 말하지 않는다. 그는 이제 대중의 개성과 자유를 위해 소수 선각자들은 자신의 개성과 자유를 희생해야 한다고 말하고 있다. 개인의 개성과 자유보다 대중의 개성과 자유가 먼저인 것이다. 1924년 이후 궈모뤄는 개인을 대중과 집단 속에 융화시키고 대중의 이익을 먼저 생각하는 가운데 대중을 위해 희생하는 사상적 전환, 개성주의에서 집단주의로의 전환을 한 것이다(閻煥東 1990, 206). 그는 이런 전환을 '소유산자'(小有産者)의 방향 전환 과정'이라고 규정하고, "비참한 현실과 접촉한 이후 자기의 개성과 자유가 희생되더라도 대중을 위해 사명을 다해야 한다"는 "새로운 관념이 생겼다"고 했다.[22]

사상 전환 이후 궈모뤄는 중국 작가들에게 "자신의 낡은 개인주의를 극복하고 집단적 사회 활동에 참여해야 한다"[23]면서, 무아(無我)가 되어 노동자, 농민의 이데올로기를 전달하는 유성기가 되라고 요구한다.

> 그대들의 부수어진 나팔을 불지 말라. 잠시 유성기가 되어야 한다.

21_"文藝家的覺悟", 『全集』 16卷, p.31.
22_"留聲機器的回音", 『全集』 16卷, p.76.
23_위의 책, p. 66.

유성기가 된다는 것 — 이는 문예 청년들의 가장 좋은 신조다. 그대들은 너무 쉽게 여기지 말라. 여기에는 몇 가지 필요한 조건이 있다.
첫째, 그 소리에 접근하여야 한다.
둘째, 무아(無我)가 되어야 한다.
셋째, 활동할 수 있어야 한다.[24]

궈모뤄는 초기의 개성주의에서 집단주의로 전환한 뒤, 작가들이 개인주의를 주장하는 것은 부르주아 이데올로기이며, 이제 무아가 되고 유성기가 되어 노동자, 농민 이데올로기를 그대로 표출하라고 작가들에게 요구하고 있다. 궈모뤄 초기 자아관의 특징을 "나는 나다" ""나는 신의 표현이다"로 요약할 수 있다면, 후기의 경우 "나는 무아(無我)다" "나는 망아(忘我)다"로 요약할 수 있다. 전기 자아관과 비교하자면 매우 극적인 전환인데, 그런 만큼 그의 사상 전환은 궈모뤄 연구의 주요 쟁점이 되어 왔다. 이와 관련한 연구 쟁점은 크게 세 가지로 요약할 수 있다. 첫째는 사회주의자로의 전환이 일어난 시기를 언제로 보느냐는 전환 시기 문제, 둘째는 전환 이후 궈모뤄의 사상을 어떻게 규정할 것인지의 문제, 셋째는 전환의 배경이 무엇인지를 해명하는 문제였다.[25] 그런데 이런 세 가지 연구 쟁점의 기본 전제는 전기와 후기 사이에 거의 극과 극의 단절이 존재하는데 그 단절이란 마르크스주의를 수용한 이후의 사상이 전기 사상을 철저히 폐기한 바탕 위에서 이뤄지고 있다고 보는 점이다. 전기 개인주의 자아관과 후기 집단주의 자아관을 완전 대립한 것으로, 전기 개인주의 자아관의 청산을 토대로 후기

24_"英雄樹", 『全集』 16卷, p.46.
25_궈모뤄의 사상 전환을 둘러싼 이런 기존의 연구 경향에 대해서는 黃侯興(1987, 113-134) 참조.

집단주의 자아관이 태동한 것으로 보는 것이다.

그런데 위와 같은 연구 시각은 적어도 다음 세 가지 점에서 문제가 있다. 첫째, 전기 개인주의 자아관과 후기 집단주의관 자아관 사이의 단절과 대립을 해명하는 데 집중한다는 점, 그리고 전기와 후기의 자아관 사이의 연관성을 아예 검토의 대상에서 제외한 채 전·후기 사이의 단절을 마르크스주의나 궈모뤄 개인 인격의 문제로 보고 극단적으로 긍정하거나 극단적으로 부정하는 차원에서 연구가 진행된다는 점이다. 둘째, 궈모뤄가 이런 전환에 대해 전혀 갈등이나 심적 모순을 느끼지 않은 가운데 극적인 전환이 1~2년이라는 짧은 기간에 일어난 점을 충분히 해명할 수 없다는 것이다. 셋째, '무아' 혹은 '망아'에 대한 그의 언급이 마르크스주의를 수용한 이후부터 나온 것이 아니라, 그 이전부터 있어 왔다는 사실을 무시한다는 문제점을 지니고 있다.

위와 같은 문제점을 극복하고, 궈모뤄가 집단주의 자아관을 아무런 거부감 없이 받아들이고 망아론, 무아론을 내세운 배경을 살펴보기 위해서는 궈모뤄 전기의 사상과 문학에서 보이는 개인(개체)과 집단 사이의 관계에 대한 그의 기본 인식을 살펴보고, 그것이 후기의 변화와 어떻게 연관되는지를 검토할 필요가 있다. 그럴 때 우선 구명이 필요한 부분은 첫째, 그의 초기 범신론 사상에서 개체와 본체가 어떤 관계를 지니고 있으며, 그의 범신론적 인식에서 등장한 '망아'론의 의미가 무엇인지를 구명하는 것이고, 둘째, 그의 유가 의식에서 개인과 집단의 관계를 어떻게 설정하고 있느냐를 구명하는 일이다.

먼저, 궈모뤄가 초기 범신론에서, 개인과 본체와의 관계 차원에서 '망아'론, '무아'론을 제기했다는 점을 의미 있게 고려할 필요가 있다. 궈모뤄의 대표 시집 『여신』에 등장하는 시적 주체들은 대부분 신성(神性)을 지니고 있는데, 신성을 지니게 되는 계기 중의 하나는 자연이나 우주 같은 본체와의 합일을 통해서이다. 궈모뤄의 범신론 사상에 따라 표현하자면, 우주나 도와의 합일, "브라흐만이 곧 아트만인 범아일여(梵我一如)"의 경계 속에서, 중국 전통 사상으로 보면 '천인합일'(天人合一)의 경계 속에서 신성을 얻고 새로운 생명을 얻는다. 대표적으로 "천구"에서 '나'가 해와 달, 우주를 삼켜서 우주 에너지를 체화한 뒤에 '나는 나다'로 새로운 생명을 얻게 되는 경로가 그러하다. 궈모뤄의 범신론적 인식 구도에서 '망아' 혹은 '무아'가 되는 것은 자아를 신이나 자연, 우주 같은 본체와 일치시키는 것이고, 이는 자아를 잃어버리는 부정적 의미가 아니라 본체의 신성(神性)을 체화하여 새로운 생명을 얻는 자기 부활의 길인 것이다. 때문에 그의 시 속의 시적 주체와 개체들은 태양이나 자연, 우주와의 합일을 꿈꾸는 것이다. 이런 맥락에서 궈모뤄는 "사람은 무아(無我)가 될 때 신과 합체(合體)되고, 시공을 초월하고, 삶과 죽음이 같이 나란하고" "자아의 자살이 바로 지고의 도덕이다"[26] 라고 말한 것이다. 궈모뤄의 이런 인식은 자아가 신적 전능함을 가졌다고 보는 그의 개인주의 자아관과 배치되는 것으로 보일 수 있지만, 그에게 자아가 신이 되는 것과, 자아가 무아로 되어 자연과 하나가 되는 것은 동전의 양면처럼 한 존재의 다른 표현인 것이다.[27] 그의 범신론적 존재론에는 '망아 혹은 무아 → 궁극적 본체와 합일 → 자아의 새로운 탄생'의 구도가 자리잡고 있고, 이는 궈모뤄가 마르크스주의를 접수한 이후 집단주의 자아관을 강조하는 한 기반이 되었다고 해석할 수 있다. 그의 이런 범신론적 인식 구도에서 마르크주의나 민족이 개체의 존재 기반이 되는 궁극적 본체로 인식

26_""少年維特之煩惱"序引", 『創造』 季刊, 創刊號.
27_위와 같음.

되는 순간, 그가 마르크스주의나 민족을 위해 무아가 되고 개인을 희생해야 한다고 주장하는 것은 매우 자연스러운 일인 것이다.[28]

다음으로 궈모뤄의 유가적 자아관에 대한 검토가 필요한데, 그의 유가적 자아관은 개인과 집단과의 관계를 토대로 하고 있다. 궈모뤄는 마르크스주의를 접수하던 1924년을 전후하여 중국 전통문화, 특히 유가를 높이 평가하는 글을 집중 발표한다. 마르크스주의 접수와 유가에 대한 재발견이 동시에 일어나는 셈이다. 궈모뤄의 유가에 대한 높은 평가는 엄밀히 말하면 선진 유가에 대한 관심이다. 그에 따르면 유가는 동적, 진취적 정신을 지니고 있고, 개성을 중요시하되 그것을 '수신제가치국평천하'와 연결시키는 자아 확충의 정신을 지니고 있다.

> 우리나라의 유가 사상은 개성을 중심으로 하여, 국가를 위해, 세상을 위해 자아를 온전히 발전시킨다. 이른바 '수신, 제가, 치국, 평천하'는 말할 것도 없이 동적, 진취적 정신이다. 이런 인생 태도의 근본은 '현실 참여적'(入世) 정신이다.[29]

> 공자는 천지 만물이 일체라고 생각했고, 이 일체의 관념에 따라 자아를 확충하려고 노력했고, 가까운 것에서 먼 것으로, 아래에서 위로, 횡으로는 제가, 치국, 평천하로, 종으로는 사물의 성장을 이끌고 세상에 동참하며 하늘과 함께 한다. 사방으로 통하며, 둥글고 또 둥글다. 이것이 유가 윤리의 극치다.[30]

궈모뤄는 유가의 개성주의, 자아를 세계를 향해 확충해 나가는 입세(入

28_이처럼 궈모뤄의 범신론이 사상으로서는 전기에 종결되지만 하나의 발상법과 상상력으로서는 후기에도 여전히 영향을 미치고 있다고 보고, 그 범신론적 상상력의 구조를 분석한 연구로는 졸저 『곽말약과 중국의 근대』, 소나무, 2009, pp.89-120 참조.

29_"論中德文化書", 『全集』 15卷, p.149.

30_"王陽明禮讚", 『郭沫若全集』(歷史篇) 3卷, 北京:人民出版社, p.293,

世) 정신을 높이 평가하고 있는데, 이런 맥락에서 그는 중국 문화의 전통 정신을 언급하면서 "진정한 개인주의자라야 진정한 인도주의자가 될 수 있다"[31] 고 말하고, 공자와 괴테를 천재라고 평가하면서 괴테를 두고 "자신의 소 자아(小己)를 인류의 큰 자아(大我)로 밀고 나간"[32] 인물이라고 말했다. 궈모뤄는 유가의 자아관을 언급하면서 '소아', '대아'라는 개념을 자주 사용하는데, 최근 중국의 한 연구에 따르면 중국 근대에 '소아' '대아'라는 개념을 처음 사용한 것은 량치차오(梁啓超)였다. 그는 개인과 집단, 개인과 국가라는 틀에서 이 용어를 사용했는데, 소아는 개인적 자아(一身之我)로, 대아는 집단적 자아(一群之我)로 정의했다(許紀林 2011, 226). 량치차오의 이런 분류는 5·4 시기 지식인들에게도 영향을 미쳐 개인의 권리에 기반 한 영미식의 개인주의와는 다른 개인주의를 구상하게 되는데, 궈모뤄도 바로 이런 맥락에서 '소아'를 개인주의로 규정했다. 그가 마르크스주의를 접수한 이후 비난했던 개인주의 역시, 국가나 사회와 절연한 채 자기 권리를 주장하는 이기주의와 같은 의미로 '소아'의 개념을 사용하고 있는 것이다.[33] 그는 이런 의미의 '소아'에 단호하게 반대하면서, 세상과 현실로 자기를 확충해 나아가면서 자기를 실현하는 적극적인 자아관이 바로 유가의 자아관이라고 보는 것이다. 그런 자아관의 맥락에서 그는 "소아를 잊고 대우주 속으로 녹아들어 가는 것이 몰아이고, 조금도 공리심이 없는 것"[34]이라면서 이런 공

31_"中國文化之傳統精神", 『郭沫若全集』(歷史篇) 3卷, p.260.

32_위의 책, p.259.

33_궈모뤄의 개인주의가 영미식의 개인주의, 그리고 그 영향을 받은 후스(胡適)의 개인주의와는 다른 독일 낭만주의에 보이는 개인주의 특징을 지닌다고 보는 연구도 있다. 이에 대해서는 劉衛國·陳淑梅(2007, 51-53) 참조.

34_"生活的藝術化", 『全集』 15卷, p.211.

리심이 없는 태도가 바로 예술의 정신이고, 인생의 정신이라고 보았다.

그가 중국 고유의 전통 정신을 평가하면서, 모든 일을 자아의 완성에서 출발하여 자기를 정화하고 자기를 충실히 하여 사해동포와 세계국가의 실현을 위해 노력할 것을 강조한 것은 이런 맥락이다. 중국학자 리진(李今)의 지적대로, 그의 유가적 자아관에서 자아의 실현과 인류와 국가의 실현은 둘이자 하나이고, 그의 자아관은 자아의 완성에서 시작하여 '망아'의 존재로 끝나는 것이다(李今 1991, 213). 요컨대, 그의 유가적 자아관의 논리에 따르면 "자아를 신의 위치에까지 신성화하는 것과 자아를 사회와 대중을 위해 확장하는 것은 내재적 연관성을 지니고 있는 것"(李今 1991, 213)이다. 이렇게 보자면, 마르크스주의를 접수하고 민족의식이 강해지면서 등장하는 그의 '무아'론은 그의 유가적 자아관의 연장선에 있는 것이다. 요컨대 그가 민족과 계급 등 집단을 자기의 운명과 동일시하고 집단을 위해 개인과 자아의 희생을 강조하는 것은, 마르크스주의 접수, 민족주의 의식의 고양, 그리고 유가적 자아관의 결합 속에서 나온 것이다. 궈모뤄의 유가적 자아관이라는 측면에서 보자면 그의 전기와 후기 사이에 단절이 존재하지 않고, '무아론' '유성기론'이 그의 유가적 자아론에 토대를 두고 있는 까닭에 그의 극적인 전환이 그토록 빠른 순간에 이뤄졌고, 그런 전환에 대해 궈모뤄가 마음에 부담감을 느끼지 않았던 것이라고 본다.

궈모뤄의 이런 망아론, 무아론은 원래는 국가와 민족, 사회 등 공동체를 위한 개인의 헌신이라는 차원에서 출발했고, 이 때문에 궈모뤄는 집단을 위한 망아론과 무아론을 강조하면서 전혀 마음에 부담을 느끼지 않았다. 하지만 결과론으로 보자면, 그의 무아론과 망아론은 현대 중국사에서, 특히 사회주의 정권이 수립된 이후 중국공산당과 마오쩌둥의 정책을 무비판적으로 추종한 채, 지배 이데올로기에 대한 반성적 거리를 포기하고 개인이 지배 이데올로기의 노예가 되는 사상적 기반이 되기도 했다. 망아론이나 무아론이 애초에는 과정의 논리이자, 수단의 논리로 출발했지만 궁극의 목적으로 변질되었던 것이다. 이는 중공당과 마오쩌둥을 절대시한 채 망아와 무아의 삶을 살면서 "중공당의 나팔수"(林林 1982, 514) 역할을 했던 궈모뤄의 비극이자, 동시에 궈모뤄 개인을 넘어 현대 중국의 비극이다. 이런 비극에는 마르크스주의와 민족주의뿐만 아니라 유가의 전통적 자아관도 동시에 작용했다는 점을 궈모뤄의 사상과 삶의 길이 말해 주고 있다고 하겠다.

IV. 맺음말

중국의 근대는 개인과 민족의 발견과 더불어 시작되었다. 전통 예교 사회의 집단주의에서 벗어나 개인을 발견하는 한편, 천하주의에서 벗어나 민족을 발견한 시기가 중국의 근대인 것이다. 개인의 발견과 민족의 발견은 제국주의 침략과 더불어 근대화의 과제에 직면한 중국 근대의 이중의 과제였다. 이 둘은 많은 경우 상호 연동되어 있어서 여러 중국 근대 지식인들은 민족을 발견하고 수립하기 위해 개인을 발견하려고 했고, 동시에 개인을 발견하고 수립하기 위해 민족을 발견하려고도 했다. 자유로운 개인의 수립과 민족국가의 수립이 불가분의 연계를 지니고 있었고, 중국 근현대사의 고투는 이 두 과제를 위한 것이었다고 해도 과언이 아니다.

그런데 문화대혁명(1966~76)이 끝난 뒤 개인과 민족의 발견이라는 중국 근대 이중의 과제 실현이 실패했으며 민족은 발견했지만 개인은 실종되었다는 역사적 인식이 중국 지식인 사회에 지속적으로 대두되었다. 중국이 시장경제 시스템을 도입한 1990년대 이후 중국 지식인 사회에 자유주의 사상이 대두하면서 이런 인식은 더욱 확대되고 있다. 하지만 이런 인식이 중국 지식인 사회에서 제기된 것은 1980년대 신 계몽주의가 유행하면서부터였고, 그 대표적인 관점이 리쩌허우(李澤厚)의 '구망(救亡)의 계몽(啓蒙) 압도설'이다(이택후 2005, 43-101). 그는 중국 근대 이중의 과제를 '계몽'과 '구망', 즉 근대 계몽운동과 민족 혁명이라는 개념으로 정리하고, 이 이중의 과제가 근현대사의 주제를 이루며 상호 촉진하고 상호 제약하기도 하는 변주 속에서 중국 근현대사가 전개되었다고 보았다. 리쩌허우가 이 두 개념을 제기하는 취지는 문화대혁명이 끝난 1980년대 시점에서 볼 때, 중국 근현대사는 이 이중의 과제를 달성하지 못했다는 점을 지적하기 위해서였다. 중국 근대 이중의 과제를 동시에 해결하려고 했던 신 민주주의 혁명 과정과 그 이후의 사회주의 개조 과정에도 불구하고, 근대 민족국가 수립이라는 과제는 해결했지만 근대 개인과 개인의 자유(부르주아적 의미의 자유) 확립이라는 과제는 달성하지 못했다는 것이다. 리쩌허우의 이런 인식에 따르면, 마오쩌둥이 이끈 신민주주의 혁명과 신중국의 역사는 절반의 성과에 그칠 뿐이고, 중국 근대 과제는 여전히 미완이다. 리쩌허우가 5·4 시기와 같은 계몽운동이 다시 필요하고, 자본주의 근대에 대한 '보충수업'(補課)이 필요하다고 지적한 것은 이 때문이다.

궈모뤄는 '구망이 계몽을 압도'하면서 중국 근대의 이중 과제가 실현되지 못했다는 리쩌허우의 진단을 상징적으로 예증하는 대표적 지식인이다. 궈모뤄는 5·4 시기 다른 어떤 지식인보다도 개인과 개성의 가치를 제창했지만, 1920년대 중반 이후 개인의 가치를 버리고 민족과 집단의 원리를 위한 개인의 희생을 강조했던 인물이기 때문이다. 리쩌허우의 어투를 흉내내어 표현하자면, 구망이 계몽을 압도하면서 계몽이 폐기된 가장 전형적인 경우가 바로 궈모뤄의 사상과 문학의 전환 과정인 것이다. 개인 해방과 민족 해방, 계몽과 구망 사이에서 극적인 전환을 보여 주는 궈모뤄의 사상적, 문학적 행보는, 중국 근대 지식인에게 중국 근대 이중의 과제가 어떻게 작용했고 의식되었는지를 보여 주는 좋은 예가 아닐 수 없다.

그런데 궈모뤄의 경우를 통해 확인할 수 있는 것은, 계몽의 실종이 리쩌허우의 지적처럼 구망이라는 민족 혁명의 요구나 마르크스주의의 집단주의적 가치관 때문이기도 했지만, 그것 못지않게 중요하게 작용했던 것은 유가의 전통적 자아관이었다는 점이다. 궈모뤄의 케이스는 중국 철학자 위잉스(余英時)가, 중국 현대사에서 개인이 실종된 것은 리쩌허우가 말한 '구망'이라는 시대 상황뿐만 아니라 문화적 요소도 있다고 지적하면서 중국이 전통적 개인관의 문제를 지적한 것(余英時 2011, 208)에 부합하는 사례이다.

1990년대 이후 중국 지식인 사회에 자유주의 사조가 대두하면서 중국 현대사에서 '개인'이 실종되었다는 역사적 평가가 확산되고 있고, 어떻게 '개인'을 다시 회복할 것인지가 주요 사상적 지향점으로 부각되고 있다. 중국 자유주의 지식인들은 리쩌허우가 전형적으로 그러했듯이, 그 실종의 원인을 마오쩌둥 사회주의나, 민족 혁명과 사회주의혁명의 결합에서 주로 그 원인을 찾고 있다. 하지만 중국 현대사에서 개인이 실종된 원인을 구명하고 개인을 복원하는 데 있어서 마르크스주의 청산에만 골몰하는 현재의 상황은 재고될 필요가 있다고 본다. 그런 작업도 의미가 있겠지만, 그와 동시에 필요한 것은 전통적 자아관, 특히 유가적 자아관을 냉철히 재검토하여 그것을 어떻게 지금에 맞게 재구성할 것인지에 대한 진지한 고민이다. 근대적 자아관과 관련하여 궈모뤄의 사상적 행보를 다시 점검하는 것은 이런 점에서 하나의 참고를 제시하는 의미가 있을 것이다.

참고문헌

서장

가쓰라지마 노부히로 지음, 김태훈·심희찬·김정근 옮김. 2009.『동아시아 자타 인식의 사상사』. 서울: 논형.

오누마 야스아끼 지음, 금현구 외 옮김. 1993.『단일민족 사회의 신화를 넘어서』. 서울: 고려대학교 아세아문제연구소.

왕가 지음, 김정희 옮김. 2005.『민족과 국가: 중국 다민족통일국가 사상의 계보』. 서울: 동북아역사재단.

임지현. 1987.『민족주의는 반역이다: 신화와 허무의 민족주의 담론을 넘어서』. 서울:소나무.

Anderson, Benedict. 2006. *Imagined communities: reflections on the origin and spread of nationalism* (Rev. ed.). London; New York: Verso.

Duara, P. 2009. *The global and regional in China's nation-formation*. London; New York: Routledge.

Duara, P. 2010. "Asia Redux: Conceptualizing a Region for Our Times." *The Journal of Asian Studies*. *69*(4).

Gellner, E. 1983. *Nations and nationalism*. Ithaca: Cornell University Press.

Hobsbawm, E. J. 1992. *Nations and nationalism since 1780: programme, myth, reality* (2nd ed.). Cambridge England; New York: Cambridge University Press.

Keohane, R. O. and J. S. Nye. 1972. "Transnational relations and world politics: An Introduction." R. O. Keohane and J. S. Nye eds. *Transnational relations and world politics*. Cambridge, Mass.: Harvard University Press.

Khagram, S. and P. Levitt. 2008. "Constructing Transnational Studies." S. Khagram and P. Levitt eds. *The transnational studies reader: intersections and innovations*. New York: Routledge/Taylor and Francis.

MacMillan, J. and A. Linklater. 1995. "Introduction: Boundaries in Question." J. MacMillan and A. Linklater eds. *Boundaries in question: new directions in international relations*. London; New York: Pinter Publishers: Distributed in the United States and Canada by St. Martin's Press.

Mote, F. W. 1999. *Imperial China, 900-1800*. Cambridge, Mass.: Harvard University Press.

Smith, A. D. 2001. *Nationalism: theory, ideology, history*. Malden, Mass.: Polity Press.

Tilly, C. 1975. "Reflections on the History of European State-Making." C. Tilly Ed. *The Formation of National States in Western Europe*. Princeton, N.J.: Princeton University Press.

Yeoh, B. S. A., Willis, K., and Fakhri, S. M. A. K. 2004. "Introduction: Transnationalism as a Challenge to the Nation." B. S. A. Yeoh and K. Willis eds. *State/nation/transnation: perspectives on transnationalism in the Asia-Pacific*. London; New York: Routledge.

1장

김철운. 2003. "유가의 정치사상에 대한 고찰." 『중국철학』 11집.

김학주 옮김. 2003a. 『묵자 상』. 서울: 명문당.

______. 2003b. 『묵자 하』. 서울: 명문당.

______. 2000. 『열자』. 서울: 을유문화사.

베네딕트 앤더슨 지음, 윤형숙 옮김. 2002. 『상상의 공동체』. 서울: 나남출판.

성백효 옮김. 2005. 『논어』. 서울: 전통문화연구회.

______. 2003. 『맹자』. 서울: 전통문화연구회.

어네스트 겔너 지음, 이재석 옮김. 1988. 『민족과 민족주의』. 서울: 예하.

엄연석. 2002. "도덕적 이상의 관점에서 본 유가와 법가의 가족관." 『중국학보』 46집.

윤무학. 2004. "선진 유가의 묵가 비판." 『유교사상연구』 20집.

이운구 옮김. 2006a. 『순자 1』. 파주: 한길사.

______. 2006b. 『순자 2』. 파주: 한길사.

De Bary, Theodore. 2000. *Asian Values and Human Rights*. Cambridge: Harvard University Press.

Nosco, Peter. 2008. "Confucian Perspectives on Civil Society and Government." David Bell ed. *Confucian Political Ethics*. Princeton: Princeton University Press.

Rosemont, Henry. 2004. "Whose Democracy? Which Rights?" Kwong-loi Shun and David Wong eds. *Confucian Ethics*. Cambridge: Cambridge University Press.

Tan, Sor-hoon. 2004. *Confucian Democracy*. Albany: State University of New York Press.

2장

미조구찌 유조 지음, 김용천 옮김. 1999.『중국 전근대 사상의 굴절과 전개』. 서울: 동과서.
윤영해. 2002.『주자의 선불교비판 연구』. 서울: 민족사.
조긍호. 2007.『동아시아 집단주의의 유학사상적 배경』. 서울: 지식산업사
조준현 외. 2007. "동아시아 경제발전에서 유교 문화의 역할과 유교자본주의론의 비판적 재평가: 집단주의와 평등주의를 중심으로."『인문연구』53호. 영남대학교 인문과학연구소.

『墨子』
『管子』
『荀子』
島田虔次. 2003.『中國における近代思惟の挫折』. 東京: 平凡社.
束景南. 2001.『朱熹年譜長編』. 上海: 華東師範大學出版社.
黎靖德 編. 1999.『朱子語類』. 北京 : 中華書局.
王陽明.『傳習錄』
鄭玄. 2000. "禮記正義".『十三經注疏』. 北京: 北京大學出版社.
朱熹.『大學章句』
_____.『論語集注』
_____.『孟子集注』
_____.『中庸章句』
_____.『儀禮經傳通解·續』. 黃榦 편·주.
_____.『近思錄』. 呂祖謙 편.
_____. 1996.『朱熹集』. 成都: 四川教育出版社.
_____. 2001.『四書或問』. 上海: 上海古籍出版社.
陳來. 1990.『朱熹哲學硏究』. 臺北: 文津出版社.

Bol, Peter K. 2008. *Neo-Confucianism in History*. Cambridge, Mass.: Harvard University Asia Center.
De Bary, William Theodore. 1970. *Self and Society in Ming Thought*. New York: Columbia University Press.
_____. 1991. *Learning for One's Self: Essays on the Individual in Neo-Confucian Thought*. Neo-Confucian Studies. New York: Columbia University Press.
_____. 1998. *Asian Values and Human Rights: A Confucian Communitarian Perspective*. Cambridge, Mass.: Harvard University Press.
Glahn, Richard von. 1993. "Community and Welfare: Chu His's Community Granary in Theory and Practice." Robert P. Hymes and Conrad Schirokauer eds. *Ordering the*

World: Approaches to State and Society in Sung Dynasty China. Berkeley: University of California Press.

Kahn, Herman and Hudson Institute. 1979. *World Economic Development: 1979 and Beyond*. Boulder, Colo.: Westview Press.

Lee, Seung-Hwan. 2001. "'Asian Values' And Confucian Discourse." *Korea Journal* 41, no. 3.

Tillman, Hoyt Cleveland. 1982. *Utilitarian Confucianism: Ch'en Liang's Challenge to Chu Hsi*. Cambridge, Mass.: Council on East Asian Studies; Distributed by Harvard University Press.

Übelhör, Monika. 1989. "The Community Compact (Hsiang-Yüeh) of the Sung and Its Educational Significance." William Theodore De Bary, John W. Chaffee, and Bettine Birge eds. *Neo-Confucian Education: The Formative Stage*. Berkeley: University of California Press.

Voronov, Maxim and Jefferson A. Singer. 2002. "The Myth of Individualism-Collectivism: A Critical Review." *The Journal of Social Psychology* 142, no. 4.

Vogel, Ezra F. 1991. *The Four Little Dragons: The Spread of Industrialization in East Asia*. Cambridge, Mass.: Harvard University Press.

3장

가쓰라지마 노부유키 지음, 김태훈·심희찬·김정근 옮김. 2009.『동아시아 자타 인식의 사상사』. 논형.

남기학. 2008.『신황정통기』. 소명출판.

마루야마 마사오 지음, 김석근 옮김. 1997.『현대 정치의 사상과 행동』. 한길사.

사이토 아사코. 2007. "일본 고대 문학속의 일본인: 8세기 자료를 중심으로."『열상고전연구』 26.

사토 히로오 외 지음, 최재목·박규태·성해준 옮김. 2009.『일본사상사』. 논형.

연민수. 2006. "神功皇后 전설과 日本人의 對韓觀."『한일관계사연구』 제26집. 한일관계사학회.

이재석. 2006. "일본 고대 국가의 자화상과 타사상:『일본서기』의 대한관(對韓觀)을 소재로 하여."『일본역사연구』 24.

加藤周一. 1976.『日本人とは何か』. 講談社.

家長三朗 外. 1975. "八幡愚童訓(甲) 上."『寺社縁起』. 日本思想大系 20. 岩波書店.

高橋公明. 1995. "東アジアと中世文學."『岩波講座 日本文學史 第5巻 13·14世紀の文學』. 岩波書店.

金光哲. 1999.『中近世における朝鮮觀の創出』. 校倉書房.

南基鶴. 1996.『蒙古襲來と鎌倉幕府』. 臨川書店.

朴正義. 2010. "中世における自己確証-韓日が共通に持ち得た三國世界觀を中心に."
『日本文化學報』46.
成澤光. 1984. "'邊土小國'の日本."『政治のことば意味の歷史をめぐって』. 平凡社.
阿滿利麿. 2010. "日本社會における他者認識の課題."『日本思想』18.
岩佐正 校注. 1965.『神皇正統記』. 日本古典文學大系 87. 岩波書店.
永原慶二 編. 1974.『慈円 · 北畠親房』. 日本の名著9. 中央公論社.
永井一孝 校訂. 1910.『平家物語』劍 卷. 有朋堂書店.
慈圓. 1967.『愚管抄』. 日本古典文學大系 86. 岩波書店.
田中健夫 編. 1995.『善隣國寶記 新訂續善隣國寶記』. 集英社.
井上舞. 2009. "14世紀播磨の寺社縁起にみる'新羅'."『海港都市研究』4.
村井章介. 1988.『アジアのなかの中世日本』. 校倉書房.
村井章介. 1999.『中世日本の內と外』. 筑摩書房.
黑板勝美 編. 1964.『朝野群載』. 國史大系 29上. 吉川弘文館.
黑田日出男. 1999.『謎解き日本史·繪畵史料を讀む』. 日本放送出版協會.
梶原正昭 · 山下宏明 校注. 1999. 『平家物語』(四). 岩波書店.
坂本太郎 外 校注. 1967. 『日本書紀』 上. 日本古典文學大系 67. 岩波書店.
後藤丹治 · 岡見正雄 校注. 1962. 『太平記』 三. 日本古典文學大系 36. 岩波書店.
黑板勝美 編. 1981. 『日本三代實錄』 前篇. 新訂增補國史大系. 吉川弘文館.

4장

구지현. 2006.『계미통신사 사행문학 연구』. 서울: 보고사.
김경숙. 2005.『조선 후기 서얼문학 연구』. 서울: 소명출판.
______. 2006. "승사록의 서술방식과 사행록으로서의 의의."『한국문화연구』10집.
김보경. 2006. "남옥의 일관기 연구: 대상·보기·쓰기 문제를 축으로."『한국고전연구』14집.
김태준. 1978. "유교적 문명성과 문학적 교양: 신유한의 일본일기 해유록을 중심으로."『비교문학』2집.
______. 1987. "동아시아 문학의 자국주의와 중화주의의 위기: 18세기 한일 문학 교류의 한 양상."『일본학』6집.
나카오 히로시 지음, 유종현 옮김. 2005.『조선 통신사 이야기』. 서울: 한울.
남옥 지음, 김보경 옮김. 2006.『일관기: 붓끝으로 부사산 바람을 가르다』. 서울: 소명출판.
버트 무어-길버트 지음, 이경원 옮김. 2001.『탈식민주의! 저항에서 유희로』. 서울: 한길사.
성대중 지음, 홍학희 옮김. 2006.『일본록: 부사산 비파호를 날듯이 건너』. 서울: 소명출판.
에드워드 사이드 지음, 박홍규 옮김. 2000.『오리엔탈리즘』. 서울: 교보문고.
원중거 지음, 김경숙 옮김. 2006.『승사록: 조선 후기 지식인, 일본과 만나다』. 서울: 소명출판.

이원식. 1991.『조선통신사』. 서울: 민음사.
이혜순. 1996.『조선 통신사의 문학』. 서울: 이화여자대학교 출판부.
임형택. 1994. "계미통신사와 실학자들의 일본관."『창작과비평』 85집.
정장식. 2001. "계미(1643) 통신사행과 일본 인식."『일본 문화학보』 10집.
피에르 부르디외 지음, 최종철 옮김. 2005.『구별 짓기(상): 문화와 취향의 사회학』. 서울: 새물결.

『맹자(孟子)』.
『해유록(海遊錄)』.
『해사일기(海槎日記)』.
『통문관지(通文館志)』.

5장

吉田公平 지음, 정지욱 옮김. 2004.『일본양명학』. 청계.
김용재. 2005. "한국 양명학 연구 현황과 새로운 모색."『陽明學』 第14号. 韓國陽明學會.
朴連洙. 2006. "강화 하곡학파의 '實心'·'實學'."『陽明學』 第16号. 韓國陽明學會.
______. 2007.『霞谷 鄭齊斗의 思想』. 한국학술정보(주).
박정심. 2006. "朴殷植의 自家精神과 近代 主體 認識."『陽明學』 第16号. 韓國陽明學會.
徐慶淑. 2003. "초기 강화학파 항재 이광신의 심성론."『한국철학논집』 제13집. 한국철학사연구회.
송석준. 2004. "조선조 양명학의 수용과 연구 현황."『陽明學』 第12号. 韓國陽明學會.
신현승. 2007. "무사도와 양명학에 관한 소고."『日本思想』 第12号. 韓國日本思想史學會.
______. 2008. "鄭寅普의 눈에 비친 中國 明末淸初期의 知識人."『東西哲學研究』 제48号. 한국동서철학회.
吳鍾逸. 1978. "陽明傳習錄傳來考."『哲學硏究』 第5集. 高麗大.
유준기. 1994.『韓國近代儒敎改革運動史』. 도서출판 삼문.
李能和. 1936. "朝鮮儒界之陽明學派."『靑丘學叢』 25号.
이상호. 2008.『양명우파와 정제두의 양명학』. 혜안.
이희목. 2005.『李建昌 文學硏究』. 成均館大學校 大東文化硏究院.
鄭寅普 지음, 洪以燮 해제. 1972.『 陽明學演論(外)』. 三星文化財團.
鄭寅普 지음, 홍원식 해설. 2004.『양명학 연론』. 계명대학교출판부.
朱七星 외. 1998.『동아시아의 전통철학』. 예문서원.
최재목·이상훈. 2006. "'강화양명학' 연구를 위한 기초자료 정리."『陽明學』 第16号. 韓國陽明學會.
崔在穆. 1996.『동아시아의 양명학』. 예문서원.
______. 2004. "江華 陽明學派 연구의 방향과 과제."『陽明學』 第12号. 韓國陽明學會.

小川晴久. 2006.『實心實學の發見: いま甦る江戸期の思想』. 東京: 論創社.
荻生茂博. 2008.『近代·アジア·陽明學』. 東京: ぺりかん社.
中純夫. 2007. "鄭齊斗の後裔たち: 江華學派の基礎的研究."『東アジアの宗教と文化』. 西脇常記教授退休記念論集.

6장

남근우. 2002. "순국 이데올로기의 창출."『日本思想』8호.
임경택. 2004. "야나기타 쿠니오(柳田國男)의 '일국(一國)민속학'과 식민주의에 관한 일고찰."『정신문화연구』27권 3호.
______. 2005. "야나기타 쿠니오의 '일국민속학'과 문화 내셔널리즘: 단일민족론의 민속학적 형성과 전개."『日本思想』8호.

『定本柳田國男集』第1卷~第34卷. 筑摩書房.
『柳田國男全集』第1卷~第34卷. 筑摩書房.

岡正雄. 1979. "民俗學と民族學."『異人その他一日本民族＝文化の源流と日本國家の形成』. 言叢社.
吉野耕作. 1997.『文化ナショナリズムの社會學—現代日本のアイデンティティの行方』. 名古屋大學出版部.
陸羯南. 1968(1888). "日本文明進步の岐路."『陸羯南全集』. 東京: みすず書房.
福澤諭吉. 1995(1875).『文明論之概略』. 東京: 岩波書店.
小熊英二. 1995.『單一民族神話の起源』. 東京: 新曜社.
川田順造. 1993. "なぜわれわれは"伝承"を問題にするのか."『日本民俗學』193.
青木保. 1993. "文化とナショナリズム— 一つの問題提起."『思想』823.
スミス, アントニー. 1998.『ナショナリズムの生命力』. 高柳先男譯. 東京: 晶文社.

Befu, H. 1993. "Nationalism and Nihonjinron." Harumi Befu ed. *Cultural Nationalism in East Asia: Representation and Identity*. Berkerly: Institute of East Asian Studies, University of California at Berkerly.
Gellner, Ernest. 1994. *Encounters with Nationalism*. Oxford and Cambridge: Blackwell.
Hozumi, Nobushige. 1940(1912). *Ancestor-Worship and Japanese Law*. 6th ed. Tokyo: Hokuseido Press,
Hutchinson, J. 1987. *The Dynamics of Cultural Nationalism: The Gaelic Revival and the Creation of Irish Nation State*. London: Allen & Unwin.

Hutchinson, J. 1992. "Moral Innovators and Politics of Regeneration: The Distinctive Role of Cultural Nationalists in Nation-Building." A. D. Smith ed. *Ethnicity and Nationalism,* Leiden, New York and Köln: E.J.Brill.

Kohn, Hans. 1946. *The Idea of Nationalism.* New York: Macmillan.

Patten, Alan. 1999. "The Autonomy Argument for Liberal Nationalism." *Nations and Nationalism* 5(1).

Smith, Anthony D. ed. 1992. *Ethnicity and Nationalism.* Leiden. New York and Köln: E.J.Brill.

Smith, Anthony D. 1994. "The Problem of National Identity: Ancient, Medieval and Modern?" *Ethnic and Racial Studies* 17(3).

7장

곽말약 지음, 박효숙 옮김. 2003.『곽말약시선』. 문이재.

곽말약 지음, 전인초 옮김. 1987.『곽말약』. 혜원출판사.

모리스 마이스너 지음, 김수영 옮김. 2004.『마오의 중국과 그 이후』1. 서울: 이산.

이택후. 2005.『중국현대사상사론』. 서울: 한길사.

임육생. 1990.『중국 의식의 위기』. 서울: 대광문화사.

顧彬. 2008. "郭沫若與飜譯的現代性."『中國圖書評論』1期.

龔繼民·方仁念. 1982.『郭沫若年譜』上. 天津: 天津人民出版社.

郭沫若. 1933(재판본).『創造十年』. 現代書局.

______. 1983. "作詩談."『郭沫若論創作』. 上海: 上海文藝出版社.

『郭沫若研究』編輯部 編. 1981.『煉獄式的愛國主義者的戰鬪一生 — 郭沫若愛國主義思想論集』. 天津人民出版社.

郭沫若著作編輯出版委員會編. 1982.『郭沫若全集』. 北京:人民文學出版社.

劉衛國·陳淑梅. 2007. "論郭沫若個人主義思想的知識譜系和歷史意義."『郭沫若學刊』第4期(總第82期).

林林. 1982. "這是黨喇叭的精神-憶郭沫若同志."『郭沫若研究資料』上. 北京: 中國社會科學出版社.

茅盾. 1991.『關於創作』. 茅盾全集(19卷). 北京: 人民文學出版社.

聞一多. 1992. "論郭沫若." 王錦厚 選編.『百家論郭沫若』. 成都: 成都出版社.

卜慶華. 1982.『郭沫若評傳』. 上海: 人民出版社.

余英時. 2011. "群己之間: 中國現代思想史上的兩個循環." 許紀林 編.『現代中國思想的核心觀念』. 上海: 上海人民出版社.

閻煥東. 1990.『鳳凰,女神及其他-郭沫若論』. 中國人民大學出版社.
吳定寧. 2002.“論郭沫若與汎神論.”『郭沫若學刊』第3期(總第61期).
王錦厚 編. 1988.『郭沫若軼文集』. 成都: 四川大學出版社.
王訓昭 等編. 1982.『郭沫若研究資料』上. 中國社會科學出版社.
李今. 1991.“郭沫若的'我'.”『中國現代文學研究叢刊』3期.
李怡. 1994.“承傳與擇取: 面對傳統的兩類中國知識分子-魯迅與郭沫若所接收的儒家文化之比較.”『魯迅研究月刊』第1期.
李澤厚. 1987.“漫說西體中用.”『中國現代思想史論』. 北京: 東方出版社.
周揚. 1992.“郭沫若和他的女神.” 王錦厚 選編.『百家論郭沫若』. 成都: 成都出版社.
曾加榮. 2006.“從尊個性到重群體看郭沫若的文化選擇.”『西南民族大學學報』6期(第178期). 人文社科版.
陳獨秀. 1993.『東西民族根本思想之差異』. 陳獨秀著作選(第1卷). 上海: 上海人民出版社.
陳小明. 2005.“試論郭沫若的民族主義思想:從五四談起.”『郭沫若學刊』第4期(總74期).
許紀林. 2011.“大我的解消:現代中國個人主義思潮的變遷.” 許紀林 編.『現代中國思想的核心觀念』. 上海: 上海人民出版社.
黃侯興 校. 1984.“中國文化之傳統精神.”『文藝論集匯校本』. 長沙: 湖南人民出版社.
黃侯興. 1981.『郭沫若的文學道路』. 天津人民出版社.
______. 1984.『文藝論集(匯校本)』. 湖南人民出版社.
______. 1987.『郭沫若文學研究管窺』. 天津教育出版社.
『創造』季刊.

Leo, Ou-Fan Lee. 1973. *Romantic Generation of Modern Chinese Writers.* Cambridge: Harvard Univ. Press.

아연동북아총서 5

동북아 '집단' 이해의 다양성 근대 민족주의를 넘어서

1판1쇄 | 2011년 7월 29일

엮은이 | 이정환, 신미나
펴낸이 | 이내영
펴낸 곳 | 아연출판부
등록 | 2000년 5월 24일 제6-376호
주소 | 서울시 성북구 안암동 5가 고려대학교 아세아문제연구소(136-701)
전화 | 02-3290-1600 팩스 | 02-923-4661
홈페이지 | www.asiaticresearch.org

값 12,000원

ISBN 978-89-90769-35-0 94300
978-89-90769-29-9 (세트)

이 도서의 국립중앙도서관 출판시도서목록(CIP)은 e-CIP 홈페이지(http://www.nl.go.kr/ecip)에서 이용하실 수 있습니다(CIP제어번호: CIP2011003441).